C. H. BECK
STUDIUM

Hans G. Kippenberg
Kocku von Stuckrad

Einführung in die Religionswissenschaft

Gegenstände und Begriffe

Verlag C.H.Beck

Mit 4 Abbildungen im Text

ISBN: 3 406 50207 5

© Verlag C.H.Beck oHG, München 2003
Umschlagentwurf: Bruno Schachtner, Dachau
Satz: Fotosatz Janß, Pfungstadt
Druck und Bindung: Nomos Verlagsgesellschaft, Sinzheim
Gedruckt auf säurefreiem, alterungsbeständigem Papier
(hergestellt aus chlorfrei gebleichtem Zellstoff)
Printed in Germany

www.beck.de

Inhalt

Vorwort 7

I. Einleitung 11
Religionswissenschaft als Kulturwissenschaft 11 · Öffentliches Interesse und die Institutionalisierung des Faches 16 · Anlage des Buches 20

II. Kulturgeschichte der Religionswissenschaft. 24
Der philosophiegeschichtliche Kontext 24 · Das wachsende Archiv religionshistorischer Quellen und seine Bedeutung im Zeitalter der Moderne 28 · Wissenschaftstheorie der Religionsgeschichte 30 · Das Ende von Funktionalismus und Religionsphänomenologie: Religion als Weltbild und Praxis 32 · Religionshistorische Genealogien moderner kultureller Tatbestände 34

III. Theoretische Perspektiven. 37
   1. Religionshistorische Sinnbildung: Wie der Hinduismus zur Weltreligion gemacht wurde . . . 37
   2. Handlungsrationalität: Die Geltungsgründe religiösen Handelns 48
   3. Kolonialismus: Völker ohne Religion?. 59
   4. Faszinierende Unvernunft: Schamanen im Westen . 70
   5. Geschlechterperspektiven: Auf der Suche nach der Muttergottheit. 81
   Zusammenfassung 91

IV. Öffentliche Arenen 94
   1. Zivilreligion: Die USA als Heilsprojekt 94
   2. Legitimität: Rechtskonflikte um Religionen 103
   3. Territorialität: Die Utopisierung des Raumes . . . 114
   4. Pluralismus: Europäische Religionsgeschichte . . . 126
   Zusammenfassung 134

V. Gemeinschaftshandeln 136
   1. Kommunizierte Identität: Konversionen 136
   2. Der Glaube an religiöse Gemeinschaftlichkeit . . . 146
   3. Ausgrenzungen des «gefährlichen Anderen»: 155
      Der Fall der Magie . . . .
   4. Apokalyptik: Die Zuspitzung der Konflikte 164
   5. Gewalt: Rituelle Tötungsszenarien 172
   Zusammenfassung 183

VI. Wichtige Adressen 185
    1. Studienorte und Institutionen 185
    2. Internet 188

VII. Nachschlagewerke und Hilfsmittel 190
     1. Einführungen 190
     2. Nachschlagewerke 191
     3. Zeitschriften 192

VIII. Literaturverzeichnis 193

IX. Register 218
    1. Namen 218
    2. Sachen 223

Vorwort

Religionen haben sich nicht, wie oft angenommen wurde, ins Innere verflüchtigt. Vielmehr haben sie sich als Teil der Öffentlichkeit neu etabliert. Daraus ergeben sich vielfältige Herausforderungen für die Religionswissenschaft, denen wir uns in dieser Einführung stellen möchten. Ein Strom an neuen Untersuchungen aus verschiedenen Disziplinen lässt erkennen, dass sich auch in der Wissenschaft von den Religionen eine Wendung vollzieht, die seit längerem das gesamte Feld der Kulturwissenschaften revolutionär verändert hat. Aus dieser neuen Sicht sind Religionen – auch heute noch – ein Instrument der gemeinschaftlichen Selbstverortung: Sie bilden aus tradierten Stoffen ein Bild von der äußeren und inneren Welt und ermöglichen damit eine praktische Positionierung in ihr. Diese unerwartete Leistungsfähigkeit der Religionen verlangt eine Neuorientierung des Faches.

Betrachtet man Religionen als Teil einer öffentlichen Kultur, dann ist auch klar, dass ihre Untersuchung nicht auf ein einzelnes Fach beschränkt sein kann. Und tatsächlich haben Ethnologie, Geschichtswissenschaft, Soziologie, Rechtswissenschaft, Philosophie, Psychologie und Theologien aus ihrer jeweiligen Perspektive viel zum Verständnis von Religionen beigetragen. Was ist dann aber «Religionswissenschaft» und wie schreibt man eine «Einführung» in diese akademische Disziplin? Bei der Diskussion dieser Frage waren die Autoren sich bald einig, dass sie den Pfaden phänomenologisch orientierter Einführungen nicht mehr folgen konnten, welche die verschiedene «Schulen» der Religionswissenschaft in ihrer historischen Entwicklung beschreiben, die Unterschiede zwischen «historischer» und «systematischer» oder vergleichender Religionswissenschaft benennen, die wichtigsten Vertreter vorstellen, eine Abgrenzung zur (christlichen) Theologie vornehmen und Begriffe wie «Heiliges», «Tempel» usw. definieren. Damit macht man zwar eine Forschungstradition verständlich, zugleich läuft man jedoch Gefahr, die eigentlich interessanten kulturwissenschaftlichen Sachverhalte und methodischen Infragestellungen mit einem «abschließenden Vokabular» abzuwürgen. Wir haben einen anderen Weg eingeschlagen, der zwar weniger fertige Antworten bietet, doch – so hoffen wir – wichtige Perspektiven und Diskussionshorizonte öffnet, deren Untersuchung die eigentliche Aufgabe einer modernen Religionswissenschaft ist. Dabei knüpfen wir an die methodische Grundannahme Max Webers und anderer an, dass es die *Gegenstände* sind, die eine wissenschaftliche Disziplin formen, und nicht vorgefasste Theorien und Begriffe, die man lediglich auf neue Fragen anwenden könnte. Neue Theorien sind vielmehr das Ergebnis von veränderten gesellschaftlichen Fragestellungen und Gegenständen.

Das hat Auswirkungen auf die Identität einer distinkten akademischen Disziplin namens «Religionswissenschaft». Geht man nämlich von den Gegenständen aus, die Teil eines öffentlichen Diskurses über «Religion» sind, so verschwinden die Grenzen zwischen wissenschaftlichen Fächern, die sich mit diesen Diskursen befassen. Manche halten ein solches Aufweichen von abgrenzenden Fachidentitäten für problematisch. Wir betrachten es jedoch im Gegenteil als einen großen Vorteil der Religionswissenschaft, dass sie gleichsam «quer» zu etablierten Fächern ihrer Arbeit nachgeht und sich dabei Methoden bedient, die in anderen Disziplinen entwickelt wurden. Das fachübergreifende Gespräch über Religionen und ihren kulturellen Ort sollte von Religionswissenschaftlern moderiert werden, ohne dass eine Perspektive zur Zentralperspektive erhoben wird oder Religionswissenschaftler gar beanspruchen sollten, die Methoden der angrenzenden Disziplinen besser zu beherrschen als diese. Nur so wird man der zugleich hoch vitalen wie schwer fassbaren Religion in der modernen Lebenswelt näher kommen können.

Die Gegenstände, von denen aus wir das «diskursive Feld» der Religionswissenschaft in dieser Einführung gleichsam vermessen, reflektieren die Arbeitsgebiete, mit denen die Autoren sich vorwiegend beschäftigt haben. Das ist unvermeidlich und bedeutet zugleich, dass sie nicht den Anspruch erheben, verallgemeinerbare Aussagen über *die* Religion oder über religiöse Traditionen zu treffen, die außerhalb dieses Gegenstandsbereiches liegen. Dennoch ist die Wahl der Gegenstände alles andere als beliebig. Dass unser Schwerpunkt auf der westlichen Religionsgeschichte liegt, verdankt sich zu einem großen Teil auch der Tatsache, dass es die aus diesen Traditionen entwickelten Theorien sind, die den religiösen Diskurs bestimmen. Selbst wenn man sich mit außereuropäischen

Religionen beschäftigt, wird man sehr schnell auf die europäische Religionsgeschichte zurückverwiesen, denn dort sind die Instrumente – solche der Analyse und solche der Macht – entwickelt worden, mit denen «Religion» außerhalb Europas beschrieben wurde und wird.

Die Autoren gehören zwei verschiedenen Wissenschaftsgenerationen an. Hans G. Kippenberg begann sein Studium 1959, wurde 1969 promoviert und 1975 habilitiert; Kocku von Stuckrad nahm sein Studium 1989 auf, wurde 1999 promoviert und 2002 habilitiert. In dieser Einführung fließen daher unterschiedliche Auffassungen von und Erfahrungen mit Religionswissenschaft zusammen. Vieles von dem, was in den letzten Jahren unter postmoderner Wissenschaft auf den Markt gebracht wurde, zeugt – leider muss man es so frei sagen – von Unkenntnis älterer Debatten. Nur die Kenntnis ausgiebig diskutierter und verfeinerter Positionen kann vor grobem Dilettantismus bewahren. Umgekehrt aber müssen die älteren Positionen angesichts der neuen Lage der Religionen in der heutigen Lebenswelt sowie im Lichte der gegenwärtigen methodischen Debatten immer wieder neu auf ihren wissenschaftlichen Wert geprüft werden. Um diesem doppelten Ziel näher zu kommen, haben beide Autoren gemeinsam an allen Kapiteln dieser Einführung gearbeitet.

Viele Kolleginnen und Kollegen haben uns bei der Abfassung des Buches mit kritischen Fragen und Hinweisen geholfen. Besonderer Dank gilt Christoph Auffarth, Jan N. Bremmer, Christoph Bochinger, Ulrike Brunotte, Ulrich Nolte, Wiebke Putz-Osterloh und Jörg Rüpke, die sich die Mühe gemacht haben, das Gesamtwerk oder einzelne Kapitel zu lesen und zu kommentieren. Selbstverständlich liegen alle Fehler oder Unklarheiten, die sich im Buch finden, allein in unserer Verantwortung. Heike von Stuckrad danken wir für die Erstellung der Register. Ein großer Dank geht außerdem an unsere Studierenden in Bremen, Bayreuth und Erfurt. In diversen «Einführungen in die Religionswissenschaft» haben sie mit klugen Fragen und oft überraschenden Antworten dabei geholfen, die spezifischen Probleme und faszinierenden Perspektiven dieses Faches zu erkennen und fruchtbar zu machen.

Bremen, im Dezember 2002 *H. G. K. und K. v. S.*

I. Einleitung

«Im Westen leben wir in einer post-Kantischen Welt, in welcher der Mensch definiert wird als ein welterschaffendes Wesen und Kultur verstanden wird als ein symbolischer Prozess der Weltkonstruktion. Ich glaube, dass nur aus dieser humanen, nachaufklärerischen Perspektive die wissenschaftliche Interpretation der Religion möglich ist. Religionswissenschaft wird am besten beschrieben in ihrem Verhältnis zu den Geistes- und Kulturwissenschaften, eher im Verhältnis zur Anthropologie als zur Theologie.»

(Jonathan Z. Smith, 1993 [1978], 290)

Religionswissenschaft als Kulturwissenschaft

Die hier vorliegende Einführung in die Religionswissenschaft stellt sich auf den Standpunkt, dass Religionen nicht vorwiegend aus der Sicht der Gläubigen studiert werden sollten. Vielfach trifft man – gerade in Deutschland – auf die Meinung, die Glaubensanschauungen und Handlungen der Gläubigen sollten der bevorzugte Gegenstand sein und aus einer Art Innenperspektive heraus beschrieben werden. Damit möchte diese Einführung brechen. Die Erkenntnis, dass Kultur etwas Öffentliches ist, soll uneingeschränkt auch auf die Religionen angewendet werden. Das heißt, dass Glaubensanschauungen und Handlungen nicht isoliert von der öffentlichen Kommunikation über sie Gegenstand der Religionswissenschaft werden können. Auf diese Weise soll die Wendung nachvollzogen werden, die seit den 1960er Jahren das gesamte Feld der Kulturwissenschaften erfasst und fast revolutionär verändert hat: die Wendung der Sprachtheorie zur Pragmatik. Worte und Sätze leisten mehr, als auf eine unabhängig von ihnen existierende Wirklichkeit zu verweisen. Worte erhalten ihre Bedeutung durch den Gebrauch, den man von ihnen macht, oder, im Sinne Ludwig Wittgensteins, durch das jeweilige Sprachspiel; zunehmend setzte sich die Erkenntnis durch, dass das Aussprechen von Sätzen etwas bewirken und damit eine Handlung darstellen kann.

Von der Sprachtheorie zur Pragmatik

Handlung und Kommunikation

Dieses Zusammenrücken von Sprechen und Handeln, Grundlage der Sprechakttheorie von John R. Searle (1979), brachte auch die Handlungstheorie in den Sog der Kulturwissenschaften. Intersubjektive Handlungen sind mehr als ein Mittel der Realisierung von Zwecken. Ihre Voraussetzungen sind vielmehr historisch und kulturell bedingt. Indem sie diesen Sachverhalt anerkennt, hört die Religionswissenschaft auf, nach dem hermeneutischen Prinzip vorzugehen: *individuelles Erleben – Ausdruck des Erlebens – Verstehen des Ausdrucks des Erlebens*. Diese Einführung wird die Gewichte deshalb verlagern, weg von subjektiven Akten des Glaubens und Handelns und hin zur Kommunikation. Treffend hat Niklas Luhmann den Sachverhalt erfasst, als er schrieb: «Nur als Kommunikation hat Religion [...] eine gesellschaftliche Existenz. Was in den Köpfen der zahllosen Einzelmenschen stattfindet, könnte niemals zu ‹Religion› zusammenfinden, es sei denn durch Kommunikation» (1998, 137).

Der *cultural turn*

Der ungemein produktive Aufbruch in den Kulturwissenschaften geschah zu einer Zeit, als nicht nur Kulturprobleme allgemein wieder die Öffentlichkeit beschäftigten, sondern auch solche der Religionen im Besonderen. Als vor einigen Jahren eine Forschergruppe der Werner-Reimers-Stiftung damit beauftragt wurde, innovative Fragestellungen in den Wissenschaften aufzuspüren, fiel ihr Blick auf den *cultural turn*. Ihr Bericht hält eine interessante Beobachtung fest, die auch für die Religionswissenschaft gilt: «Die historische Entwicklung der letzten Jahrzehnte hat die Inhalte, mit denen sich die area studies befassen, von der Peripherie ins Zentrum gerückt. In den ‹kleinen Fächern› werden heute zentrale politische Gegenstände verhandelt» (Lackner/Werner, 1996, 16). Um sich eine Vorstellung davon zu machen, was gemeint ist, braucht man nur auf Samuel P. Huntingtons *Clash of Civilizations*, den *Kampf der Kulturen* zu schauen (1996). In seiner Gegenwartsanalyse spielen Religionen eine herausragende Rolle, wie beispielsweise die Metapher von den «blutigen Grenzen des Islam» zeigt. Verständlich, dass eine «Öffentlichkeit», die gerade die Erfahrung der Einbürgerung von Moslems macht, sich ernsthaft zu beunruhigen begann. Ein Zusammenbruch des religiösen Pluralismus wäre für Europa eine Katastrophe. Eine ähnliche Beunruhigung lösten die «neuen Religionen» aus. Das Interesse an ihnen wurde so groß, dass der Bundestag sogar eine Enquêtekommission einsetzte, die ihren Bericht 1998 veröffentlichte.

Entwirft man angesichts der «Rückkehr der Religionen» (Riesebrodt 2000) in die wissenschaftliche und politische Öffentlichkeit eine Einführung in das Fach, verlangen die herkömmlichen Ausgangspunkte nach einem anderen Zuschnitt. *Glaubensanschauungen* sollen nicht mehr zu zeitresistenten eingängigen Kategorien – etwa dem Glauben an geistige Wesen – verdichtet werden. Eine bestimmte Schule in der Religionswissenschaft, die Phänomenologie, hat jahrzehntelang Religionen als autonome Provinz menschlichen Erlebens behandelt und für das Fach der Religionswissenschaft folgerichtig den Status einer unabhängigen Disziplin beansprucht. Beschreibungen des Gegenstandes in den Begriffen anderer Wissenschaften, etwa der Soziologie oder der Psychologie, galten als unzulässige Reduktion. Alles, was nicht zum «Wesen» der Religion dazugehörte, wurde als irrelevant ausgeschieden. So bildete sich ein Beschreibungsmodell, das anstößige Züge aus der Geschichte der Religionen entfernte. Ob irritierende Annahmen über menschliche Verantwortung, ob Idealisierungen von Gewalt, ob unvertraute Naturvorstellungen, ob irritierende Ideen über sexuelle Unreinheit: sie alle kamen in den Beschreibungen der Religion nicht oder nur in Fußnoten vor. Das Endprodukt war ein zeitloses Wesen von Religion, das alle Glaubwürdigkeit für sich hatte. Die akademische Religionswissenschaft war gleichsam zu einer Raffinerie geworden, die einen Rohstoff zu einem marktgängigen Produkt veredelt.

Das «Wesen der Religion»

Es bringt daher auch nicht viel, in das Fach entlang seiner möglichen Unterdisziplinen (Religionsgeschichte, Religionsphänomenologie, Religionssoziologie, Religionsethnologie oder Religionspsychologie) einzuführen. Was wir brauchen, ist die Umleitung der kulturwissenschaftlichen Ströme in das Bett der Religionswissenschaft. Denn in ihren Nebenströmen plätschert im Prinzip dasselbe Wasser. «Religion: Gepäck oder Sextant? Nicht unveränderliches Erbe, sondern Positionierung im Kontext» – diese Kapitelüberschrift eines Buches zum Multikulturalismus (Baumann, 1999, 69) fasst zusammen, was dieser Einführung vorschwebt.

Religion als Selbstpositionierung

Eine solche nicht-theologische Religionswissenschaft ist niemals frei von Paradoxien, wie eine autobiographische Bemerkung von Thomas Mann deutlich macht:

> Glaube? Unglaube? Ich weiß kaum, was das eine ist und was das andere. Ich wüßte tatsächlich nicht zu sagen, ob ich mich für einen gläubigen Menschen halte oder für einen ungläubigen. Tiefste Skepsis in bezug auf beides, auf soge-

nannten Glauben und sogenannten Unglauben, ist all mein Ausweis, wenn man mich katechesiert. Wir sind vom ewigen Rätsel so dicht umdrängt, daß man ein Tier sein müßte, um es sich nur einen Tag lang aus dem Sinn zu schlagen. Keinen Tag, seitdem ich wach bin, habe ich nicht an den Tod und an das Rätsel gedacht. Was aber verlangt man, daß ich glaube? Einen ‹Gott›, der das Einstein'sche All geschaffen hat und dafür Prostration, Anbetung, grenzenlose Unterwerfung verlangt? [...] Die Stellung des Menschen im Kosmos, sein Anfang, seine Herkunft, sein Ziel, das ist das große Geheimnis, und das religiöse Problem ist das humane Problem, die Frage des Menschen nach sich selbst (Mann, 1983, 374).

> *Ein Arbeitsbegriff von «Religion»*
> Diese Einführung setzt einen Religionsbegriff voraus, wie er von der Wissenschaft verwendet wird, nicht von den Gläubigen. Wissenschaftler haben Religion unterschiedlich konstruiert: zum Beispiel als Glaube an geistige Wesen, als Erleben des Unendlichen im Endlichen, als verpflichtenden Charakter von sozialen Normen. Ein Schritt hinter diese Konstruktionen und damit eine Evaluation im Sinne von richtig oder falsch ist nicht möglich. Es bleibt nur anzuerkennen, dass das Verhältnis des Menschen zur Welt vieldeutig und voller Ungewissheit ist. Aus kulturwissenschaftlicher Sicht beschreiben die wissenschaftlichen Definitionen Akte der Erzeugung von Gewissheit und Sinn: sowohl in intellektueller als auch in moralischer Hinsicht.

Diskurs statt Definition

Da jede religionswissenschaftliche Theorie ihrerseits in diese Prozesse eingreift, es mithin keine neutrale oder «unschuldige» Theorie geben kann, sprechen wir von einem *Diskurs*, der mehr ist als das Austauschen von Meinungen, und einem *Diskursfeld*, in dem Identitäten (auch wissenschaftliche) gebildet, Grenzen gezogen und Machträume besetzt werden (Ullrich 1992). In diesem Sinne kann die Religionswissenschaft auch als eine Art Metadisziplin betrachtet werden, die, anstatt Definitionen zu normatisieren, die Wirkungen dieser Definitionen in einem Diskursfeld beschreibt, auf dem sie selber handelt (Flood 1999).

Widerstreitende Ontologien

Damit ist ein weiteres Thema berührt: die Gültigkeit religiöser Annahmen. Wenn man sagt, der Gegenstand der Religionswissenschaft seien die öffentlichen – kommunikativen und diskursiven – Aushandlungsprozesse über Weltdeutungen, dann beschreibt dieses Fach zugleich immer widerstreitende Ontologien (Aussagen über das Seiende), ohne sich diese zu Eigen zu machen (Hübner, 2001, 1–24). Es obliegt ihr nicht zu entscheiden, ob religiöse Aussagen – z. B., dass Magie funktioniert, dass es eine Gottheit wirklich gibt oder dass die Ahnen noch immer unter uns leben – zutreffend sind oder nicht. Würde sie solche Sätze bejahen, betriebe sie Theologie, würde sie sie verneinen, fiele sie einem Materialismus und Positivismus anheim oder zumindest einer Psychologisierung von religiösen Entitäten. Beide Möglichkeiten – die ihrerseits Ontologien voraussetzen! – lassen sich wissenschaftlich nicht belegen. Hier gilt, was der Philosoph Donald Davidson so formuliert:

> [Wir brauchen] beim Nachdenken und Reden über die Überzeugungen der Leute nicht anzunehmen, es gebe Überzeugungen im Sinne von Entitäten. Und genausowenig brauchen wir Gegenstände zu erfinden, die als «Gegenstände der Überzeugung» oder als etwas dem Bewußtsein Vorschwebendes beziehungsweise dem Gehirn Innewohnendes dienen sollen (Davidson, 1993, 28).

Damit ist freilich nicht gemeint, man könne die Frage einfach auf sich beruhen lassen. Wenn beispielsweise Menschen wegen Hexerei verfolgt werden oder wenn Verschwörungstheorien im politischen Kampf eingesetzt werden, muss der Wissenschaftler zu ihnen auch ablehnend Stellung nehmen, allerdings nicht unter Verweis auf eine überlegene Ontologie.

Wir unternehmen also keinen Versuch, Religion vorab zu definieren, um daraus dann die richtige Methode ihrer Erforschung abzuleiten. Dabei lassen wir uns von einer Maxime Friedrich Nietzsches leiten, die auch einer Einführung in die moderne Kunstgeschichte Pate gestanden hat:

Abschied von der Zentralperspektive

> Es gibt *nur* ein perspektivisches Sehen, *nur* ein perspektivisches «Erkennen»; und *je mehr* Affekte wir über eine Sache zu Worte kommen lassen, *je mehr* Augen, verschiedne Augen wir uns für dieselbe Sache einzusetzen wissen, um so vollständiger wird unser «Begriff» dieser Sache, unsere «Objektivität» sein (Nietzsche, 1999, 365).

Für den Kunsthistoriker Werner Hofmann, der sich auf diese Worte beruft (1998, 297), löste sich die Kunst, als sie modern wurde, von der Zentralperspektive und der dadurch erzeugten Illusion. Mit den Impressionisten des ausgehenden 19. Jahrhunderts, nicht zufällig also im selben Zeitraum, in dem die Religionswissenschaft entstand, wurde der *eine* Blickpunkt durch eine Mehrzahl von Perspektiven abgelöst, bis schließlich Pablo Picasso sich die vielen Perspektiven im Dargestellten selber widersprechen ließ. Für Hofmann wurde damals die «Fähigkeit zum Selbstwiderspruch» als ein die Geschichte konstituierender Faktor entdeckt (Hofmann, 1998, 293 und 297).

Sprachpragmatik und religiöse Handlung

Die Wendung zur Sprachpragmatik, die wir oben als entscheidend für eine moderne Religionswissenschaft bezeichnet haben, hatte auch Auswirkungen auf Konzepte der religiösen Handlung. Vor allem ist der Wende eine Strategie zum Opfer gefallen, die im soziologischen Funktionalismus daheim war. Dieser erklärte (dem Wissenschaftler angeblich) unbegreifliche religiöse Glaubensanschauungen damit, dass sie eine nützliche soziale Funktion hätten. Magische Anschauungen seien zwar falsch, hieß es dann beispielsweise, aber als eine Quelle von Zuversicht, Krisensituationen gewachsen zu sein, seien sie unentbehrlich (in Kapitel III.2 wird darauf zurückzukommen sein). Doch auch das Handlungsmodell Mircea Eliades war davon betroffen: Religiöse Handlungen sollen eine feierliche Wiederaufführung eines lange zurück liegenden Ereignisses sein und die gegenwärtige Geschichte still stellen. Jedoch sind auch mit derartigen Ritualen aktuelle Selbstpositionierungen von Menschen in ihrer Gesellschaft und ihrer Geschichte verbunden.

Öffentliches Interesse und die Institutionalisierung des Faches

Lectures

Ohne ein öffentliches Interesse wäre die Religionswissenschaft nicht entstanden. Besonders eindrucksvoll dokumentieren dies in der angelsächsischen Welt die so genannten *lectures*: religionswissenschaftliche Vorlesungen von international angesehenen Gelehrten, bezahlt aus Legaten. So hielt Friedrich Max Müller im Frühjahr 1878 die erste der Hibbert Lectures, die 1880 als *Vorlesungen über den Ursprung und die Entwicklung der Religion mit besonderer Rücksicht auf die Religionen des Alten Indien* auch auf Deutsch veröffentlicht wurde. Lectures wurden zu Meilensteinen der Religionswissenschaft, vor allem, als 1888 die Gifford Lectures dazukamen. Lord Gifford hatte die beträchtliche Summe von 80 000 Pfund hinterlassen, mit der an den vier schottischen Universitäten Edinburgh, Glasgow, Aberdeen und St. Andrews regelmäßig Vorlesungen von Gelehrten gehalten werden sollten, die sich als Spezialisten in «natürlicher Theologie» hervorgetan hatten und das Wissen von Gott in einer strikt naturwissenschaftlichen Weise behandelten (Jordan, 1905, 386–388; 570 f.). Ihr Einfluss ist bis heute zu spüren; der Altertumswissenschaftler

Walter Burkert beispielsweise trug seine Thesen zu den biologischen Grundlagen der Religion 1989 in den Gifford Lectures vor (Burkert 1998).

Die ersten systematischen Monografien zur Religion als kultureller Erscheinung stammten aus dem gleichen Umfeld. Der Ethnologe Edward Burnett Tylor hatte als einer der ersten 1871 alle damals vorliegenden Informationen aus Stammesgesellschaften kritisch ausgewertet. Sein Buch *Primitive Culture* (1958 [1871]) wurde zu einem der meist diskutierten Werke der wissenschaftlichen Religionsforschung des letzten Viertels des 19. Jahrhunderts. Neben Tylor lebten und arbeiteten in dem selben Zeitraum weitere Wissenschaftler, die dem Studium der Religionen die stärksten Impulse gaben, ohne dass sie selber Lehrstühle für Religionswissenschaft innegehabt hätten: der Indologe Friedrich Max Müller, der Semitist und Arabist William Robertson Smith, der klassische Philologe James George Frazer, der Autodidakt Andrew Lang, die Gräzistin Jane Harrison. Ihr war es vorbehalten, eine männliche Sicht auf die antike Religionsgeschichte zu überwinden.

<small>Religionswissenschaftler ohne Lehrstühle</small>

In England führte der furiose Start der Religionswissenschaft nicht zu ihrer Institutionalisierung als akademisches Fach. Erst seit den sechziger Jahren des 20. Jahrhunderts sollte sich das ändern (Byrne 1998). Die ersten universitären Stellen überhaupt wurden in den Jahren nach 1876 in den Niederlanden geschaffen. In Zusammenhang mit einer Reform der Pastorenausbildung löste der Staat die Bindung zwischen der *Nederlandse Hervormde Kerk* und den theologischen Fakultäten der Reichsuniversitäten auf. Zwar bekam bei den Parlamentsberatungen der Vorschlag, den Fakultäten die Bezeichnung «Religionswissenschaft» zu geben, keine Mehrheit. Jedoch wurde «Religionswissenschaft» zu einem der fünf theologischen Fachgebiete, wobei auch die anderen Gebiete nicht mehr entsprechend den normativen Vorgaben der kirchlichen Prüfungsordnungen definiert wurden. Diese Umgestaltung war übrigens nicht das Ergebnis irgendeiner Kirchenfeindlichkeit in den Niederlanden, sondern entsprach Auffassungen liberaler Theologen, wonach eine verwissenschaftlichte Religion die Überlegenheit des Protestantismus zum Ausdruck brächte (Molendijk, 1998, 67–95). Der holländische Weg hat bis heute die Entwicklung des Faches in den Niederlanden bestimmt, wobei es sich im Rahmen der theologischen Fakultäten noch weiter verselbststän-

<small>Niederlande</small>

digt hat und manche der heutigen Fakultäten die Bezeichnung für «Theologie und Religionswissenschaft» tragen.

Frankreich

Auch wenn das niederländische Modell in Europa eher die Ausnahme blieb, hatte es doch Wirkung auf Frankreich, wo Ende des 19. Jahrhunderts der Laizismus den Ton angab und sich gegen die Präsenz der Kirchen in Schule und Öffentlichkeit wandte. Aus dieser Sicht ist die für das Zusammenleben notwendige Moral autonom und bildet sich unabhängig von jeder Art Offenbarung. 1880 wurde der Protestant Albert Réville, ein Anhänger von C. P. Tiele, auf einen Lehrstuhl für Religionsgeschichte am Collège de France berufen. Sechs Jahre später wurde per Gesetz jeder kirchliche Einfluss aus der Schule verbannt. Ebenfalls 1886 wurde die katholische theologische Fakultät an der Sorbonne aufgehoben. Das französische Parlament stellte die Finanzmittel, die es zuvor der theologischen Fakultät bewilligt hatte, der *École Pratique des Hautes Études* zur Verfügung. Diese Forschungsinstitution war 1868 gegründet worden und gliederte sich in die vier Sektionen Mathematik, Physik, Biologie sowie Geschichte und Sprachen. 1886 trat die neue Sektion *Sciences Religieuses* hinzu, um die Abschaffung der theologischen Fakultät zu kompensieren. Von den zwölf Lehrstühlen, die überwiegend mit Protestanten und Juden besetzt wurden, waren die Hälfte dem Christentum, die andere Hälfte den nicht-christlichen Religionen gewidmet (Fournier, 1994, 87–93; Poulat, 1987, 287–334). In diese Zeit fällt der Aufstieg von Émile Durkheim. Nicht er, wohl aber seine Mitarbeiter Hubert Henri und Marcel Mauss wurden an die Sektion berufen und etablierten mit ihren wiederum bedeutsamen Schülern eine von allen kirchlichen Interessen unabhängige Erforschung der Religionen (Baubérot 2002).

Religion galt den Durkheimianern erkenntniskritisch als eine Illusion, die aber sozial unentbehrlich sei, da auch noch die arbeitsteilige Gesellschaft von ihren Leistungen im Bereich der Moral zehre. Selbst mit fortschreitender Entkirchlichung bleibe Religion eine Grundlage des Handelns der Menschen und müsse daher Gegenstand wissenschaftlicher Analyse sein.

Deutschland

Deutschland gab im Vergleich mit den Niederlanden und Frankreich der Religionswissenschaft universitär einen marginalen Ort, und das, obwohl auch in der sich hier formierenden Soziologie Religion ein Kernstück in der Untersuchung der modernen Gesellschaft war. «Der moderne Mensch pflegt im ganzen selbst beim besten Willen nicht imstande zu sein, sich die Bedeutung, welche religiöse Bewußtseinsinhalte für die Lebensführung, die ‹Kultur› und die ‹Volkscharaktere› gehabt haben, *so* groß vorzustellen, wie sie tatsächlich gewesen *ist*» – das waren die Worte, mit denen Max Weber 1904/05 seine Studie zur Entstehung des modernen Kapitalismus abschloss. Für nichts Geringeres als die moderne Wirtschaftsform hatte er den Nachweis erbracht, dass sie aus der Religionsgeschichte zu erklären sei (siehe Kapitel III.2). Andere deutsche Soziologen traten den Nachweis für weitere Teile der modernen Kultur an. Doch wurde dieser Ball weder vom Parlament noch von liberalen Theologen aufgefangen. Im Gegenteil! Adolf von Harnack nutzte 1901 eine Rektoratsrede dazu, sich nicht allein gegen eine Umwandlung der theologischen Fakultäten in religionsgeschichtliche auszusprechen, sondern auch gegen die Einrichtung von Lehrstühlen für Religionsgeschichte an den theologischen Fakultäten. Zwar wurde dann doch in Harnacks eigener Fakultät in Berlin 1910 ein entsprechender Lehrstuhl eingerichtet, wenige Jahre später jedoch wurde dieser in die philosophische Fakultät überführt.

Mit der zunehmenden Veränderung der akademischen Landschaft in Europa hat der mit dem 19. Jahrhundert einsetzende Ausdifferenzierungsprozess der Wissenschaften auch das Fach Religionswissenschaft erreicht. Man kann es heute in Deutschland an über 20 Universitäten studieren – als eigenständiges Fach, als Teil der Theologie und als Vorbereitung auf das Lehramt Religion bzw. Ethik. Vor allem die selbstständigen Studiengänge sind beachtlich. Unübersehbar ist die schleichende Ablösung von der Unterordnung unter die Theologie. Die Etablierung neuer Studiengänge (Bachelor und Master), in denen die Fächergrenzen aufgeweicht und vielfältige Übergänge in kulturwissenschaftlichen Fakultäten geschaffen werden, wird das Fach in Zukunft weiter festigen.

Heutige Situation in Deutschland

Ganz analog verlief die Entwicklung für die «Deutsche Vereinigung für Religionsgeschichte», die Fachvereinigung, die die Phase eines Vereins von Pastoren und Lehrern hinter sich gelassen hat. In diesem Punkte folgte sie Entwicklungen andernorts. Die nordamerikanische Vereinigung geht auf einen Zusammenschluss von Bibeldozenten an Colleges zurück, der 1909 ins Leben gerufen wurde. Erst 1963 wurde ihm der Name «American Academy of Religion» gegeben. Wenn heutzutage gelegentlich sage und schreibe

Fachvereinigungen

fast 10 000 Mitglieder zum jährlichen Treffen im November, das zusammen mit der «Society of Biblical Literature» durchgeführt wird, zusammenkommen und sich in den Veranstaltungen über unterschiedlichste Themen informieren, ist qua Zahl und Veranstaltungsthemen der Sprung weg aus einer Vereinigung von «Biblical Instructors» gelungen.

<small>Sachliche Probleme als Antrieb der Wissenschaft</small>

Wie bereits ausgeführt, möchte die vorliegende Einführung das Fach über Gegenstände erschließen, die sich auch anderen im Bereich der Kultur operierenden Wissenschaftlern aufdrängen und von ihnen bearbeitet werden. Es fällt daher nicht schwer, in dieser Einführung wissenschaftliche Autorinnen und Autoren zu finden, die keinen Lehrstuhl für Religionswissenschaft innehaben oder hatten. Es sind nicht methodologische Erwägungen als solche, die Wissenschaften vorantreiben, sondern das Erkennen und Lösen sachlicher Probleme.

Anlage des Buches

<small>Kulturgeschichte des Faches</small>

Wir eröffnen unsere Einführung mit einem Rückblick auf die Geschichte des Faches (Kapitel II). Als die westlichen Länder im 19. und 20. Jahrhundert Erfahrungen mit dem schnellen sozialen Wandel zur Industriegesellschaft machten, stellte sich die Frage, welche der Werte und Normen ihres persönlichen Lebens und ihres Gemeinwesens vom Fortschritt überholt waren und welche nicht. Ungeachtet der Religionskritik der Aufklärung des 18. Jahrhunderts und eines auftrumpfenden zeitgenössischen wissenschaftlichen Materialismus erwachte in der zweiten Hälfte des 19. Jahrhunderts erneut ein Interesse an der Religionsgeschichte, das sich zuvor schon einmal in der Romantik gemeldet hatte und das bis heute periodisch wiederkehrt. Die zahlreichen neu entdeckten Quellen zur Religionsgeschichte (Schriften und archäologische Befunde) wurden Gegenstand von Reflexionen, in deren Zentrum die Erfahrung der Verflüchtigung alles einst Festen in der Modernisierung stand.

<small>Wissenschaftliche Theorien und kulturelle Diskurse</small>

Kapitel III löst die Behauptung ein – und exemplifiziert sie zugleich –, dass wissenschaftliche Theorien nur im Kontext kultureller Diskurse ihre Bedeutung erhalten, nicht jedoch den Status einer allgemeinen Erklärung oder eines Generalschlüssels für alle Gegenstände erlangen können. Es hat sich inzwischen herumgesprochen, dass jede vergangene Geschichte aus der Gegenwart heraus rekonstruiert wird, wobei im gleichen Vorgang die Gegenwart im Lichte der Vergangenheit und in der Hoffnung auf die Zukunft eine Deutung erfährt. Diese Reflexivität ist auch in der Religionsgeschichte kein subjektiver Rest, der eliminiert werden kann oder sollte. Er verdient es vielmehr, explizit gemacht zu werden (Kapitel III.1). Entsprechend gilt für menschliches Handeln, dass es auch unter den Bedingungen der Moderne nicht ausschließlich zweckrational und vernünftig ist. Die Erkenntnis Herders, dass der Mensch kein «Selbstgeborener» ist, lenkt den Blick auf Begründungen von Handlungen jenseits allgemein geteilter Vernünftigkeitskriterien (Kapitel III.2). Vor allem in England wurde die sich herausbildende Religionsforschung durch den Kolonialismus auch praktisch mit Glaubensanschauungen und Handlungen konfrontiert, die Engländer nur als höchst befremdlich zur Kenntnis nahmen. Bei ihrer Verarbeitung verfuhren die wissenschaftlichen Koryphäen jedoch ambivalent und reaktivierten bei der Beschreibung fremder Religionen ältere Distinktionen wie Aberglaube und Magie (Kapitel III.3). Jene Ambivalenz wissenschaftlicher Theoriebildung, die bei der Beschreibung außereuropäischer Religionen sichtbar wurde, wird auf einer grundsätzlichen Ebene in Kapitel III.4 aufgegriffen. Mit den Grenzen, die im Namen der Vernunft gezogen werden, kann eine Faszination des angeblich Unvernünftigen einhergehen, wie am Beispiel des modernen westlichen Schamanismus gezeigt werden soll. Was für koloniale Diskursfelder gilt, dass sie nämlich wesentlich zur Etablierung von religionswissenschaftlichen Modellen beigetragen haben, gilt auch für eine andere Perspektivität: die der Geschlechtszugehörigkeit. Wie sehr bestimmte Konstruktionen der Religionsgeschichte durch kulturell aufgeladene Ideen vom «Männlichen» und «Weiblichen» geprägt sind, erörtert das Kapitel III.5.

Religionen haben im Zuge der Säkularisierung einen anerkannten Ort im Erleben und Handeln der Individuen erlangt. Jedoch hat dies keineswegs dazu geführt, dass sie aus der Öffentlichkeit verschwunden wären. Besonders durch den wachsenden Pluralismus – eine Folge der Arbeitsmigration – sind sie Gegenstand öffentlicher Auseinandersetzungen und Inanspruchnahme geworden. Die Kultur auch noch der säkularisierten Gesellschaft westlichen Typs zehrt von Geltungsannahmen, die sich nicht rational ableiten lassen.

Religion im öffentlichen Raum

Soziologen haben schon vor Längerem an Gegenständen, von denen man es nicht erwartete – wie der kapitalistischen Wirtschaftsgesinnung oder den Menschenrechten – die Religionsgeschichte als eine ihrer Quellen ausgemacht. Da sich zudem herausstellte, dass uns selbstverständliche Handlungen in anderen Kulturen keineswegs selbstverständlich sind, ist die Religionswissenschaft dabei, «dichte Beschreibung» zu werden: ihren Gegenstand dadurch zu finden, dass sie Diskurse und Handlungsabläufe inspiziert. Die sich aus dem Faktum der öffentlichen Auseinandersetzung mit Religion ergebenden Fragestellungen sind das Thema von Kapitel IV. Dabei schließen wir uns den Worten des Ethnologen Clifford Geertz an: «Unser täglich dringlicher werdendes Problem ist nicht, Religion zu definieren, sondern zu erkennen» (Geertz, 1988, 15). Anstatt also zu überlegen, was «echte» Religion ist und was «Religionsersatz», richten wir den Blick auf jene Bereiche, in denen Religion als Kultur gestaltende Kraft und als wichtiger Faktor öffentlicher Debatten erkennbar wird: Zivilreligion (Kapitel IV.1), Rechtskonflikte um Religionen (Kapitel IV.2), Sakralisierung von Territorium (Kapitel IV.3) und der religiöse Pluralismus Europas (Kapitel IV.4) sind zentrale Gegenstände heutiger und zukünftiger religionswissenschaftlicher Forschung. Diese Gegenstände im Zusammenhang der aus ihnen gewonnenen analytischen Begriffe zu studieren, sagt mehr über die Macht – aber auch Grenzen – der Religionen (nicht nur) in der Moderne aus als manche ausgeklügelte Theorie.

Die handlungslegitimierende Kraft von Religionen

Kapitel V wendet sich den Mechanismen zu, in denen religiöse Gemeinschaften und Individuen in wechselseitige Beziehung treten. Die Schnittstelle ist religiöse Praxis, denn nur im kommunikativen Handeln bilden sich Identitäten von Einzelnen und von Gruppen. In besonderer Weise – aber nicht ausschließlich – ist dies in der Moderne erkennbar. Es ist wohl eine der am breitesten akzeptierten Behauptungen von Soziologen, dass die Moderne durch eine Verselbstständigung der Lebensordnungen geprägt ist. Dies sei der Widerspruch, der die moderne Kunst charakterisiert, meint auch Werner Hofmann. Pointiert hat Niklas Luhmann die neue Situation für die Religionen beschrieben. Ursprünglich habe Religion ihre Sicherheit in der Gesellschaft gehabt und man habe von nichtreligiösen zu religiösen Sicherheiten wechseln können. Die Ausdifferenzierung der Gesellschaft habe diese Möglichkeit beendet. Religion ist zu einem Funktionssystem an sich geworden

(1993, 259). Sie konstituiert ihre Unabhängigkeit dadurch, dass sie sich von anderen Perspektiven auf die Welt unterscheidet und diese Differenz sich zu Eigen macht. Die Unterscheidung ist für Luhmann Prozess, auch wenn der Begriff der Systeme etwas anderes suggeriert.

Luhmann modifizierte damit eine ältere Soziologietradition, die von Ernst Troeltsch und Max Weber begründet worden war. Für beide blieben religiöse Vergemeinschaftungen handlungserzeugende Mächte. Um dies zu erläutern, werden wir zuerst den Blick auf das Individuum richten und seine Herstellung von religiöser Kohärenz, die über Kommunikation und Narration verläuft (Kapitel V.1), um im nächsten Schritt die Prinzipien zu erörtern, nach denen religiöse Gemeinschaften sich bilden und dabei bestehende soziale Beziehungen in Frage stellen; dies soll anhand der Geschichte des antiken Christentums geschehen (Kapitel V.2). Die Abkehr von der Welt und die Verselbstständigung im Sinne Luhmanns hat keineswegs einen Wirkungsverlust zur Folge. So lassen sich in der modernen Kultur Praktiken erkennen, die sich ohne Rückgriff auf die extrem dauerhafte Religionsgeschichte nicht begreifen lassen. Dazu gehört die Bildung von Gruppenidentitäten durch den Ausschluss des «Anderen» und die Mythisierung des eigenen Ursprungs (Kapitel V.3), das Fortleben von Apokalyptik in der Politik (Kapitel V.4) sowie die heute so auffällige religiöse Ritualisierung von Gewalt (Kapitel V.5). Es sind dies Fälle, an denen die handlungslegitimierende Kraft von Religionen aufgezeigt werden soll.

II. Kulturgeschichte der Religionswissenschaft

> «Es geht dabei nicht bloß um eine Ideengeschichte der Forschung und es geht nicht um Ideologiegeschichte oder gar bloß um Ideologiekritik. Es geht vielmehr um die auf die Gegenwart des Historikers bezogenen, mentalen, also ebensowohl rational-intellektuellen wie auch emotionalen Dispositionen, von denen her die Erkenntnis von Geschichte mit gesteuert wird. [...] Diese Art von Wissenschaft repräsentiert [...] jene Einsicht in die Bedingtheit und Begrenztheit wissenschaftlicher Erkenntnis, die gleichwohl ihren Ergebnissen Tragfähigkeit zumessen darf.»
>
> *(Otto Gerhard Oexle, 2001, 9–37, 36 f.)*

Der philosophiegeschichtliche Kontext

Die freie und öffentliche Prüfung der Religion

Der systematische Ort eines nicht-theologischen Konzeptes von Religion ist am klarsten von *Immanuel Kant* (1724–1804) formuliert worden. In der ersten Vorrede zur *Kritik der reinen Vernunft* (1781) fasste er sein Programm in die Worte:

Unser Zeitalter ist das eigentliche Zeitalter der Kritik, der sich alles unterwerfen muss. *Religion*, durch ihre *Heiligkeit*, und *Gesetzgebung* durch ihre *Majestät*, wollen sich gemeiniglich derselben entziehen. Aber alsdann erregen sie gerechten Verdacht wider sich und können auf unverstellte Achtung nicht Anspruch machen, die die Vernunft nur demjenigen bewilligt, was ihre freie und öffentliche Prüfung hat aushalten können (Kant 1956, 7 [Hervorhebung im Original]).

Wie diese freie und öffentliche Prüfung zu geschehen habe, hat Kant später in seiner Schrift *Streit der Fakultäten* (1798) dargelegt. Er sah es als Aufgabe der philosophischen Fakultät an, das staatlich sanktionierte bürgerliche Gesetzbuch sowie die kirchlichen Schriften auf ihre Vernünftigkeit hin kritisch zu prüfen (Kant 1977 [1798], 285, 291). Auf diese Weise könne, was die Religion angeht, aus einem partikularen kirchlichen Glauben die Grundlage einer vernünftigen öffentlich verbindlichen Moral werden. Mit diesem Programm wollte Kant ein Dilemma lösen, mit dem Philosophen sich seit dem 17. Jahrhundert herumschlugen und das besonders auch Jean-Jacques Rousseau (1712–1778) beschäftigt hatte: dass zwar Kirche und Theologie für die Glaubenskriege verantwortlich waren, eine Religion des Bürgers aber für den inneren Frieden des Gemeinwesens gleichfalls unverzichtbar war.

Kant erkannte die Pluralität der Religionen an. Er wollte nämlich diese Prüfung nicht auf die jüdisch-christliche Bibel beschränken. «Vehikel» der *einen* Religion konnten auch das Zendavesta, die Veden oder der Koran sein. Allerdings lehnte Kant den Ausdruck «Verschiedenheit der Religionen» energisch ab. «Ein wunderlicher Ausdruck!», tadelt er. Zwar mag es verschiedene

<small>Die eine Religion und ihre «Vehikel»</small>

Religionsbücher [...] geben, aber nur eine einzige, für alle Menschen und in allen Zeiten gültige *Religion*. Jene also können wohl nichts anderes als nur das Vehikel der Religion, was zufällig ist, und nach Verschiedenheit der Zeiten und Örter verschieden sein kann, enthalten (1977 [1795], 225 f., Anmerkung [Hervorhebung im Original]).

Im Grunde hatte Kant die Spannung zwischen öffentlicher Vernunftreligion und historischer Religion derart auf die Spitze getrieben, dass es Johann Gottfried Herder (1744–1803) leicht fiel, ihm 1784/85 vorzuhalten, dass der Mensch auch und gerade im Blick auf sein geistiges Vermögen kein Selbstgeborener sei (Herder, 1967, 343 f.). «Eine reine Vernunft ohne Sprache ist auf Erden ein utopisches Land. [...] Was je der Geist der Menschen aussann, [...] kommt [...] allein durch Sprache zu mir» (ebd., 357). Unter diesem Gesichtspunkt gewann ein Vergleich von Sprachen höchste philosophische Bedeutung. «Der schönste Versuch über die Geschichte [...] des menschlichen Verstandes und Herzens wäre also eine philosophische Vergleichung der Sprachen: denn in jede derselben ist der Verstand eines Volkes und sein Charakter gepräget» (ebd., 363). Als zwei Jahre später William Jones durch Sprachvergleiche die indo-europäische Sprachfamilie entdeckte und Vergleiche mit der semitischen Sprachfamilie möglich wurden, löste Friedrich Max Müller (1823–1900) in seiner *Einführung in die Religionswissenschaft* Herders Wunsch ein. In ihr trug er die These vor, dass einzig eine philologische Klassifikation der wissenschaftlichen Erforschung der Religionen eine verlässliche Basis garantiere. Müller konzentrierte sich auf die Sprachlichkeit der Religionen, um Einblicke in ihre Frühgeschichte zu erlangen. Dabei profitierte er von der Wendung, die die Erforschung der Sprachen seit Herder genommen hatte: weg von der Annahme einer rationa-

<small>Über den Sprachvergleich zur Religionsforschung</small>

listischen Sprachtheorie, hin zum Vergleich von Sprachen mit dem Ziel, ihr Bildungspotenzial zu erkennen. Das Diktum von Wilhelm von Humboldt, dass «in jeder Sprache eine eigentümliche Weltansicht» liege und dass «in die Bildung und den Gebrauch der Sprache [...] notwendig die ganze Art der subjektiven Wahrnehmung der Gegenstände [übergeht]» (von Humboldt, 1977, 32), hatte dem Sprachvergleich einen besonderen Rang in der frühen Religionsforschung gesichert.

Religion als «Anschauung und Gefühl»

Eine andere Auflösung von Kants Modell nahm Friedrich Schleiermacher (1768–1834) vor. In seiner Schrift *Über die Religion. Reden an die Gebildeten unter ihren Verächtern* (1799) lehnte er Kants Rettung der Religion als Postulat des ethischen Handelns ab.

Ihr Wesen ist weder Denken noch Handeln, sondern Anschauung und Gefühl. Anschauen will sie das Universum, in seinen eigenen Darstellungen und Handlungen will sie es andächtig belauschen, von seinen unmittelbaren Einflüssen will sie sich in kindlicher Passivität ergreifen und erfüllen lassen (Schleiermacher, 1999 [1799], 79).

Religion stelle, richtig verstanden, neben Denken und Handeln eine eigene dritte Kompetenz dar und sei unabhängig von irgendwelchen Lehren oder ethischen Forderungen. Da es keine irgendwie endgültige und verbindliche Offenbarung des Unendlichen geben könne, manifestiere sich die Religion notwendigerweise immer nur in individuellen Variationen. Die Folge ist eine unendliche Vielfalt in der Geschichte. Hundert Jahre nach der ersten Veröffentlichung der *Reden* gab Rudolf Otto die Schrift neu heraus – als «Kampfschrift» gegen die Verstandeskultur seiner Zeit (Otto, 1991 [1899], 8). Die Vorstellung, Religion begründe sich in einer außergewöhnlichen Erfahrung und der Religionswissenschaftler wiederum müsse diese Erfahrung nachempfinden, wurde zu einem konstitutiven Zweig der Religionswissenschaft im Deutschland des 20. Jahrhunderts. Auch in der angelsächsischen Welt genießt diese Konzeption bis heute hohes Ansehen.

Religion als «Entzweiung des Bewusstseins»

Schleiermachers Bestimmung von Religion als Gefühl traf auf den scharfen Widerspruch von Georg Wilhelm Friedrich Hegel (1770–1831). Die Unmittelbarkeit einer Beziehung, die für Schleiermacher das religiöse Empfinden konstituiert, war für Hegel nichts anderes als eine Natürlichkeit, der das Bewusstsein fehle. Die Religionen – abgesehen von den Naturreligionen – bezeugten jedoch gerade etwas ganz anderes: die «Entzweiung des Bewußtseins» (Hegel, 1986, Bd. 16, 253-255). Hegel kehrte sich damit nicht nur gegen Schleiermacher, sondern auch gegen Kant, der die Kategorien des Denkens prinzipiell von der sinnlichen Welt der Dinge geschieden hatte. Hegel fand diese Entgegensetzung dünn und fade. Stattdessen stellte er die Frage, wo und wie denn in der Geschichte der Menschheit das Bewusstsein der Differenz zwischen Subjekt und Objekt, zwischen Geist und Natur aufgekommen sei. Als er sich in diesem Zusammenhang in die indische Philosophie vertiefte, revidierte er die romantische Ansicht, die Inder hätten in einer Art harmonischer Einheit mit der Natur gelebt (Hegel, 1986, Bd. 18, 154). Das indische Denken habe sehr wohl die Differenz von Subjekt und Objekt, Geist und Natur gekannt. Während aber in Indien die Spannung von Geist und Natur durch Kontemplation überwunden werden sollte, habe das Christentum diese Spannung noch intensiviert. Über Arthur Schopenhauer ist diese Konstruktion von Religionsgeschichte als Geschichte von Weltablehnung zu Religionshistorikern gelangt (s. Kapitel III.1).

Wie oben bereits angedeutet, waren die formierenden Vorgaben für das Fach in Frankreich und England andere. Zwar stand Émile Durkheim (1858-1917) indirekt in der Tradition Rousseaus und Kants, aber er sah in den empirischen Religionen nicht mehr nur das äußere Vehikel eines reinen inneren Pflichtbewusstseins. Statt Moral aus dem Bewusstsein zu deduzieren, lag ihm an dem Nachweis, dass sich moralische Normen im Laufe der Geschichte gewandelt hätten und Funktionen der gesellschaftlichen Ordnungen seien. Daher gewann er Interesse an den empirischen Religionen als Exponenten historisch variabler Normensysteme (s. Kapitel III.2). In England blieb die Erforschung von Religionen im Banne von David Hume (1711-1776), der ihren Ursprung in der menschlichen Natur gesucht hatte. «Die ersten religiösen Vorstellungen [rührten] nicht von einer Betrachtung der Werke der Natur her, sondern von der Sorge um das tägliche Leben und von den unaufhörlichen Hoffnungen und Ängsten, die den menschlichen Geist bewegen» (Hume, 1984, 8). Es sind die Störungen der Natur, nicht aber ihre wunderbare Regelmäßigkeit, die Menschen dazu bringen, Götter zu Hilfe zu rufen. Als Folge dieser Triebkraft pendeln Religionen in ihrer Geschichte zwischen der Verehrung eines Gottes, dem Menschen entsprechend ihren Ängsten stets größere Macht zuschreiben (Theismus), und einer Verehrung von Mittler-

Religion zwischen sozialer Funktion und «menschlicher Natur» wesen, die die Verbindung zu dem in die Ferne rückenden Gott wiederherstellen. Edward Burnett Tylor und Robert Ranulph Marett haben diesen philosophischen Gesichtspunkt ihrem Verständnis von Religionsgeschichte zu Grunde gelegt.

Das wachsende Archiv religionshistorischer Quellen und seine Bedeutung im Zeitalter der Moderne

Entzifferungen und Entdeckungen

Eine weitere Voraussetzung für die Religionswissenschaft war die Serie von Entzifferungen und Entdeckungen seit dem Ende des 18. Jahrhunderts. Innerhalb weniger Jahrzehnte wurden zugänglich: das zoroastrische Avesta, die indischen Upanischaden, die ägyptischen Hieroglyphen, das indische Rigveda, um nur die wichtigsten Höhepunkte zu nennen. Die «orientalische Renaissance» schlug eine Bresche in die kulturellen Mauern rund um Europa und gab den Blick frei auf zahlreiche fremde und alte Zivilisationen jenseits von Antike und Judentum (Schwab 1984; Kippenberg 1997). Diese Phase fiel zusammen mit dem Blick in die ungeahnte Tiefe der menschlichen Vorgeschichte. Prähistorische Funde hatten die jüdisch-christliche Chronologie mit ihren nicht einmal 10 000 Jahren Menschheitsgeschichte endgültig unhaltbar gemacht. Die Zeiträume jenseits dieser Spanne waren plötzlich unermesslich groß geworden. Zugleich entdeckte Charles Darwin, dass die Gattung Mensch einheitlich ist. Unterschiede zwischen den «Rassen» gehen auf langwierige Prozesse der Anpassung an spezifische Naturbedingungen zurück, nicht auf verschiedene Ursprünge. Die Unterschiede sind daher kulturell bestimmt. Erst diese Erkenntnis von Darwin gab E. B. Tylors Evolutionismus die nötige Absicherung (Darwin, 1992, 159). Die außereuropäischen Gesellschaften repräsentierten die Anfänge der menschlichen Geschichte, nicht irgendwelche Überreste von Hochkulturen.

Der Begriff der «Moderne»

Der Begriff der «Moderne» hatte seine erste Prägung im 17. Jahrhundert in einer Debatte erhalten, ob die gegenwärtige («moderne») Epoche der alten («antiken») überlegen war oder nicht. Am Ende dieser Debatte einigten sich die Kontrahenten darauf, dass es zwar in der Wissenschaft einen messbaren Fortschritt gebe, nicht aber in der Kunst. «Modern» war demnach eine Kultur, in der es neben einem nachweisbaren Fortschritt an Wissen ein eigenes Existenzrecht antiker Kunst gab. Als modern muss demnach eine Epoche gelten, für die ein «Zwiespalt mit der gegenwärtigen Zeit» konstitutiv ist (Jauß, 1974, 49; vgl. 1978, 93–131; zum Ganzen Turner 1990). Von der Mitte des 19. Jahrhunderts an begann sich die Aufmerksamkeit weiterer Wissenschaftler den neuen Quellen und dabei insbesondere den Religionen zuzuwenden. Es waren Juristen, Sprachwissenschaftler, Orientalisten und Althistoriker, die hierbei Pionierarbeit leisteten. Dies geschah in einer Zeit beschleunigten sozialen Wandels. Für seine Dramatik kamen Metaphern in Umlauf. «Alles Ständische und Stehende verdampft, alles Heilige wird entweiht» – so das Kommunistische Manifest von 1848. «All that is solid melts into air» hat Marshall Berman daraus gemacht, als er einen Titel für seine faszinierende Beschreibung der Erfahrung der Modernität seit dem 19. Jahrhundert suchte (1981). Georg Simmel sah darin geradezu «das Wesen der Moderne», nämlich «die Auflösung der festen Inhalte in das flüssige Element der Seele» (Lichtblau, 1996, 36–59; Benavides 1998).

Die besondere Emphase, mit der im 19. Jahrhundert die Ästhetik für fortschrittsresistent erklärt wurde, erfasste bald auch die Religionen. Weltbilder und Normen der eigenen Zeit wurden im Medium historischer und fremder Religionen gedeutet. Das Interesse an einer Thematisierung von Geschichte der Religionen in der fortschrittsgläubigen Zeit des 19. Jahrhunderts hatte existenzielle Wurzeln. Mochten der Atheismus der aufkommenden kontinentalen Arbeiterbewegung oder der wissenschaftliche Materialismus des Bürgertums ihr Urteil über die Religionen gesprochen haben: Auf manche Wissenschaftler (und Intellektuelle) wirkte dies als besondere Herausforderung, die Quellen der Religionsgeschichte im Blick auf die in ihnen enthaltenen Konzeptionen von Welt und Mensch zu prüfen. So ermittelte Friedrich Max Müller durch einen Sprachvergleich ein Frühstadium europäischer Religionen, in dem die Natur nicht Ort kalter Berechnung, sondern einer Offenbarung des Göttlichen war, was Müller durch Sprachvergleich aus den Mythen rekonstruierte (van den Bosch 2002). Müller wollte mit seinem wissenschaftlichen Werk eine angesichts des Materialismus hoffnungslos überholte Naturmystik in die Moderne repatriieren. Auch wenn er allzu eifrig zu Werke ging und sich heftige Kritik einhandelte, ist der reflexive Darstellungsmodus seiner Schriften und Reden keine Ausnahme, sondern findet sich auch bei

Kultureller Wandel und Religionsgeschichte

anderen Religionswissenschaftlern wieder (Kippenberg 1997; s. u. Kapitel III.2).

<small>Moderne Zivilisation und archaische Religion</small>

Es war ein folgenreicher Schritt, als Robert Ranulph Marett (1866–1943) einen Religionsbegriff formulierte, der den Anteil von Religion an der modernen Kultur schlagartig vergrößerte. Hatte E. B. Tylor im Konzept einer Beseelung das Urdatum aller Religionen gesehen («Animismus»), so sah Marett in ihm nur noch eine (sekundäre) Erklärung. Primär sei die Erfahrung, dass die Welt von unkontrollierbaren Mächten beherrscht werde. Religionen verarbeiten generell – so seine Fortführung von David Hume – Unsicherheiten, die auch durch keinen Fortschritt beseitigt werden könnten. Dieses neue Paradigma von Religion, als «Pränimismus» oder «Dynamismus» bekannt, sollte sich in kürzester Zeit bei Émile Durkheim, Max Weber u. a. durchsetzen, bei Wissenschaftlern also, die die Erklärungsrichtung umdrehten. Nicht Religion musste erklärt werden, sondern Grundbestandteile der modernen Zivilisation hatten eine Genealogie, die in die Religionsgeschichte zurückreichten.

Wissenschaftstheorie der Religionsgeschichte

<small>Die Relativierung historischen Wissens</small>

Zur selben Zeit wurde ein Dilemma der Geschichtswissenschaft unübersehbar. Wenn grundlegende Normensysteme wie Recht, Moral und Religion historisch entstanden sind und keine zeitlose objektive Geltung beanspruchen können, gerät die Geschichtswissenschaft in den Verdacht, den Relativismus zu fördern. Ausgeräumt werden konnte er nur, wenn die Geltung historischen Wissens auf einer Metaebene gesichert wurde. Daher die Wendung zur Wissenschaftstheorie. Ihre Vertreter wollten dem historischen Wissen einen der Naturwissenschaft gleichwertigen Rang geben. In der Folge dieser Bemühungen entstanden zwei konkurrierende Paradigmen, die später den beiden großen rivalisierenden Schulen der Religionswissenschaft des 20. Jahrhunderts, der Religionssoziologie und der Religionsphänomenologie, ihre Struktur gaben.

<small>Max Weber</small>

Das eine Paradigma, aus dem Neukantianismus kommend und von Philosophen wie Heinrich Rickert entwickelt, sah in den Wissenschaften Formen des Erkennens von Wirklichkeit. Die Naturwissenschaften konstituierten Erkenntnis, indem sie die Wirklichkeit auf Gesetze bezögen, die Kulturwissenschaft, indem sie Handlungen auf Werte beziehe. In welchem Sinn aber kann es dann noch «objektiv gültige Wahrheiten» auf dem Boden der Wissenschaften vom Kulturleben geben?, fragte Max Weber (1864 bis 1920) (1988 [1904], 147). Seine Antwort war: Wer Werte untersucht, muss zwischen subjektiver und objektiver Geltung unterscheiden. Ob Werte objektiv gültig sind, ist eine Frage des Glaubens. Die Wissenschaftler müssten sich auf die Aufgabe beschränken, ihre Geltung im empirischen Handeln zu erkennen. Weber verband mit dieser Sicht weitere Annahmen, die sein großes Interesse an der Religionsgeschichte begründeten. Da die Welt nicht aus sich heraus einen Sinn erkennen lasse, sei der Mensch geradezu gezwungen, ihr diesen Sinn zu geben. Weber nahm von diesem Ausgangspunkt her die Religionsgeschichte in den Blick, da in ihr das Problem «Sinn» durchdekliniert worden sei und die Wahlverwandtschaften zwischen religiösen Weltbildern und praktischen Weltverhältnissen erkennbar werden. Er sah die Leistung von religiösen Weltbildern darin, in einer vollständig entzauberten Welt Optionen von Lebensführung zu begründen.

Webers neukantianische Theorie religionshistorischen Wissens war nicht konkurrenzlos. Wilhelm Dilthey (1833–1911) hatte für seine Begründung von Geschichtswissenschaft einen anderen Weg eingeschlagen. Die Wissenschaften, die neben den Naturwissenschaften entstanden seien, hätten als gemeinsamen Nenner das menschliche Leben. Diese Gemeinsamkeit begründe eine ihnen eigene Weise des Erkennens. Der Mensch erlebe sein Leben, bringe dieses Erleben zum Ausdruck und teile es anderen mit. Folgerichtig unterschied Dilthey drei Aspekte, die die Grundlage dieser Geisteswissenschaften bildeten: Das *Erleben* des Lebens, den *Ausdruck*, den der Einzelne seinem Erleben gebe, und schließlich das *Verstehen* dieses Ausdrucks durch andere (1981 [1927], 89–100). Miteinander verbunden bilden sie die Struktur der Geisteswissenschaften. Auch in dieser Theorie steckte eine Gegenwartsdiagnose. Das moderne Weltbild habe Grundbegriffe der Mechanik auf die menschliche Seele übertragen und dabei die Eigengesetzlichkeit geistiger Vorgänge aus dem Blick verloren. Es sei Aufgabe der Geisteswissenschaften, diese Dimension wiederzugewinnen. In den Religionen fände das Erleben des «mystischen» Einswerden des Menschen mit dem Unendlichen seinen Ausdruck. «Das im Nacherleben begründete Verstehen der religiösen Schöpfungen ermöglicht ein objektives Wissen von der Religion» (Dilthey, 1924,

Wilhelm Dilthey

304). Das Verstehen von Religionsgeschichte erzeugt in ein- und demselben Akt sowohl verlässliches historisches Wissen als auch lebenspraktische Orientierung. Rudolf Otto (1869–1937) hat sich mit seinem Buch *Das Heilige* im Jahre 1917 zum Anwalt einer religiösen Erfahrung gemacht, die es verdient, in der modernen Zivilisation wieder Gehör zu finden.

Mircea Eliade

Hatte schon bei Rudolf Otto die Religionstheorie klar antihistorische Züge angenommen, so tat sie das bei Mircea Eliade (1907 bis 1986) noch radikaler. Eliade hat das «Grunddatum aller Religion», das Heilige, als eine Durchbrechung der Homogenität von Raum und Zeit gedeutet. Sein Buch *Kosmos und Geschichte. Der Mythos der ewigen Wiederkehr*, das er selber als Einstiegslektüre in seine Schriften empfiehlt (1984, 6), behandelt im letzten Teil «Den Schrecken der Geschichte». Hier ist es die archaische Konzeption einer Abwehr der Geschichte, verkörpert in Ritualen der Kosmogonie, die das Vorhaben, die Geschichte selber machen zu wollen, als gefährliche Illusion erweist (1984 [1949], 153 f.; 169). Stellt man diese Konzeption in den Kontext seines literarischen Werkes, erkennt man, wie eng sie mit Erfahrungen von Gewalt in der Geschichte des 20. Jahrhunderts verbunden ist (Strenski, 1987, 70–103). So verarbeitete Eliade in seinem Roman *Der Verbotene Wald* die Zeit der rumänischen Bürgerkriege, in denen er mit der nationalistischen Rechten sympathisierte, als einen «Terror der Geschichte», dem man nur durch Kontemplation und einen «Ausstieg aus der Zeit» entgehen könne (1993 [1955], 340 f.). Diese Suche nach einer anderen Zeit verbindet sein literarisches mit seinem wissenschaftlichen Werk (von Stuckrad, 2003, Abschnitt I.4.).

Das Ende von Funktionalismus und Religionsphänomenologie: Religion als Weltbild und Praxis

Funktionalismus

Die Erwartung, Religionen würden sich ins Private zurückziehen, hatte sich auch in der Religionssoziologie verbreitet, wo sie die Gestalt eines harten Funktionalismus annahm. Bestimmend für diesen war die Unterscheidung zwischen Intentionen der Handelnden und Folgen ihrer Handlungen, von Robert K. Merton als «manifeste» versus «latente» Funktion gefasst. Handlungen hätten grundsätzlich Folgen, die die Handelnden selber nicht beabsichtigt hätten. Das Beispiel der Magie zeige, dass auch falsche Annahmen wichtige psychische Funktionen ausüben könnten (Merton, 1968 [1948], 86 f.).

Man wird den Aufsatz aus der Feder von Clifford Geertz «Religion als kulturelles System» aus dem Jahre 1966 als einen der wichtigsten Beiträge zur Religionsforschung in der zweiten Hälfte des 20. Jahrhunderts bezeichnen können. Seine herausragende Bedeutung lag darin, dass er das Ende sowohl des harten religionssoziologischen Funktionalismus als auch der Religionsphänomenologie einleitete, und zwar beider Paradigmen auf einen Streich. Für Geertz lag der Fehler des Funktionalismus darin, dass er Kultur und Sozialstruktur in eine funktionale Abhängigkeit voneinander brachte und Religion aus ihren sozialen Funktionen erklärte. Wie ein Leitmotiv hält er dem die These Max Webers entgegen, dass Religion die soziale Ordnung forme und sie keineswegs nur widerspiegele (1983, 87). Ebenso dezidiert wandte Geertz sich gegen private Bedeutungstheorien, die der Religionsphänomenologie und ihrer Annahme einer Evidenz religiöser Erfahrung zu Grunde lagen. Er richtete seine Argumente gegen beide Lager zugleich, wobei er die von Ludwig Wittgenstein und John L. Austin ausgelöste Wende zur Sprache auf seiner Seite hatte. Sie hatte, wie oben ausgeführt, an die Stelle einer strikten Trennung von Sprechen und Handeln deren Verschränkung analysiert. Aussagen erlangen durch Handlungen Anschaulichkeit und öffentliche Geltung, wie umgekehrt auch Handlungen durch Aussagen Verständlichkeit und Bedeutungen gewinnen. Geertz nahm den Ball auf und spielte ihn weiter: «Kultur ist deshalb öffentlich, weil Bedeutung etwas Öffentliches ist» (Geertz, 1983, 18). Dieser Satz aus *Dichte Beschreibung. Bemerkungen zu einer deutenden Theorie von Kultur* gibt die neuen Voraussetzungen wieder, unter denen Geertz die Religionstheorie umgestaltete.

Religion als kulturelles Symbolsystem

Wenn Religion das Bild, das ein Volk sich von der Welt macht, mit seinem Ethos verknüpft und umgekehrt das Ethos mit seinem Weltbild (Geertz, 1984 [1966], 47), fällt dem Wissenschaftler die Aufgabe zu, diese gegenseitige Verknüpfung zu rekonstruieren. Geertz war skeptisch, dass das mit Hilfe eines Verstehens, das auf Erleben beruht, möglich sei. Er habe bei seinen eigenen Feldforschungen in Java, Bali und Marokko daher einen anderen Weg eingeschlagen. Statt sich in die von ihm untersuchten Menschen hinein zu versetzen, habe er die symbolischen Formen gesucht, «mit

Beobachtung statt Einfühlung

denen die Leute sich tatsächlich vor sich selbst und vor anderen darstellen».

> **Bestimmung der Religion durch Clifford Geertz**
> Nicht Einfühlung, sondern Beobachtung, wie Menschen im Kontext ihrer eigenen Konzeptionen von Person und Selbst handeln, sei die Aufgabe des Interpreten (Geertz, 1983 [1977], 293 f.). Wenn Geertz dazu aufruft, Religion als ein kulturelles System zu untersuchen, setzt er diese Epistemologie voraus. Da es für Religion keine Evidenz an sich gibt, können Wissenschaftler nichts anderes tun, als studieren, wie Weltbilder in Handlungen anschaulich werden und wie Handlungen durch Weltbilder begründet werden – ein Verfahren, das dem Max Webers entspricht.

Kritik an Geertz' Modell

Clifford Geertz' Modell von Religionsanalyse, das besonders geeignet scheint, kulturelle Fremdheit vor einer Vereinnahmung zu schützen, ist von Talal Asad als eine begriffliche Kolonialisierung angegriffen worden. Asad erkennt ein christliches Erbe, wenn Geertz Religion von Macht trennt und im persönlichen Glauben verankert. Die «kulturelle Hegemonie des Westens» reiche noch bis in die wissenschaftliche Sprache hinein und bedrohe eine angemessene Übersetzung islamischer Traditionen (Asad, 1993, 1). Asad sieht gerade die westliche Religionswissenschaft in der Gefahr, durch die Begriffe «Religion» oder auch «Ritual» christliche Sichtweisen zu verallgemeinern und Gegenständen mit andersartiger kultureller Architektur zu oktroyieren. Auch wenn dies unvermeidlich ist, wird man der Herkunft der wissenschaftlichen Begriffe mehr kritische Aufmerksamkeit schenken müssen.

Religionshistorische Genealogien moderner kultureller Tatbestände

Theoretische Neuorientierungen

Clifford Geertz' Essay war das erste Anzeichen für neues Land. Die gleichzeitige Verabschiedung von soziologischem Funktionalismus und phänomenologischer Religionsauffassung bildete eine neue Matrix für das gesamte Feld der Religionsanalysen: von den Theoriekonstruktionen und -kontroversen bis hin zur Bestimmung der Untersuchungsobjekte. Die Begriffe Handlung, Praxis, Mentalität, Ethos, Habitus wurden zentrale Analysekonzepte. Dadurch wurden festgefahrene Deutungen aus den Angeln gehoben. Die angeblich irrationale Wirksamkeit von Worten in Ritualen und in Magie wird deutlich weniger irrational, wenn man sie in Analogie zu Sprechakten stellt (Skorupski 1976; Tambiah 2002). Ein Ergebnis der Verknüpfung von sprachlich-kommunikativen und sozio-kulturellen Dimensionen ist die Entwicklung von Diskursmodellen, die heute mehr und mehr zur Erklärung religiöser Sachverhalte herangezogen werden (s. o. S. 14).

Neben Neuorientierungen der Theorien trat die Erschließung von Tatbeständen der eigenen Kultur, die in der Verlängerung der Religionsgeschichte gesehen wurden. Noch einmal muss auf die Besonderheit der Kultur der «Moderne» hingewiesen werden, tradierte kulturelle Institutionen ins Subjektive zu verschieben. Wir beschränken uns hier auf die Nennung einiger Praxisfelder, an denen man den Wert religionswissenschaftlicher Arbeitsweise für die Kulturanalyse erfassen kann. *(Praxisfelder moderner Religionsforschung)*

Zwar ist es heutzutage wieder üblich, den Individualismus mit «Enttraditionalisierung» in Verbindung zu bringen (Heelas et al. 1996). Jedoch haben bereits Marcel Mauss 1938 und sein Schüler Louis Dumont 1982 (abgedruckt in Carrithers et al., 1985, 1–25 und 93–122) gute Gründe für die Annahme gehabt, dass der westliche «Individualismus» aus einer komplexen Vorgeschichte hervorgegangen ist, an der griechische Philosophie, römisches Recht und christliche Weltablehnung ihren Anteil hatten. *(Individualismus)*

Ähnlich sind die modernen Konzeptionen von Zukunft nach wie vor religiös geprägt. Mit dem Aufkommen von Möglichkeiten, Naturprozesse wissenschaftlich zu erklären und damit auch zu kontrollieren, rückte die Zukunft in den Bereich des Machbaren. Das bedeutete jedoch nicht, dass jede Hoffnung auf das Reich Gottes begraben wurde. Eher kann man von einer «Verdoppelung des Zukunftsbegriffes» (Hölscher 1999) sprechen. Die Erwartung eines Fortschrittes in der Naturbeherrschung muss getrennt werden von der Frage nach dem Sinn der Geschichte als ganzer, auch wenn sich beide Auffassungen vielfach miteinander gekreuzt und verbunden haben. Apokalyptik ist kein Phänomen, das mit dem Beginn der Moderne endet. *(Zeitkonzeptionen)*

Ein weiterer Bereich, in dem die Religionsgeschichte zur Analyse moderner Kultur ergiebig ist, betrifft die Auffassung von Natur. Es ist bemerkenswert, dass mit dem Sieg des wissenschaftlichen Weltbildes die Bewunderung für das alte schon lange untergegan- *(Naturkonzeptionen)* gene hellenistische Weltbild schlagartig zunahm. Hermetismus und europäische Polytheismen erlebten gerade während der so genannten «wissenschaftlichen Revolutionen» (die es im Grunde nicht gab, s. Shapin 1998) einen enormen Aufschwung (Trepp/ Lehmann 2001). Ein Grund dafür ist, dass viele in der jüdisch -christlichen Schöpfungslehre, im «Hebraismus», den Hauptschuldigen an der Entseelung der Natur sahen. Der «Hellenismus» galt dagegen als eine Tradition der Naturmystik. Es war ein wichtiger Schritt in der Forschung, als Wouter J. Hanegraaff (1996) zeigen konnte, dass das «New Age» des 20. Jahrhunderts nur der jüngste Spross dieser alten naturphilosophischen Tradition ist.

Religiös motivierte Gewalt

Ein weiterer aktueller Gegenstandsbereich, der durch religionswissenschaftliche Betrachtung gewinnt, ist die Ausübung religiöser Gewalt. Es waren die Studien von Walter Burkert (1972) sowie von René Girard (1972), die die Ambivalenz heiliger Handlungen – zugleich von den Göttern angeordnet und unter normalen Alltagsbedingungen strikt verboten zu sein – auf Prozesse der Bildung sozialer Gemeinschaften zurückführten. Das Töten eines Tieres habe zu jenen Handlungen gehört, die nur dann gestattet gewesen seien, wenn die soziale Gruppe sie als ganze durchgeführt und verantwortet habe. An Ritualen der Statusumkehrung hat Victor Turner (1989) den Zusammenhang von Religion und Gewalt ebenfalls beobachtet.

Fazit und Ausblick

Alle diese Beispiele zeigen, dass tatsächlich in «kleinen Fächern» wie der Religionswissenschaft – die gerade durch ihre Durchlässigkeit für Nachbardisziplinen ausgezeichnet ist – heute Themen bearbeitet werden, die erhebliche Relevanz für öffentliche kulturelle Debatten besitzen sowie für die Deutung von Geschichte und Gegenwart unter Bedingungen der Moderne. Wenn wir in den folgenden Kapiteln den hier angedeuteten Zusammenhängen explizit nachgehen werden, so geschieht dies vor dem Hintergrund einer solchen interdisziplinären Religionswissenschaft.

III. Theoretische Perspektiven

«Und wenn man nach Unterscheidungen fragt, fragt man nach dem, der sie trifft – nach dem Beobachter. Die Frage lautet dann: wer ist der Beobachter der Religion? Theologen werden vielleicht die überraschende Antwort geben: Gott. Um es nicht selbst sein zu müssen? Und: sollen wir das glauben?»

(Niklas Luhmann, 2000, 24)

«Metatheorie liefert ein strenges Kriterium auf der Ebene des Diskurses, ist verknüpft mit anderen Disziplinen und integriert die Religionswissenschaft so in der breiteren Wissenschaftslandschaft, und der einzige Weg, auf dem eine Disziplin sich entwickeln kann, verläuft über reflexive Kritik.»

(Gavin Flood, 1999, 4)

1. Religionshistorische Sinnbildung: Wie der Hinduismus zur Weltreligion gemacht wurde

Seit ihrem Bestehen hat sich die Religionswissenschaft intensiv mit der Frage beschäftigt, was eigentlich unter «Religion» oder – weil mit dem Singular schon ein Programm verbunden ist – unter «Religionen» zu verstehen sei (s. Kasten auf S. 38). Die damit verbundenen Fragen bilden den Hintergrund der folgenden Kapitel.

Beginnen wir mit einer radikalen Aussage Jonathan Z. Smiths: «*Es gibt keine Daten für Religion.* Religion ist ausschließlich das Produkt des Wissenschaftlers. Religion wird für die analytischen Ziele des Wissenschaftlers geschaffen, und zwar durch seine imaginativen Akte des Vergleichens und Generalisierens» (Smith, 1982, xi [Hervorhebung im Original]). Diese Sätze haben auch nach zwanzig Jahren wenig von ihrer Sprengkraft eingebüßt, denn sie spitzen ein Problem zu, das in der Tat die Grundlage religionswissenschaftlichen Arbeitens berührt. Anders als 1982 sind wir heute jedoch in der Lage, aufgrund von intensiv geführten Diskussionen das Problem wenn auch nicht gelöst, so doch eingeordnet

«Religion» als Produkt des Wissenschaftlers

> «*Religion*»: *Eine Vielzahl von Definitionen*
> Religionsdefinitionen haben ganze Schulzweige begründet und methodische Zugänge zum Gegenstand der Disziplin geschaffen. Das Ergebnis: Schon im Jahre 1912 führte James H. Leuba in seiner Liste über fünfzig unterschiedliche Definitionen von «Religion» auf (Leuba, 1912, im Anhang) und bis heute sind noch etliche hinzugekommen. Auch wenn dieser Sachverhalt zu einem erheblichen Maß an Irritationen und Missverständnissen führen kann, sollte man aus ihm doch nicht schließen, dass man Religion eben nicht eindeutig definieren könne. Leubas Liste belegt etwas anderes, nämlich, «dass [Religion] mit größerem oder geringerem Erfolg auf mehr als fünfzig Arten definiert werden kann» (Smith, 1998, 287). Nimmt man diesen Befund ernst, dann ist die interessante Frage nicht mehr, was Religion nun *wirklich* ist und welche Definition als die *richtige* zu betrachten ist. Etwas anderes wird plötzlich viel interessanter: Welchen Sinn haben bestimmte Definitionen, warum werden sie verwendet, was leisten sie, für wen sind sie gemacht, was schließen sie aus, welche Wirkungen haben sie?

Fiktionalität

und besser handhabbar gemacht zu haben. Diese Diskussionen lassen sich unter der Überschrift *Fiktionalität* und *Historische Sinnbildung* zusammenfassen.

Was die Frage der Fiktionalität wissenschaftlicher Analyse angeht, so bezieht sie sich auf Debatten, die in der Ethnologie mit besonderer Schärfe geführt worden sind und von dort in die Religionswissenschaft gelangten. Schon bei der Erhebung von Daten, der Grundvoraussetzung ethnologischer wie religionswissenschaftlicher Arbeit, ist die soziale Person der Wissenschaftlerin und des Wissenschaftlers zu spüren: Welcher Nationalität, welcher Generation, welcher Hautfarbe, welchen Geschlechtes ist sie oder er? In der Verschriftlichung der Analyse – der Ethnografie – ist die Person dann erneut sichtbar, diesmal als erzählende und systematisch darstellende (Davies 1999; Spickard/Landres/McGuire 2002). Als Schriftsteller beziehen die Wissenschaftler die Daten auf bestimmte gegenwärtige Diskurse, die in der eigenen Gesellschaft – oder, noch enger: der eigenen akademischen Gruppe – geführt werden. Wie Clifford Geertz in seinem einflussreichen Essay *Die künstlichen Wilden. Der Anthropologe als Schriftsteller* (engl. 1988) zeigte, gründet die Autorität einer Ethnografie nicht allein auf den Daten, denen man einfach erlauben müsse, sich «zu zeigen», sondern auf schriftstellerischen Fähigkeiten, auf dem Genre, der Rezipientengruppe und anderem mehr.

Der Literaturwissenschaftler Hayden White griff diesen Faden auf und analysierte die Rhetorik historischer Darstellungsweisen. Dabei konnte er zeigen, dass in historischen Erzählungen bestimmte Redefiguren («Tropen») verwendet werden, mit deren Hilfe die Vergangenheit zum Gegenstand einer gegenwärtigen Vorstellung gemacht wird. Nicht zufällig nahm er sich die großen historischen Erzähler des 19. und frühen 20. Jahrhunderts vor, um die *Konstituierung* und *Präfigurierung* der Gegenstände durch die gewählte Darstellungsweise zu erläutern. Das ist nämlich die Epoche, in der jene wissenschaftlichen Kriterien entwickelt wurden, nach denen man die Überzeugungskraft historischer Narrative zu beurteilen sich angewöhnte. White sah Narrativität nicht allein in der historischen Erzählung über Ereignisse am Werke. Seines Erachtens war die historische Tatsache an sich bereits das Ergebnis einer Erzählung, die Sprache nicht nur Form, sondern auch Inhalt. Um von einem Ereignis berichten zu können, muss dieses in eine erzählbare Handlung (einen *plot*) umgeformt werden. Die Wirklichkeit selber ist eine rhetorische Konstruktion.

Präfigurierung der Gegenstände

Diese Behauptung Hayden Whites, wonach das Ereignis von der Erzählung konstituiert werde (durch das *emplotment*), ist Gegenstand berechtigter Kritik geworden. Ein Modell, das die Beziehung von Geschichtsschreibung und Rhetorik differenzierter entfaltet, ohne Whites Fund der historischen Redefiguren aufzugeben, stammt von Paul Ricoeur (1996). Zwar erkennt er Whites Tropen für die Analyse der historischen Darstellung an, jedoch weist er darauf hin, dass die Rhetorik in der Geschichtswissenschaft noch eine weitere, andere Aufgabe hat: das Argumentieren, das seinen Platz in der kritischen Erforschung der historischen Dokumente hat. Die wissenschaftliche Operation besteht folglich nicht aus zwei Phasen, sondern aus drei: einer Prüfung von Berichten auf ihre Glaubwürdigkeit, einer historischen Erklärung des Berichteten sowie einer schriftlichen Vergegenwärtigung der Befunde, in der die Rhetorik im Sinne von Hayden White ihren Ort hat. Diese Revision hat den Vorteil, zwischen der Erzählung der Quellen und der Erzählung des Historikers so zu scheiden, dass Fiktionalität und historische Sinnbildung auseinander treten. Historische Sinnbildung setzt das Gewesensein des Vergangenen voraus, Fiktionalität nicht.

Historische Sinnbildung

Der hier verhandelte Sachverhalt ist keineswegs neu. Schon im 19. Jahrhundert formulierte der große Historiker Johann Gustav

Darstellung von Vergangenheit nach Droysen

Droysen die Darstellung historischer Forschung als eine eigenständige Aufgabe, die sich ganz unterschiedlich lösen lasse. In seiner Vorlesung über *Historik* stellte er unter der Überschrift «Die Topik» klar, dass das historisch Erforschte immer der Präsentation bedarf. Die Forschung selber sei nämlich zweierlei: Zum einen beabsichtige sie die Bereicherung und Vertiefung der Gegenwart durch Aufklärung ihrer Vergangenheiten, zum anderen biete sie Aufklärung über die Vergangenheiten durch Erschließung von Sachverhalten, die oft noch latent in der Gegenwart vorhanden seien. Das führe zwangsläufig dazu, dass die Vergangenheit nicht deckungsgleich mit dem Bild sei, welches sich der Wissenschaftler von ihr mache. Folglich gibt es verschiedene Möglichkeiten der Darstellung von Vergangenheit. Droysen unterscheidet die untersuchende, die erzählende, die didaktische und die diskussive Darstellung. Im ersten Fall gibt die Untersuchungsmethode den Leitfaden ab, im Falle der Erzählung ist es die ästhetische Rezeption, die didaktische Darstellung verläuft entlang der Reflexion des Lesers oder Hörers, die diskussive Darstellung schließlich bezieht Daten auf aktuelle Diskussionen (Droysen, 1971, 359–366). Kurzum: Dasselbe «Faktum» wird unterschiedlich behandelt und erschlossen.

Erfahrungsraum und Erwartungshorizont

Diese durchaus selbstkritische Reflexion Droysens ist nach ihm mehr oder weniger in Vergessenheit geraten. Erst kürzlich griff man diesen Faden wieder mit neuem Elan auf und entwickelte Modelle, mit denen man jenen Prozess abzubilden versucht, in dessen Verlauf historische Bedeutung gewonnen wird. Dabei brachte Reinhart Koselleck als eine ebenfalls wirksame Komponente die Zukunft ins Spiel. Er schuf die Begriffe *Erfahrungsraum* und *Erwartungshorizont*, «zwei Kategorien, die geeignet sind, indem sie Vergangenheit und Zukunft verschränken, geschichtliche Zeit zu thematisieren» (Koselleck, 1995, 353). Die Rekapitulation von Vergangenheit – dem Erfahrungsraum – geschieht immer im Zusammenhang mit einer Analyse der Gegenwart sowie den zu erwartenden Ergebnissen und Perspektiven, also dem Erwartungshorizont.

Neuerdings hat Jörn Rüsen die Möglichkeit einer wissenschaftlichen Methode der Vergegenwärtigung von Vergangenheit skizziert, die ihre konstruktivistischen Elemente nicht hintergeht, sondern das Zustandekommen ihrer eigenen Positionen – so paradox dieses Verfahren auch sein mag – reflektierend ins Modell mit einbezieht.

Historischer Sinn legt sich [...] in die drei Komponenten Erfahrung, Deutung und Orientierung aus. Alle drei beziehen sich auf Vergangenheit in vermittelter zeitlicher Distanz zur Gegenwart. [...] Praktisch wird die Integration der drei Komponenten durch die Operation des Erzählens vollzogen und geleistet. Sinn im Erzählen ist der rote Faden, dem die Geschichte folgt; er wird durch das jeweils maßgebende historische Deutungsmuster erzeugt (Rüsen, 1997, 36).

Eines kann in diesem Zusammenhang nicht oft genug wiederholt werden: Das Konstruieren von Geschichte ist nicht dasselbe wie das Ausdenken von Geschichte, Relativität bedeutet gegenseitige Bezogenheit und nicht Beliebigkeit.

Doch damit zurück zur Religionswissenschaft. Wie bereits angedeutet, entfaltete sich die Etablierung dieses Faches ganz parallel zur Entstehung einer eigenständigen Geschichtswissenschaft. Zwischen 1850 und 1920 wurden eine ganze Reihe von Theorien entworfen, die bis heute in ihrer Wirkung – gerade auch über die Grenzen des Faches hinaus – kaum überschätzt werden können. Die Auseinandersetzung mit nichteuropäischen Kulturen erlebte in dieser Zeit einen enormen Aufschwung, und sie ergab sich immer auch aus Diagnosen die eigene euro-amerikanische Gegenwart betreffend. Wie stark diese Gebundenheit religionswissenschaftlicher Theorien tatsächlich ist, lässt sich gut studieren an der westlichen Auseinandersetzung mit den «östlichen Religionen».

Religionswissenschaftliche Theorien und die Diagnose der Gegenwart

Nachrichten aus dem «Morgenland» gab es in Europa seit der Antike. Das, was wir heute mit dem spezifischen Begriff des Orientalismus bezeichnen, ist jedoch ein Ergebnis von Begegnungen und Theoriebildungen innerhalb der letzten gut zweihundert Jahre. Parallel zur kolonialen Expansion der europäischen Staaten in afrikanische und asiatische Länder und in Abhängigkeit von dieser wuchsen die Wissensbestände über jene Kulturen, wurden Schriften studiert und religiöse Traditionen analysiert und systematisiert (Said 1981). Durch einen Vergleich mit dem Bekannten – auf religionswissenschaftlichem Gebiet also der jüdisch-christlichen Tradition – wurde diskutiert, in welchem Verhältnis die neu entdeckten Kulturen zur eigenen Geschichte stehen. Schon bald hatten sich die Namen «Hinduismus» und «Buddhismus» zur begrifflichen Bestimmung der Religionen Indiens und Tibets eingebürgert, was insofern bemerkenswert ist, als es innerhalb der indischen und tibetischen Kulturen kein begriffliches Äquivalent dazu gibt, ja noch nicht einmal zum allgemeinen Terminus «Religion».

Orientalismus

«Religion» als westliches Konzept

Der Indologe und Religionswissenschaftler Friedrich Max Müller (1823–1900) hat das Problem der Definition von Religion scharf gesehen und ihm 1889 in seinen Gifford Lectures über «Natürliche Religion» nicht weniger als drei volle Vorlesungen gewidmet. Auch ihm war die Pluralität der Definitionen aufgefallen; das Problem der Anwendung westlicher Definitionen auf Indien beschrieb er mit einem Bild: Wenn man Europa verlasse und in östliche Länder reise, werde der Tausch zunehmend schwieriger, mit dem richtigen Geld ebenso wie mit der intellektuellen Münze. Auch wenn es kaum vorstellbar sei, suche man doch in einer so reichen Sprache und Literatur wie dem Sanskrit vergeblich nach einem Wort für «Religion». Erst wenn man gelernt habe, in zwei Sprachen zu denken, würde man erkennen, wie viele Elemente des Denkens nicht durch das Sieb einer anderen Sprache gingen (Müller, 1889, 92). Diese Beobachtung lässt erkennen, dass den Spezialisten damals völlig bewusst war, dass Religion ihr eigenes Konzept war. Es war daher alles andere als selbstverständlich, Hinduismus eine «Religion» zu nennen, abgesehen davon, dass die Bezeichnung «Hinduismus» selber ein Wort der kolonialen Sprache war (von Stietencron 2001). Ganz ähnliche Probleme hat man übrigens bei Buddhismus, Judentum und Islam (Haußig 1999).

Religionen im Indien des 19. Jahrhunderts

Vergegenwärtigt man sich die historische Situation des indischen Subkontinents zu Beginn des 19. Jahrhunderts, so sieht die Sache längst nicht mehr so einfach aus, hat man es doch mit einer sehr großen Anzahl teils kleiner und lokal gebundener, teils überregional bedeutenderer religiöser Traditionen und Gemeinschaften zu tun, die sich auf eine Vielzahl von Gottheiten bezogen oder – im Falle des später so genannten Buddhismus – die dem Gautama Buddha zugeschriebenen Lehren achteten. Von einer einheitlichen Identität kann überhaupt keine Rede sein. Die Auffassung, «Hinduismus» sei die «Religion» Indiens und «Buddhismus» jene Tibets (und dann auch Japans), ist nur vor dem Hintergrund einer europäischen Konstruktion zu erklären.

«Heilige Texte»

Zu den wichtigsten Gründen für diese Konstruktion gehört, wie Richard King in seiner glänzenden Studie *Orientalism* (1999) zeigt, die Textbezogenheit und die Nostalgie des Ursprungs. Was zunächst die Textbezogenheit anbelangt, so ist damit der Umstand gemeint, dass für westliche Beobachter eine zünftige Religion «heilige Texte» aufweisen musste. Besonders wenn man sie unter der Rubrik «Weltreligion» einordnen wollte, gehörte eine verbindliche Schrift, die unterschiedliche Strömungen vereinen kann und die von einer Elite ausgelegt und verwaltet wird, notwendig dazu. Wie stark die wissenschaftliche Konzentration auf Philologie und Schriftexegese ist, kann man an der überaus erfolgreichen Publikationsreihe *The Sacred Texts of the East* erkennen, die von Friedrich Max Müller ins Leben gerufen worden war. Müller wollte über die vergleichende Sprachwissenschaft der Religionsgeschichte auf die Spur kommen. Bald verfiel man darauf, in der Bhagavad Gita – immerhin nur das sechste Buch des viel größeren Mahabharata-Epos – die «Bibel» der indischen «Religion» entdeckt zu haben, die uralte Schrift, welche die hinduistische Lehre in ihrer «Reinform» verkörperte. Der Buddhismus war in dieser Lesart eine jüngere Abspaltung oder auch eine Reform des älteren Hinduismus, etwa in der Formulierung des *Journal of Sacred Literature* aus dem Jahre 1865: «Gautama leistete für Indien, was Luther und die Reformatoren für das Christentum leisteten» (nach King, 1999, 145). Wie Luther habe sich Gautama gegen eine Klasse von Herrschenden gewendet, in deren Händen die wahre Lehre verzerrt und geknechtet worden sei. Die wahre Lehre, so die westliche Projektion, finde sich in den uralten heiligen Schriften Asiens.

Die Konstruktion von Religionen als Texte hat in der deutschen Orientalistik noch die weitere Folge gehabt, dass hier – anders als in Großbritannien – eine bestimmte religionsphilosophische Perspektive die Aneignung beherrschte. Die Einteilung der Religionen in «Naturreligionen», die von den Göttern Rettung vor äußerem Übel erwarteten, «Moralitätsreligionen», die auf die Götter als Garanten der natürlichen und der moralischen Ordnung vertrauten und denen das Bedürfnis, die Welt als Kosmos zu begreifen, eigen war, und schließlich «Erlösungsreligionen», die die Welt wegen der Macht des Bösen in ihr verneinten und in denen der Einzelne sich von der sozialen Gemeinschaft lösen und der Welt als individuelle eigenständige Person gegenübertreten konnte, verriet eine seit G. W. F. Hegel verbreitete Auffassung von Religion als Macht von Weltablehnung.

Religion als Macht von Weltablehnung

Der Indologe Hermann Oldenberg (1854–1920) hat 1906 die Entwicklung von der Veda-Religion über die Spekulation zum Buddhismus und schließlich zum Hinduismus in entsprechender Weise konstruiert. Die frühen Götter seien Naturgottheiten gewesen und hätten die wichtigsten Naturphänomene personifiziert. Diese Epoche neigte sich zu Ende, als sich die Bedürfnisse des sozialen Lebens meldeten und nach einem Gott verlangten, der das Recht schützt. Diesem Gott machte sich der Mensch mit dem Opfer geneigt. Von Vergeistigung sei noch wenig zu spüren gewesen, das menschliche Dasein noch nicht als Ganzes erfasst. Neben dem Kultus, oft mit ihm jedoch verschlungen, gab es «Zauberriten, die ohne Hilfe göttlicher Bundesgenossen direkt auf das Geschehen einzuwirken suchen» (1906, 57). Erst kosmologische Spekulationen über die Wirksamkeit des Opfers führten zur Vorstellung einer Allsubstanz, dem Brahma, die zugleich im eigenen Ich als Atman vorhanden sei. Verbunden mit dem Glauben, die Seele sei aufgrund der Macht des Karma zu Wanderungen gezwungen, wurde diese Allsubstanz zur Grundlage eines Erlösungsglaubens. Asketentum breitete sich aus. Aus dieser Umwälzung ging nicht nur die Sekte des Jaina, sondern insbesondere der Buddhismus hervor. Dieser, so Oldenberg weiter, steigerte die Abwendung von der Welt und ersehnte das Nirwana, das Erlöschen von Begierden und Wiedergeburt. Der alte Glaube ging jedoch nicht unter, sondern erstarkte neu in zwei Göttern: Vischnu-Krischna und dem orgiastischen Schiva. – Für den deutschen Orientalismus, so stellt Georg Stauth (1993) richtig fest, sei eine auf Innerlichkeit abstellende Aneignungsform typisch gewesen. Sie habe sich von einer äußeren Bemächtigung, wie Edward W. Said sie darstellte und kritisierte, unterschieden. Dazu passt, dass für deutsche Religionshistoriker der Höhepunkt religionshistorischer Entwicklung die Weltablehnung war.

Die Nostalgie des Ursprungs

Ein zweiter Aspekt der Beziehung zwischen Europa und dem Orient war die Faszination für mythische Ursprünge. Als Friedrich Max Müller in Oxford angehende Beamte im britisch-indischen Dienst auf ihren Einsatz in den Kolonien vorbereitete, betonte er, dass die Beschäftigung mit der indischen Literatur und Sprache eine liberale und historische Bildung ermögliche,

welche den Menschen fähig macht, sich zu orientieren, d. h. seinen Osten, seinen wahren Osten zu finden, und so seine wirkliche Stellung in der Welt zu bestimmen, den Hafen zu erkennen, aus dem der Mensch ausgefahren ist, den Kurs, welchen er genommen, und den Hafen, nach welchem er zu steuern hat (Müller, 1884, 27).

Müller, der Vielen als der Gründer der Religionswissenschaft gilt, war selber nie in Indien. Dies schützte ihn davor, sein auf die Schriftkenntnisse des indischen Altertums gestütztes Indienbild

> *Historische Sinnbildung und Konstruktion von Vergangenheit*
> Historische Sinnbildung nähert sich hier der Fiktionalität: Geschichtliche Quellen werden aus einem großen Korpus von Schriften ausgewählt und – nun jeder historischen Kontextualisierung enthoben – als Beweise für eine ursprüngliche und reine Lehre, welche die Menschheit in ihrer mythischen Vorzeit teilte, in Stellung gebracht. Mit den heiligen Texten Indiens konstruierten westliche Beobachter ein Fenster zu ihrer eigenen, gleichfalls fantastisch ausgeschmückten, Vergangenheit. Die Motivation dafür lag nicht zuletzt in einer (romantischen) Kritik der Entseelung des griechischen Kosmos durch die biblische Schöpfungslehre.

einer unromantischen Prüfung zu unterziehen. So kann er freimütig bekennen: «Mein Indien ist nicht an der Oberfläche, sondern es liegt viele Jahrhunderte darunter; und anstatt als Globetrotter den Besuch in Kalkutta oder Bombay zu bezahlen, kann ich genauso gut durch Oxford Street oder Bond Street laufen» (Müller, 1902, 110 f.). Übrigens waren auch Gelehrte, die sich tatsächlich auf den Weg nach Indien machten, vor solchen Projektionen nicht geschützt. Sieht man sich beispielsweise Mircea Eliades *Indisches Tagebuch* (1996) an, so stellt man fest, dass trotz der Konfrontation mit der «Realität» nur jene Fiktion des Urreligiösen wahrgenommen wurde, die Eliade zu sehen angereist war.

Der «mystische Osten» wurde auch in Tibet gefunden. «Tibets Grenzen», so Peter Bishop, «waren gleichbedeutend mit den Grenzen eines *temenos* [griech. ‹abgetrennter Bezirk›], eines heiligen Ortes. Innerhalb eines solchen Raumes waren Zeit und Geschichte aufgehoben» (Bishop, 1992, 34). So harmlos eine derartige Mystifizierung auf den ersten Blick auch erscheinen mag, ihre Konsequenzen für den Orientalismus-Diskurs waren gewaltig, denn nun lag die Definitionshoheit für «echten» Buddhismus und Hinduismus bei den westlichen Experten, real existierende Inder und Tibeterinnen spielten entweder keine Rolle mehr oder wurden als von der «ursprünglichen» Lehre abgefallen bewertet, ein Umstand, der auch unter kolonialen Vorzeichen von zentraler rhetorischer Bedeutung war (in Kapitel III.3 mehr dazu). [Tibet als *temenos*]

Ins Bild der nostalgischen Suche nach den Ursprüngen der menschlichen «Weisheitslehren» und der Konstruktion Tibets als *temenos* passt es, dass Helena Petrovna Blavatsky, die Mitbegründerin der Theosophischen Gesellschaft (1875), ihre theosophischen Lehren als Zeugnisse von bislang geheim gehaltenen tibetischen [Die Theosophische Gesellschaft]

Schriften darstellte, die sie auf (bis heute nicht belegten) Reisen durch tibetische Klöster habe einsehen dürfen. Vertreter der Theosophischen Gesellschaft – die übrigens einen regen Briefwechsel mit Wissenschaftlern wie F. M. Müller pflegten und auf diese Weise akademische Konstruktionen adaptierten und popularisierten – trugen nicht unwesentlich dazu bei, dass die neu gestifteten «Heiligen Schriften» auch in Indien selber bekannt wurden. Das wohl prominenteste Beispiel ist Mahatma Gandhi, der während seines Jurastudiums in London im Jahre 1889 die Theosophische Gesellschaft kennen lernte. In seiner Autobiografie berichtet er von der Begegnung mit zwei theosophischen «Brüdern». «Sie sprachen zu mir von der Gita [...] und luden mich ein, das Original gemeinsam mit ihnen zu lesen. Ich fühlte mich beschämt, daß ich bisher den Göttlichen Gesang weder in Sanskrit noch in Gujarati gelesen hatte» (Gandhi, 1983, 48). Die Bhagavad Gita sollte für ihn zum zentralen Referenzpunkt seiner späteren Politik und Philosophie werden.

Hinduismus als panindische Religion

Damit sind wir bei einem entscheidenden Aspekt des Orientalismus-Diskurses angelangt, der nicht immer ausreichend Beachtung findet. Man muss sich nämlich klarmachen, dass die Konstruktion des Orients keine Einbahnstraße ist und die Projektion westlicher Fantasien auf den Osten nur einen Teil des komplexen diskursiven Geflechtes darstellt. Vielen indischen Intellektuellen ging es wie Gandhi: Sie litten an der englischen Besatzung und der Entwertung ihrer eigenen kulturellen Identität. Als sie davon hörten, dass eben diese Kultur die ursprüngliche Weisheit der Menschheit bewahrt habe, wurden sie vom Gedanken einer einheitlichen indischen – «hinduistischen» – Religion und Nation elektrisiert. Die *Gita* war das Band, das Hindus in ihrer Identität einte und gegen die politische Entrechtung aufstehen ließ.

Führende indische Gelehrte akzeptierten die westliche Deutung der Veden und der Bhagavad Gita als ursprüngliche panindische Religion. Ramakrishna (1836–1886) und sein Schüler Svami Vivekananda (1863–1902) legten den Grundstein für eine Erneuerung der indischen Religion in diesem Sinne. Vivekananda gründete die Ramakrishna-Mission zur Verbreitung der zeitgenössischen Form des *Advaita Vedanta* («Nicht-Dualismus») und betonte besonders die Spiritualität der indischen Kultur, die ein Gegenmittel sei gegen den Nihilismus und Materialismus der westlichen Welt. Programmatisch heißt es bei ihm: «Auf, Indien, erobere die Welt mit deiner Spiritualität [...] Unser ist die Religion, gegenüber der der

Buddhismus in all seiner Größe nur ein rebellisches Kind und das Christentum nur eine zusammengeflickte Imitation ist.» Und an anderer Stelle heißt es: «Das Heil Europas hängt an einer rationalistischen Religion, Advaita aber – Nicht-Dualismus, die absolute Einheit, die Idee des unpersönlichen Gottes – ist die einzige Religion, die von einem gebildeten Volk Besitz ergreifen kann» (Vivekananda, 1970, III, 275 und II, 139).

Insofern kann man durchaus sagen, dass der Hinduismus *als Weltreligion* und als politisch-soziales Konstrukt erst durch den Orientalismus-Diskurs geschaffen worden ist. Zugleich muss man aber in Rechnung stellen, dass die indischen Intellektuellen ihrerseits an einer solchen Konstruktion interessiert und beteiligt waren, wie Peter van der Veer gezeigt hat (van der Veer 2001). Die Macht von Deutungen

Auch beim Buddhismus lässt sich dieser Prozess nachweisen. So sagte der «Gründer» der Buddhologie, Eugène Burnouf, im Jahre 1833, anlässlich seiner Antrittsrede am Pariser Collège de France, ganz ähnlich wie Müller, das Studium des Buddhismus sei nicht nur ein spitzfindiges philologisches Unternehmen. Es gehe auch nicht nur um Indien. «Es ist mehr als Indien, meine Herren, es ist eine Seite vom Ursprung der Welt, von der primitiven Geschichte des menschlichen Geistes, die wir zusammen zu entziffern suchen» (nach Batchelor, 1994, 239 f.). Erneut wird die Macht von Deutungen und die praktische Auswirkung von Definitionen sichtbar, die Europa in die Lage versetzt, den Buddhismus als transhistorische Größe zu ontologisieren und sich einen «echten» und «ursprünglichen» Buddhismus auszudenken, an dem man alle anderen Erscheinungsformen messen und bewerten kann.

Doch auch beim Buddhismus ist es wichtig zu betonen, dass es nicht allein um westliche Konzepte geht. Einerseits gab es natürlich in der Geschichte buddhistischer Traditionen immer auch interne Versuche, die «authentische Lehre» des Buddha gegenüber Veränderungen zu sichern (von «Weltreligion» oder «Ursprung der Menschheit» war freilich nicht die Rede), andererseits schlossen sich wiederum indische, tibetische und japanische Intellektuelle der vereinheitlichenden Interpretation an und wussten sie zu ihrem Vorteil zu nutzen – ein Vorgang, den Charles Hallisey (1995) mit dem treffenden Ausdruck *interkulturelle Mimesis* umschreibt. Man könnte auch von *diskursivem Transfer* sprechen. Diskursiver Transfer: Zen-Buddhismus

Ein viel sagendes Beispiel hierfür ist der Zen-Buddhismus, der besonders im Westen ungemein populär wurde und geradezu als

Buddhismus *par excellence* gilt. Im Grunde handelt es sich dabei aber nicht um einen uralten Strang buddhistischer Tradition, sondern um einen Neo-Buddhismus, wie er in der Meiji-Zeit (1868 bis 1914) entworfen wurde. Timothy Fitzgerald (2000, 159–218) hat deshalb darauf hingewiesen, dass die Rede vom «Japanischen Buddhismus» ein Mittel darstellt, um eine kollektive politisch-soziale Identität zu schaffen. Für die Rezeption des Zen im Westen wurden Beiträge entscheidend, die im Umkehrschluss der Orientalismus-Konstruktion das Christentum gleichsam «buddhisierten». Daisetz Suzuki etwa verglich Zen – ganz im Einklang mit William James und Rudolf Otto – mit der Mystik eines Meister Eckhart, und die buddhistische Lehre des *Pratitya-Samutpada* («Entstehen in Abhängigkeit») fand begeisterte Aufnahme im euro-amerikanischen Naturdiskurs (vgl. Halifax, 1994, 138).

2. Handlungsrationalität: Die Geltungsgründe religiösen Handelns

Religion schafft soziale Bindungen

Religionen besitzen die Kraft, soziale Bindungen zu schaffen. Zugleich aber sind sie nicht zuletzt wegen dieser Kraft eine Quelle von Gewalt. Dieses Dilemma nicht allein der europäischen Religionsgeschichte ist seit Jahrhunderten immer wieder Gegenstand von systematischen Überlegungen gewesen. Ein diesbezüglich weiterführender Denker war Jean-Jacques Rousseau (1712–1778). Zu seiner Zeit waren die Verwüstungen, die die Glaubenskriege des 16. und 17. Jahrhunderts in Europa angerichtet hatten, noch unvergessen. Rousseau setzte sich besonders mit Thomas Hobbes (1588–1679) auseinander, der selbst Leidtragender dieser Exzesse gewesen war und der die Bändigung religiöser Gewalt in einem starken Staat gesucht hatte; der Souverän müsse die Religion kontrollieren und die Priester in Schach halten. Noch zu Lebzeiten von Hobbes hatte Samuel Pufendorf (1632–1694) eine diametral entgegengesetzte Auffassung vertreten, die Jean-Jacques Rousseau, als er dessen Buch *Über die Pflicht des Menschen und des Bürgers nach dem Gesetz der Natur* (1673) entdeckte, tief beeindruckte. Rousseau las darin, «dass die Religion das wichtigste und festeste Band der menschlichen Gesellschaft» sei; ohne Religion verlören die Staaten ihre «innere Festigkeit» und hätten die Bürger kein Gewissen (Pufendorf, 1994, 56–58). Rousseau machte sich diese

Auffassung weit gehend zu Eigen. Um seine Pflichten zu erkennen, brauche der Mensch weder Philosophen noch Theologen. Nicht die Urteile des Verstandes, sondern die Empfindungen des Herzens seien des Menschen bester Lehrer. «Die wahren Pflichten der Religion [hängen] nicht von den Institutionen der Menschen ab» (Rousseau, 1997, 402). Allerdings war auch er der Auffassung, der Souverän müsse dafür sorgen, dass eine zivile Religion für alle Bürger verpflichtend sei und die Unduldsamkeit der Kirchen ausgeschlossen werde. Immanuel Kant, auf den oben bereits eingegangen wurde, teilte Rousseaus Annahme einer Gewissensreligion, die einem jeden Menschen seine Pflichten lehrt. Seine Auffassung von der reinen Religion entsprach im Großen und Ganzen Rousseaus Zivilreligion (s. u. Kapitel IV.1).

Dieses Konzept eines durch Religion gestifteten sozialen Bandes erwies sich im 19. Jahrhundert als fruchtbar, da es ein Kriterium für die zunehmenden Informationen über Religionen und ihre Ethiken enthielt. Folgen wir Cornelis Petrus Tiele, dann traten «ethische Religionen» an die Stelle der vorangehenden «Naturreligionen». Jene ethischen Religionen unterteilte er wiederum in einerseits partikularistische Nationalreligionen (darunter das Judentum) und andererseits universalistische Weltreligionen (Buddhismus, Christentum, Islam). Dieses Modell einer zunehmenden Abstraktheit und Allgemeinheit von Religionen war noch ganz auf den genannten philosophischen Annahmen errichtet; es klassifizierte Religionen danach, wieweit sie sich in ihrer Ethik von sozialen und historischen Bedingungen gelöst hatten. Dies war der Gradmesser ihrer fortschreitenden Vernünftigkeit. *Historisierungen der Religion*

Gegen Ende des 19. Jahrhunderts aber wurden die daran schon früher geübten Zweifel unüberhörbar. Die Historisierung der Religion führte plastisch vor Augen, dass die Ethiken entsprechend den sozialen und historischen Bedingungen der Religionen variierten und dass auch die Weltreligionen davon nicht unberührt waren. Und es meldete sich Friedrich Nietzsche zu Wort, der mit seinem Hämmerchen an die anerkannten Werte und Normen seiner Zeit klopfte, um jeden hören zu lassen: sie sind alle hohl. «Ich sah Niemanden, der eine Kritik der moralischen Wertgefühle gewagt hätte» (Nietzsche in Kaufmann, 1988, 124).

Es war dieser Zweifel, der dazu führte, dass der Begriff der Vernunft dem der Rationalität wich (Schnädelbach, 1984, 8). An die Stelle eines Kriteriums wachsender Vernünftigkeit menschlichen *Wahrheit und soziales Handeln*

Handelns trat die bescheidenere Einsicht, dass Handlungen dann rational sind, wenn sie begründet werden können. Dementsprechend konnten Glaubensanschauungen und Werte Geltung beanspruchen, wenn sie in Handlungen Wirklichkeit erlangen. Hier setzte auch der Pragmatismus von William James (1842 bis 1910) an. Angesichts des Siegeszuges der Naturwissenschaften, die sich als einziges Fundament sicheren Wissens empfahlen, thematisierte James die Existenz eines freien Willens. Er konnte den Zweifel, dass dieser existierte, nur dadurch überwinden, dass er sich zu der Einsicht durchrang, man könne die Existenz von Freiheit nicht anders prüfen als dadurch, dass man sie praktiziere. «Mein erster Akt freien Willens soll sein, an den freien Willen zu glauben» (zitiert von E. Herms in James, 1979, 488). Der Pragmatismus, mit seinem Namen eng verknüpft, versteht Wahrheit entsprechend als Verifikation. Auch das, was ansonsten unsichtbar ist, kann so Realität werden (James, 1997, 492 f.). Andere Vertreter des amerikanischen Pragmatismus der Jahrhundertwende – unter ihnen Oliver Wendell Holmes, Jr., Charles Sanders Peirce und John Dewey – vertraten ebenso die Ansicht, der Ort der Wahrheit sei in Wirklichkeit in sozialem Handeln zu sehen und die Suche nach kontextunabhängigen Wahrheiten demnach ein sinnloses Unterfangen (Menand 2001). In diesem Sinne ist auch die wissenschaftliche Suche nach Wahrheit ein soziales Ereignis, das wenig mit der «Wirklichkeit» zu tun hat, aber umso mehr mit sozialem Handeln der Wissenschaftler (Latour/Woolgar 1979; Rudwick 1986).

Individuum und Gesellschaft

Unter dem Druck des Zweifels an rigorosen Vernunftkriterien traten um die Jahrhundertwende Denker auf, die die Religionsgeschichte zur Erkundung der Rationalität von Handlungen heranzogen. Treibend war dabei ein Problem, das sich aus dem Aufstieg der modernen arbeitsteiligen Gesellschaft ergab. Diese Entwicklung rief unausweichlich die Frage hervor, was denn moralisch den Zusammenhalt einer Gesellschaft sichert, in der die Menschen durch den Prozess der Arbeitsteilung einander zunehmend fremd werden. Der Soziologe Émile Durkheim beobachtete 1893, dass sich die Einzelnen bei ihren Handlungen immer weniger an die selbstverständlichen überlieferten Überzeugungen und Praktiken hielten. In dem Maße aber, in dem diese an Geltung verlören, werde offensichtlich «das Individuum [selber] der Gegenstand einer Art von Religion» (Durkheim, 1988, 227). Doch während konservative französische Denker diesen Sachverhalt als Zeichen sozialen Niedergangs beklagten, beurteilte Durkheim ihn anders. In einer Stellungnahme zum Dreyfus-Skandal 1898 verteidigte er den Individualismus als «das einzige Glaubenssystem, das die moralische Einheit des Landes sicherstellen kann» (1986, 62). Die Berechtigung des Individualismus, dessen historische Wurzeln in Reformation und Aufklärung lagen, bestand in seiner Leistung, die der Arbeitsteilung angemessene Sozialmoral zu liefern.

Durkheim hat auch mit anderen Studien gezeigt, dass Menschen selbst dann, wenn sie vollkommen freiwillig zu handeln meinen, durchaus einer kollektiven Verpflichtung unterliegen können. Derartige Handlungen fasste er zu einer eigenen Klasse zusammen. «Soziologische Tatbestände (*faits sociaux*) [...] bestehen in besonderen Arten des Handelns, Denkens und Fühlens, die außerhalb der Einzelnen stehen und mit zwingender Gewalt ausgestattet sind, kraft derer sie sich aufdrängen» (1984, 107). Die Handelnden selber nehmen den obligatorischen Charakter dieser Handlungen nicht wahr, wohl aber tut dies der soziologische Beobachter. Bei seiner Rekonstruktion dieser Klasse spielen religiöse Erscheinungen eine Schlüsselrolle. «Die Religion enthält in sich im Prinzip, aber in einem noch ungeklärten Zustande, alle die Elemente, die dadurch, dass sie sich trennen, sich festlegen und sich auf tausendfache Weise wieder miteinander verbinden, die verschiedenen Manifestationen des kollektiven Lebens hervorgebracht haben» (Durkheim, 1969, 138). Um die Bindungskräfte des sozialen Lebens zu erkennen, bedarf es der Erkenntnis «elementarer Religion». Die Rationalität auch modernen Handelns kann durch die Beobachtung von Ritus, Magie, Heiligkeit und weiterer religiöser Tatbestände in elementaren Religionen entziffert werden.

<small>Soziale Tatbestände und elementare Religion</small>

Rationalität des Handelns bei Max Weber
Max Weber thematisierte die Rationalität des Handelns unter einer ähnlichen Voraussetzung wie Durkheim: die Gründe des Handelns in der Moderne ergeben sich nicht aus einer evidenten Vernünftigkeit. Während Durkheim die Geltung sozialen Handelns aus kollektiv unumgänglichen Praktiken herleitete, richtete Max Weber sich auf den Glauben der Handelnden an die Geltung bestimmter Werte. Dabei war sein Grundsatz: «Dem Forscher kann ein von ihm zu erklärendes Handeln im höchsten Grade zweckrational, dabei aber an für ihn ganz ungültigen Annahmen des Handelnden orientiert erscheinen» (Weber, 1968, 433).

Protestantismus und Kapitalismus

Wie ergiebig Max Webers Herangehensweise war, hatte sich bereits bei der Erklärung moderner Wirtschaftsgesinnung, die ihm als Ökonom am Herzen lag, herausgestellt. Dass es einen Zusammenhang zwischen Protestantismus und Kapitalismus geben muss, war schon vorher bekannt. Jedoch gelang es erst Weber 1904/5, dafür mit seiner Schrift *Die protestantische Ethik und der «Geist» des Kapitalismus* eine plausible Erklärung zu geben, die allerdings bis heute Gegenstand von Auseinandersetzungen ist. Für Weber bedurfte der heraufziehende Kapitalismus der Unterstützung einer inneren Macht, eines Ethos, eines «Geistes». Denn er musste einen mächtigen Gegner niederringen: den Traditionalismus. In Webers Worten:

> Der Mensch will «von Natur» nicht Geld und mehr Geld verdienen, sondern einfach leben, wie er zu leben gewohnt ist, und soviel erwerben, wie dazu erforderlich ist. Überall, wo der Kapitalismus sein Werk der Steigerung der «Produktivität» der menschlichen Arbeit durch Steigerung ihrer Intensität begann, stieß er auf den unendlich zähen Widerstand dieses Leitmotivs präkapitalistischer wirtschaftlicher Arbeit (1993, 19 f.).

Innerweltliche Askese

Diesen Widerstand brechen konnte nur eine «innere» Macht. Es war Webers wissenschaftlicher Spürsinn, entsprechende Quellen gefunden zu haben. Englische puritanische Erbauungsschriften aus der zweiten Hälfte des 17. Jahrhunderts hämmerten den Gläubigen ein, dass sie ihr Heil nicht durch Sakramente erlangen könnten – dies eine Nachwirkung von Calvins Rechtfertigungslehre. Es sei Gottes alleiniger und unerforschlicher Wille, wen er zum Heil erwählt habe und wen nicht. Nur rastlose Berufsarbeit und ein Verzicht auf Genuss würden die Chance auf das Heil wahren. Es war demnach die für den Protestantismus typische fehlende Heilsgewissheit, die eine innerweltliche Askese motiviert habe. Sie hat einerseits den Gütererwerb von den Hemmungen einer traditionalistischen Ethik entlastet, andererseits aber den unbefangenen Genuss von Besitz verachtet und damit die Kapitalvermehrung beschleunigt (Weber, 1993, 145). Dieses Ethos habe die Fesseln, die der Traditionalismus um das Erwerbsstreben gelegt habe, gesprengt.

«Sinn» und Heilserwartung

Die Aufgabe, die Religion für Handlungsbegründungen übernimmt, war nicht auf diesen Fall beschränkt. Für Weber war jedes Handeln – im Unterschied zum reflexhaften Verhalten – «ein verständliches, und das heißt ein durch einen subjektiven Sinn spezifiziertes Sichverhalten zu ‹Objekten›» (Weber, 1968 [1913], 429).

So gesehen war «Sinn» eine unvermeidliche Größe in allen praktischen Beziehungen zur Welt. Da Weber bei «Sinn» jedoch immer auch die Erwartung von Heil mitdachte, fiel Religionen zwangsläufig die Aufgabe zu, die Erfahrung der Sinnwidrigkeit der Welt zu verarbeiten. Was Religionen in dieser Hinsicht «leisten» (Weber, 2001, 253), hängt jedoch von den sozialen Schichten ab, also davon, ob es sich um Bauern, Krieger, Beamte, Handwerker, Händler, Sklaven oder Proletarier handelt. Die Religiosität des abendländischen Stadtbürgertums hat sich für Weber am weitesten von der «magischen Naturgebundenheit» der Bauern entfernt und im Unterschied zu Kriegern und Beamten eine rationale ethische Gemeindereligiosität entwickelt, womit es besonders geeignet war, Träger von Kapitalismus zu werden.

Der «Sinn», den Religionen dem Handeln leisten, hat aber auch mit Erlösungsbedürfnissen zu tun, die wiederum nach positiver oder negativer Privilegierung der sozialen Lage variieren. Das Würdegefühl der positiv Privilegierten und das Bewusstsein ihrer Vornehmheit, ihres «Seins», stehen in einer Wahlverwandtschaft; ebenso das Würdegefühl der negativ Privilegierten mit dem Vertrauen auf eine ihnen verbürgte «Verheißung» (Weber, 2001, 252). Schließlich gibt es auch noch ein Erlösungsbedürfnis, das dem Intellektualismus rein als solchem entspringt (ebd., 265). Diese Skizze Webers zur Leistungsfähigkeit von Religionen ist systematisch deshalb so interessant, weil sie erkennen lässt, wie eine Diversität *der* Religionen und *in den* Religionen in Zusammenhang steht mit den unterschiedlichen Anforderungen, die soziale Schichten und Klassen an Religionen stellen.

<small>Die Leistungsfähigkeit von Religionen</small>

Wie sehr sich das Problem – zweckrationales Handeln, das sich an für den Forscher ungültigen Annahmen orientiert – auch bei rein empirischen Untersuchungen stellt, wird am Klassiker des britischen Ethnologen Edward Evans-Pritchard *Hexerei, Orakel und Magie bei den Zande* offenbar. Der Autor (1902–1973) hatte von 1926 bis 1930 insgesamt zwanzig Monate Feldforschung bei den Zande in Afrika betrieben. In der Studie, die daraus hervorging, konzentrierte er sich auf eine für ihn besonders fremdartige Dimension ihrer Kultur. Die Zande führten unglückliche Ereignisse wie Krankheit, Unfälle oder Tod auf das Wirken von Hexerei zurück. Wenn zum Beispiel in Zandeland ein Getreidespeicher einstürzte und Menschen unter sich begrub, weil dessen Stützen von Termiten unterhöhlt waren und weil Menschen dort vor der Glut

<small>Rationalität vernunftwidriger Glaubensanschauungen</small>

der Sonne Schutz gesucht hatten, so fehlt dem europäischen Beobachter eine Erklärung dafür, warum die beiden Kausalreihen gerade zu diesem Zeitpunkt zusammenfielen. Anders die Zande. Auch sie wissen um die Kausalitäten, ihr Zusammenfall aber war für sie eine Folge von Hexerei, weshalb die Geschädigten einem Orakel die Namen möglicher Tatverdächtiger vorlegten. Wurde auf diesem Wege ein Hexer ermittelt, so wurde gegen ihn vorgegangen: in vorkolonialen Zeiten durch eine Verurteilung durch den Prinzen, in kolonialer Zeit durch Rachemagie.

Religionsvergleich

Auch wenn Evans-Pritchard in dieser Glaubensanschauung etwas ganz und gar Unvernünftiges sieht, macht er sich daran, deren Geltung aufzuzeigen. Wie Menschen mit Unglücksfällen umgehen und wem sie die Schuld geben, ist ein Thema, das in allen Kulturen vorkommt und daher mit Hilfe eines Vergleichs spezifiziert werden kann. Evans-Pritchard war sich wie kaum ein anderer der Schwierigkeiten der vergleichenden Methode bewusst, was ein Aphorismus aus seinem Munde unterstreicht: «There's only one method in social anthropology, the comparative one – and that's impossible» (überliefert von Rodney Needham, 1975, 365). Deshalb beschränkte er seinen Vergleich darauf, wie Menschen mit Unglück umgehen und wem sie Schuld geben (*kinds of accountability*) und hielt sich bei der Ermittlung der Zande-Praxis an deren eigene Begrifflichkeit.

Analyse von «Idiomen»

Bei der Durchführung auch dieses Vergleiches hatte er es sich zur Regel gemacht, eine Glaubensanschauung niemals ohne eine Handlung und umgekehrt eine Handlung nie ohne Glaubensanschauung zu erklären. Dabei sprach er von «Idiom», wenn er auf lokale Beschreibungen von Ereignissen oder Verhältnissen traf, die für einen Außenstehenden nicht zwingend nachvollziehbar waren (Douglas, 1980, 72). Und das war hier in besonderem Maße gegeben. Hexerei war ein Idiom. Hexen, wie die Zande sie sich vorstellen, konnte es für den Ethnologen nicht geben (1978, 60). Dennoch war er ehrlich genug, zuzugeben: «Auch ich reagierte gewöhnlich auf Unglücksfälle im Idiom von Hexerei, und es kostete mich oft Anstrengungen, diesem Abgleiten in die Unvernunft Einhalt zu gebieten» (ebd., 92). Und er zog aus seiner Teilhabe an dem unvernünftigen Idiom die Konsequenz: «Das Verhalten der Zande ist, obgleich rituell, folgerichtig, und die Gründe, die sie für ihr Verhalten angeben, sind logisch, auch wenn sie mystisch sind» (ebd., 225).

Der Begriff des «Mystischen» kommt von Lucien Lévy-Bruhl, mit dessen Theorie Evans-Pritchard sich während der Phase der Ausarbeitung seiner Feldnotizen auseinander gesetzt hatte. Er hielt zwar die Darstellung, die Lévy-Bruhl von der primitiven «Mentalität» gab, für eine Karikatur, gab aber zu, dass Lévy-Bruhl ein wissenschaftliches Problem von zentraler Bedeutung erkannt hatte: dass nämlich «primitive» Welterklärungen sich von den in Europa gebräuchlichen so sehr unterschieden, dass man den Unterschied zwischen beiden erklären muss. Bei dieser Auseinandersetzung stellte er fest, dass die Bezeichnungen «unlogisch» oder «prälogisch», die Lévy-Bruhl gebrauchte, irreführend waren. Sein Argument ist überzeugend. Wenn Europäer dem Regen meteorologische Ursachen zuschreiben, während Afrikaner meinen, Götter oder Geister verursachten den Regenfall, beweist das noch lange nicht, dass die Europäer logischer denken. In beiden Fällen übernehmen die Einzelnen ohne große Prüfung Anschauungen, die in ihrer Gesellschaft insgesamt für richtig gehalten werden. Allerdings fügte Evans-Pritchard hinzu, der Inhalt europäischen Denkens sei wissenschaftlich und in Übereinstimmung mit den objektiven Gegebenheiten, während der Inhalt afrikanischen Denkens unwissenschaftlich sei und nicht in Übereinstimmung mit der Realität. Die Form des Denkens sei in beiden Fällen jedoch den gleichen Kriterien unterworfen: Es muss konsequent und kohärent sein und so gesehen logisch und rational.

Kohärenz und Rationalität

Die Unterscheidung, die Evans-Pritchard zwischen wissenschaftlich richtig einerseits und konsistent (bzw. logisch, rational, konsequent oder kohärent) andererseits macht, bestätigt in geradezu klassischer Weise eine philosophische Position, wonach Handlungen und Glaubensanschauungen nach unterschiedlichen Kriterien zu beurteilen seien: Handlungen, ob sie im Blick auf die vorausgesetzten Prinzipen konsistent (oder eben logisch, rational, konsequent oder kohärent) sind; Glaubensanschauungen, ob sie im Blick auf ihre Aussage wahr oder falsch, oder zumindest wahrscheinlich oder unwahrscheinlich sind.

Handlungen und Glaubensanschauungen

Diese Trennung wurde in den 1960er Jahren Gegenstand einer lebhaften Debatte, die sich nicht zuletzt den Irritationen verdankte, die von der Philosophie Ludwig Wittgensteins (1889–1951) ausgingen. Schon in seinem Frühwerk bestritt Wittgenstein, dass die Wirklichkeit eine Instanz neben und unabhängig von der Sprache sei. Die Grenzen meiner Sprache, so seine Behauptung im

Sprache und Wirklichkeit

Tractatus logico-philosophicus (1921 erstmals erschienen), bedeuten auch die Grenzen meiner Welt. Was wirklich sei und was nicht, zeige sich in der Sprache. Von dort aus entwickelte Wittgenstein einen andersartigen Zugang zur Bedeutungstheorie und zeigte dezidiert auf, dass die Bedeutung von sprachlichen Ausdrücken allein in ihrem Gebrauch zu suchen ist. Diesen Gebrauch nannte Wittgenstein später *Sprachspiel*. «Das Wort ‹Sprach*spiel*› soll [...] hervorheben, daß das Sprechen der Sprache ein Teil ist einer Tätigkeit, oder einer Lebensform», so erläutert er (*Philosophische Untersuchungen* § 23 [= Wittgenstein, 1984, 250]); und an anderer Stelle ergänzt er: «Ich werde auch das Ganze: der Sprache und der Tätigkeiten, mit denen sie verwoben ist, das ‹Sprachspiel› nennen» (§ 7 [= Wittgenstein, 1984, 241]).

Das Problem der ausbleibenden Falsifikation

Vor diesem Hintergrund lag es nahe – und Peter Winch hat diese Möglichkeit ergriffen –, die Glaubensanschauung der Zande als ein eigenes Sprachspiel zu verstehen und gegen eine Beurteilung nach wissenschaftlichen Kriterien auszuspielen (Winch, 1987, 73–119). Glaubensanschauungen fremder Kulturen müssten zwar auf Handlungen bezogen werden, wie Evans-Pritchard es getan habe, dürften aber nicht als quasi wissenschaftliche Aussagen über Naturvorgänge beurteilt werden. Damit hatte Winch ein Problem umgangen, mit dem Evans-Pritchard sich noch vergeblich herumgeschlagen hatte, ohne aber eine überzeugende Lösung anbieten zu können: das der ausbleibenden Falsifikation. Was damit gemeint ist, kann man sich am Giftorakel der Zande klar machen.

Bei der Ermittlung des Hexers benutzte man ein Orakel. Einem Huhn wurde gewaltsam Strychnin, mit Wasser zu einem Brei vermischt, verabreicht, wobei der Medizinmann die Worte sprach: «Wenn der und der an einer Krankheit von dem und dem schuldig ist, töte das Huhn». Zur Kontrolle des Orakelspruches folgte eine Umkehrung der Prozedur: «Wenn der und der nicht an der Krankheit von dem und dem schuldig ist, schone das Huhn» (Evans-Pritchard, 1978, 197–205). Die Giftigkeit des Stoffes war den Zande offensichtlich nicht bekannt, für sie waren die Reaktionen der Hühner keine in unserem Sinne natürlichen Vorgänge, sondern von den Worten des Medizinmannes, an den eingegebenen Stoff gerichtet, hervorgerufen. Ein eindeutiger Spruch kam nur heraus, wenn im ersten Fall das Huhn starb, im zweiten aber überlebte. Wenn nun aber beide Hühner tot umfielen oder beide überlebten, hatten die Zande ergänzende Erklärungen zur Hand, wie etwa die, das Orakel sei selber verhext (ebd., 221 f.). Evans-Pritchard konnte sich dies nur so erklären, dass die Zande in einem Meer von mystischen Vorstellungen untergegangen seien, sodass sie auch nur in mystischer Weise über das Versagen des Orakels sprechen könnten (ebd., 215 f.). Eine Falsifikation des Glaubenssystems kann es deshalb niemals geben, die Zande werden also nie erkennen können, dass ihre Annahmen irrig sind.

Doch ist es so einfach? Ist die europäische Interpretation des Sachverhaltes tatsächlich die überlegene, weil falsifizierbare? Peter Winch war es, der in Form einer Parodie das Problem zuspitzte, indem er im Zitat von Evans-Pritchard «Zande» durch «Europäer» ersetzte: *Die Umkehrung der Perspektive*

> Europäer nehmen das Funktionieren des Giftorakels so wahr wie die Zande, aber ihre Wahrnehmungen werden immer ihrem Glauben untergeordnet, ihm eingegliedert und zu seiner Erklärung und Rechtfertigung verwandt. Ein Zande möge sich einen Einwand überlegen, der jede europäische Skepsis gegenüber der Kraft des Orakels völlig widerlegen würde. Übersetzt man ihn in die Denkweise der Europäer, würde er zur Unterstützung der gesamten Struktur ihres Glaubens dienen. Denn ihre wissenschaftlichen Vorstellungen sind in hohem Maße kohärent, sie sind durch ein Netzwerk logischer Verknüpfungen untereinander verbunden und so angeordnet, dass sie niemals allzu krass der mystischen Erfahrung widersprechen, sondern im Gegenteil durch die Erfahrung gerechtfertigt zu werden scheinen. Der Europäer ist in ein Meer von wissenschaftlichen Vorstellungen eingetaucht, und wenn er über das Giftorakel der Zande spricht, muss er dies in einer wissenschaftlichen Redeweise tun (Winch, 1987, 88).

Die Provokation hat gesessen. Ernest Gellner warf Peter Winch und seinem Gewährsmann Ludwig Wittgenstein «Relativismus» vor. Wenn Lebensformen letzte Instanzen seien, dann müsse man entweder eine oder alle akzeptieren. Der Relativismus sei selber ein Problem und kein geeignetes Mittel, das Problem des Verstehens fremder Lebensformen zu lösen. Außerdem sei die wissenschaftlich-industrielle «Lebensform» sowieso allen anderen überlegen, sodass sich dadurch das Relativismusproblem von selber erledige (Gellner, 1968, 111).

Auf eine beachtenswerte Weise hat sich Clifford Geertz 1984 (1996) gegen eine wachsende Phalanx von Wissenschaftlern gewendet, die im Namen einer universalen Rationalität gegen den Relativismus, dessen Pfad mit einleuchtenden Behauptungen gepflastert sei, zu Felde zogen (z. B. gegen Hollis/Lukes, 1982, 1). Wie man sich gegen Abtreibungsgegner wenden könne, ohne die *Relativismus und Antirelativismus*

Abtreibung selber begrüßen zu müssen, nahm er sich den Antirelativismus vor, ohne sich den Relativismus selber zu Eigen zu machen. Seiner feinen, nicht selten ironischen Argumentation zufolge ertränkt der Antirelativismus alle ethnologischen und historischen Daten, die ein «massives Argument gegen den Absolutismus im Denken, in der Ethik und im ästhetischen Urteil» enthalten, in einer Theoriedebatte (Geertz, 1996, 284). Bedrohlicher als der vermeintliche «Nihilismus», den die Antirelativisten bereits dann diagnostizierten, wenn Zweifel geäußert wurden an universalen Begründungen für kognitive, moralische und ästhetische Urteile, ist für Geertz ein «Provinzialismus», der seinen eigenen Horizont und seine Perspektive verabsolutiert. Dabei waren es Ethnologen, die auf der Reziprozität der Wahrnehmung bestanden.

Eine philosophische Hermeneutik intelligenten Verhaltens

Die Erkenntnis E. E. Evans-Pritchards, dass Handlungen, die mit unseren Standards von Vernünftigkeit unvereinbar sind, dennoch rational und logisch sein können, bleibt eine Herausforderung, auch an uns selber. Will die Religionswissenschaft diese Herausforderung annehmen, kann ihr ein Blick auf philosophische Diskussionen helfen, die heute im Anschluss an Wittgenstein und die Relativismus-Debatte geführt werden. Besonders zu nennen ist hier Donald Davidson, der seit Mitte der 1980er Jahre in vielen Studien der Frage nach dem Verstehen eines vermeintlich fremden Vokabulars – also eines «Idioms» oder Sprachspiels – nachgegangen ist. Dort versucht er, ausgehend vom Gedankenexperiment «radikaler Interpretation», nämlich aus der Perspektive eines Interpreten, der ohne jedes Vorwissen eine völlig fremde Sprache entschlüsselt, die Bedingungen allen Verstehens freizulegen. Dabei entwickelt er eine komplexe Hermeneutik intelligenten Verhaltens. Um überhaupt eine «fremde» Sprache verstehen zu können, *muss* der Beobachter unterstellen, dass die Idiome des Gegenübers – z. B. die Sprachspiele der Zande – in sich logisch sind und der Gesprächspartner sich nicht in allem irren kann, was er sagt. Davidson nennt dies das «Prinzip der Nachsicht» und meint damit nicht ein moralisches Prinzip, sondern eine Notwendigkeit, die sich aus dem Zusammenhang von Rationalität, Wahrheit und Sprache ergibt. Folglich wird hier nicht mehr die Rationalität der Wissenschaft gegen die Irrationalität der Religion (oder der Zande) ausgespielt, sondern ein Kommunikationsverfahren analysiert, in dem Übersetzungen von einem intelligenten System ins andere möglich sind (s. Penner 1999).

3. Kolonialismus: Völker ohne Religion?

«Religionen finden statt innerhalb von Narrativen, die aus bestimmten Perspektiven konstruiert und rekonstruiert werden, aus bestimmten Positionen der Macht, die eine kritische Religionswissenschaft dekodieren kann» (Flood, 1999, 235). Mit diesem Satz beschreibt Gavin Flood einen Zusammenhang, der bei der Beurteilung von religionswissenschaftlicher Theoriebildung nicht hoch genug bewertet werden kann. Ein Aspekt ist dabei besonders auffällig: Die Formierungsphase der Religionswissenschaft als akademische Disziplin fällt zusammen mit der Phase wirtschaftlicher (und militärischer) Expansion Europas, die von Ökonomen bereits seit dem 15. Jahrhundert beobachtet wurde und Elemente eines Weltwirtschaftssystems in sich trug. Ethnologisches und religionswissenschaftliches Wissen wurde wesentlich vor dem Hintergrund von kolonialen Begegnungen mit fremden Kulturen generiert, die mit der eigenen Kultur systematisch in Zusammenhang gebracht wurden.

Religionswissenschaft und die Expansion Europas

Die Beschäftigung mit fremden und vermeintlich primitiven Kulturen folgte, wie Karl-Heinz Kohl es treffend ausdrückt, einer Ambivalenz von «Abwehr und Verlangen» (Kohl 1987), indem man einerseits das Primitive als das Unterlegene disqualifizierte, um den eigenen Eroberungswillen zu rechtfertigen, andererseits aber auch das Primitive zum Reinen und Ursprünglichen stilisierte, das dem westlichen aufgeklärten Menschen abhanden gekommen sei. In beiden Fällen geht der Beurteilung des Fremden eine Diagnose des Eigenen notwendig voraus. Oft waren die Europäer von fremdartigen Sachverhalten nur deshalb fasziniert, weil sie in der eigenen Kultur zum Problem geworden waren. So steht die Entdeckung außereuropäischer Rituale um 1900 in Zusammenhang mit der Suche nach genuiner Gemeinschaftlichkeit, die von der entstehenden Industriegesellschaft bedroht wurde (Brunotte 2001). Im Spannungsfeld von Vergleichender Religionswissenschaft und kolonialen Begegnungen hatte der interkulturelle Vorgang des Verstehens in zweierlei Hinsicht einschneidende Konsequenzen, nämlich sowohl für die Zuschreibung von *Geschichte* als auch für die Zuschreibung von *Religion*. Beides soll kurz beleuchtet werden.

Abwehr und Verlangen

Lange setzten Religionswissenschaftler unausgesprochen die Geschichtslosigkeit außereuropäischer Kulturen voraus. Zu einer

Kulturen ohne Geschichte

Zeit, als Eric R. Wolf die Einbindung der außereuropäischen Völker seit dem 15. Jahrhundert in das Weltwirtschaftssystem zum Leitfaden einer Geschichte machte, die ihnen angeblich abging (1982), hielt sich in der Religionswissenschaft hartnäckig das Stereotyp von Völkern ohne Geschichte. Das liegt einerseits an phänomenologischen Methoden, die letztlich ahistorisch konzipiert sind, indem sie von historischen Kontexten auf das Allgemeine abstrahieren, andererseits – und auf einer tieferen Ebene – jedoch am europäischen Geschichts- und Selbstverständnis insgesamt. Geschichte, so wird vermutet, kann nur unter zwei Voraussetzungen stattfinden: Erstens bei einer Verschriftlichung der Kultur und zweitens bei einer intellektuellen Reflexion auf die Grundlagen der eigenen Vergangenheit. Beides wird als Errungenschaft der abendländischen Zivilisation angesehen. Erst die Kritik der griechischen Philosophen habe die aktive Auseinandersetzung mit den überkommenen und auf Mythos aufgebauten Geschichtsbildern angestoßen und das ermöglicht, was Geschichte zu nennen wir für wert erachten. Bei Kulturen hingegen, in denen diese Reflexion und Fähigkeit zur kritischen Distanz unserer Meinung nach fehlt, sprechen westliche Religionswissenschaftler gerne davon, dass jene Menschen in einem «mythischen Raum-Zeit-Kontinuum» leben, das Jahrtausende überdauert.

Mircea Eliade hat die angebliche Geschichtslosigkeit archaischer Religiosität sogar als eine absichtliche Verneinung von Geschichte gedeutet und darin eine heute interessante Option gesehen, dem «Terror der Geschichte» zu entgehen (siehe Kapitel I).

Doch auch ohne solche Verstiegenheit bleibt die Vernachlässigung der Geschichte außereuropäischer Völker ein Gewaltakt.

Mary Louise Pratt, eine der scharfsinnigsten Kritikerinnen dieser Konstruktion, hält fest: «Die Darstellung von Sitten und Gebräuchen ist ein Normatisierungs-Diskurs, dessen Arbeit darin besteht, Unterschiede zu kodifizieren und den Anderen in einer zeitlosen Gegenwart zu fixieren, in der alle ‹seine› Handlungen und Reaktionen Wiederholungen ‹seines› normalen Verhaltens sind» (Pratt, 1985, 139; s. auch Fabian 1983). Der Blick auf die komplexen historischen Veränderungen und Gestaltungsprozesse indigener Kulturen wird so a priori ausgeschlossen, ein Umstand, der zum Beispiel dafür verantwortlich ist, dass die Geschichte der Religionen in Afrika nicht im eigentlich notwendigen Umfang erforscht wurde. Erst heute beginnt man, die «Kontextualität, die

Pluralität und den dynamischen Charakter der Religionen Afrikas» (Platvoet, 1996, 47) zu würdigen und stereotype Darstellungen der «afrikanischen Religion» (im Singular) hinter sich zu lassen.

Nicht nur «Geschichte» wurde indigenen Kulturen oftmals aberkannt, auch «Religion» war ein analytisches Instrument, das man je nach Bedarf auf indigene Kulturen beziehen konnte oder nicht. Im 19. Jahrhundert bildete sich schubweise die Erkenntnis heraus, dass afrikanische, australische, nordamerikanische oder andere «primitive» Völker überhaupt Religionen besaßen. Vorausgesetzt dabei war die Überwindung der Meinung, diese Völker hätten einen anderen Ursprung als die Völker der biblischen Überlieferung. Zwischen Letzteren und den Stammesvölkern in Übersee würde es keinerlei Verwandtschaft geben, was ihre Versklavung rechtfertige (Bitterli, 1991, 327–366). Obwohl dieser so genannte «Polygenismus» durchaus nicht unplausibel war, wich seine Annahme der vielfältigen Ursprünge der Menschheit bald einem überlegeneren Modell. Die Entdeckung der Vor- und Frühgeschichte eröffnete einen ungeahnten Zeitraum der Vergangenheit, den Charles Darwin mit dem Modell einer allmählichen Entwicklung der natürlichen Arten einschließlich des Menschen füllte. Naturgeschichtlich gab es nur eine einzige Menschheit, die allerdings in ihrer Entwicklung auf dem Wege zur Zivilisation unterschiedlich weit vorangeschritten war. Mit Darwins Evolutionismus wurden die Kulturen fremder Völker zu Repräsentanten der Vorstufen der eigenen Kultur. Im Sinne der damals vorherrschenden Evolutionsmodelle sprach man von Magie, Aberglauben, Fetischismus, Totemismus und Animismus, die in Resten als so genannte *survivals* auch noch in der eigenen fortgeschrittenen Kultur vorhanden waren.

Alle diese Zusammenhänge lassen sich sehr anschaulich an der Theoriebildung zu den Religionen Afrikas studieren. Wie bereits angedeutet, folgte die An- und Aberkennung von Religion und Geschichte oftmals den Interessen der Besatzer. Doch sollte man daraus nicht schließen, dass die Begegnung zwischen Kolonialherren und indigenen Kulturen eine einseitige Angelegenheit war. Auch die Afrikaner waren Beobachter und bildeten sich ihre Meinung über die Europäer; sie reagierten auf Fremdzuschreibungen und hatten deshalb keinen geringen Anteil an der Ausbildung von Religionstheorien. Als Informanten hatten sie Kontrolle darüber, was sie von ihrer Kultur preisgaben, wie sie sich darstellten und was

Kulturen ohne Religion

Theoriebildung in der kolonialen Kontaktzone

> *Das koloniale Diskursfeld*
> David Chidester hat den Begriff des *kolonialen Grenzgebietes* (*colonial frontier*) geprägt. Darunter versteht er (wie Pratt) «eine Kontaktzone, nicht unbedingt eine Linie oder Grenze. Nach dieser Definition ist ein Grenzgebiet eine Region interkultureller Beziehungen zwischen eindringenden und indigenen Menschen» (Chidester, 1996, 20). Insofern müsse man diese Zone als offene Linie betrachten, die vielfältige Kontakte ermöglicht; «das offene Grenzgebiet kann im Nachhinein untersucht werden nicht nur als Zone von Konflikt und Kooperation, sondern auch als eine umkämpfte Arena für die Produktion von Wissen über Religion und Religionen» (ebd., 21). Diese Definition deckt sich mit der Rede von einem *kolonialen Diskursfeld*.

Ethnologen über sie wissen konnten. Trotz eines Klimas der Ausbeutung und Unterdrückung muss man deshalb von einem Austauschprozess sprechen oder auch von einem diskursiven Geschehen.

E. B. Tylors Rekonstruktion «primitiver» Kultur

Wie der koloniale Diskurs die Auffassung von Religion prägte, zeigt Edward Burnett Tylors Rekonstruktion «primitiver» Kultur. Als Tylor (1832–1917) in den sechziger Jahren des 19. Jahrhunderts in Oxford begann, sich mit den Religionen von Stammesgesellschaften zu beschäftigen, waren die meisten seiner Zeitgenossen noch der Ansicht, eine solche Beschäftigung sei verlorene Liebesmüh. In Wahrheit seien diese Gesellschaften das späte Produkt einer Degeneration. Sie repräsentierten nicht einen Anfangszustand der Geschichte, sondern Überbleibsel untergegangener Hochkulturen. Tylor hingegen vertrat die umgekehrte Ansicht, dass die Stammesgesellschaften den Anfangszustand der menschlichen Geschichte repräsentierten. Die Kontroverse beschäftigte auch andere, beispielsweise Charles Darwin. In seinem berühmten Buch *Die Abstammung des Menschen* besprach er 1871 kritisch die «Beweise, dass alle zivilisierten Nationen einst Barbaren waren», und stellte sich vorbehaltlos auf die Seite von Tylor. Die Argumente für die «Annahme, dass der Mensch als ein zivilisiertes Wesen auf die Welt gekommen ist und dass alle Wilden seit jener Zeit einer Entartung unterlegen sind, […] scheinen mir im Vergleich mit den von der anderen Seite vorgebrachten schwach zu sein» (Darwin, 1992, 159). Schnell setzte sich ein neuer Konsens durch. Die außereuropäischen Gesellschaften repräsentierten die Anfänge der menschlichen Geschichte, nicht irgendwelche Überreste von Hochkulturen.

Um den Nachweis zu erbringen, dass sich die moderne Kultur aus einer primitiven entwickelt habe, wandte Tylor sich simultan zwei Bereichen zu, die aus heutiger Sicht wenig oder gar nichts miteinander zu tun haben: der Kultur von Stammesgesellschaften und dem Aberglauben in modernen Gesellschaften. Für ihn aber hingen beide engstens zusammen. Um dies zu verstehen, muss man einen Blick auf die vergleichende Methode werfen. Tylor nahm, einem etablierten Schema folgend, drei progressive Stufen sozialer Organisation an: die Wilden (Jäger und Sammler) – die Barbaren (Viehzüchter und Ackerbauer) – die Zivilisierten. Nimmt man die europäische Gegenwart als das Ziel der Entwicklung – wie Tylor es tut –, dann sind die außereuropäischen Völker auf ihrem Wege nicht gleich weit voran gekommen. Sie befinden sich noch auf früheren Stufen und können als Zeugen für die Frühgeschichte auch der Zivilisierten in Anspruch genommen werden. Dabei ging Tylor durchaus behutsam vor. Zu seiner Zeit grassierten Berichte, die der Phantasie freien Lauf ließen. So wurde seit dem 17. Jahrhundert immer wieder behauptet, die Xhosa stammten von den Arabern ab, die Zulu dagegen von den Juden. Tylor war es, der diesen Zustand überwinden half. Er sammelte nicht nur alle damals vorhandenen ethnologischen Informationen aus so verschiedenen Quellenbeständen wie antiken Historikern, spanischen Chroniken, Berichten von Missionaren und Reisenden, sondern er verlangte, dass jeder Bericht über eine befremdliche Praxis von einem zweiten davon unabhängigen Fall bestätigt werden müsse, ehe man ihn als Information verwenden könne (1958, vol. 1, 9 f.).

<small>Die vergleichende Methode Tylors</small>

Bis ins 19. Jahrhundert hinein (und teilweise darüber hinaus) verlief die Zuschreibung von «Religion» über eine christliche Interpretation, die *religio* mit *superstitio*, also «Aberglauben», kontrastierte. Seit die ersten europäischen «Entdecker» Kunde von exotischen Völkern brachten, war man sich einig darüber, dass die vorgefundenen Gesellschaften jede Spur von Religion vermissen ließen und, wenn überhaupt, Vorstufen davon besaßen. Im südlichen Afrika bezogen sich solche Einschätzungen im 19. Jahrhundert etwa auf die Xhosa, die, weil sie keine Religion besaßen, aus Sicht der europäischen Eroberer «in einer anderen Welt» lebten, also gleichsam in einer Welt jenseits von Moral. Damit wurde die militärische und politische Drangsalierung der Xhosa legitimiert, wenn man nicht, wie manche argumentierten, eine «Zivilisierung der Wilden» damit verband (den parallelen Fall der süd-

<small>Religio und superstitio</small>

amerikanischen Kolonialisierung skizziert eindrucksvoll Taussig 1987).

James George Frazer

James George Frazer (1854–1941) beschrieb in seinem Klassiker *Der Goldene Zweig* eine Welt barbarischen Aberglaubens, in der neues Leben nur auf dem Boden von Gewalt wächst. Sein Paradebeispiel war das afrikanische Volk der Schilluk, das angeblich seine Könige bei einem ersten Anzeichen von Schwäche tötete, da die Fruchtbarkeit der Äcker, des Viehs und der Menschen von seiner persönlichen Vitalität abhänge und das Recht des Stärkeren gelte. Zur Zeit Frazers befand sich das britische Empire in einem Zustand schneller Expansion. Massenhaft strömten Berichte über die fremden Völker nach England. In dieser Situation war Frazer als Gewährsmann für Bizarres gefragt. Wenn ein unerklärlicher Brauch aus den Weiten des britischen Commonwealth bekannt wurde, fiel den Berichterstattern als erstes der Verfasser des *Golden Bough* ein. Schließlich war es dessen Bestreben, «frühe Denkformen» (1989 [1922],14) zu dokumentieren. Die Wirkung Frazers auf die nachfolgende Religionsforschung kann kaum hoch genug veranschlagt werden, gerade auch auf populäre Kreise, die – wie im Paganismus- und im modernen Hexendiskurs – die Kontinuität nicht-christlicher Religionsformen auch in Europa behaupteten (Hutton, 1999, 112–117).

Die kolonialen Implikationen

David Chidester macht an dieser Stelle auf das zentrale Thema des kolonialen Diskursfeldes aufmerksam: Es geht hier nicht nur um historische (Re-) Konstruktion, sondern um die Absicherung von territorialen Eingriffen in Afrika. Erstens wurde den kolonisierten Völkern erst dann eine Religion zugestanden, als sie militärisch und politisch besiegt waren. Im südlichen Afrika wurden Reservate errichtet und Verwaltungsstrukturen aufgebaut, welche Handel und Unterdrückung kontrollierten. Eine militärische Gefahr ging von den Zulu, Xhosa und Khoikhoi nicht mehr aus, sodass man sie nun auch als potenziell zivilisierbare und christianisierbare Menschen einordnen konnte. Zweitens aber diente die historische Herleitung dieser Völker aus anderen Weltgegenden der rhetorischen Absicherung von Internierung und Reservation. Diese fantastischen Genealogien waren also neben der historischen Rekonstruktion

auch eine Strategie der Vertreibung. Indem sie diesen widersprüchlichen doppelten Auftrag der strukturellen Einschließung und historischen Vertreibung befolgte, trug die koloniale Vergleichende Religionswissenschaft weltweit dazu bei, die Anschauungen und Praktiken der Kolonisierten abzustreiten, zu entdecken, zu lokalisieren und zu versetzen (Chidester, 2000, 430).

Ein besonders eindrucksvolles Beispiel dafür, wie aufgrund von unzuverlässigen Berichten vom «kolonialen Grenzgebiet» in Europa Theorien konstruiert wurden, ist ein Schiffsanker, der an der Küste Südafrikas gestrandet war (der Fall wird ausführlich geschildert in Chidester 1996). Da man in Europa um 1900 intensiv über die Ursprünge der Religion und ihre unterschiedlichen Stufen diskutierte, wurden Gerüchte darüber, dass die Eingeborenen den Anker kultisch verehrten, mit Interesse aufgenommen. So benutzte der Ethnologe Alfred C. Haddon in seinem Buch über «Magie und Fetischismus» das Beispiel des Ankers, um gegen die These Edward B. Tylors vorzugehen, der vom «Animismus» als Ursprung der Religion gesprochen hatte. An der Anker-Verehrung, so Haddon, könnte man etwas anderes zeigen, nämlich eine vierstufige Entwicklung hin zum Fetischismus: (1) Der Anker ist ein unbekanntes Objekt, das aufgrund der psychischen Verfassung des «unkultivierten Menschen» mit übertriebener Bedeutung und besonderem Wert aufgeladen wird. (2) Man glaubt, der Anker sei lebendig und verfüge über eine Seele oder einen Geist, ähnlich dem des Menschen. Auch dies sei typisch für die Psychologie der «Primitiven». (3) Dass solche Menschen zufällige Ereignisse mit geheimer Bedeutung verbinden, erkenne man daran, dass, als ein Eingeborener eine Spitze des Ankers abgebrochen hatte und kurz darauf starb, man glaubte, Letzteres sei eine direkte Wirkung des Ersteren gewesen. (4) Da der «unkultivierte Mensch» leblose Gegenstände mit Leben und Kraft versieht, sucht er sich des Schutzes solcher Gegenstände zu versichern und verehrt sie kultisch. Genau dies geschah mit dem Anker, der nun aus Angst angebetet wurde (Haddon, 1906, 84 f.). Voilà, ein «Fetisch» war entstanden. Die Möglichkeit, dass Afrikaner keineswegs so naiv und unlogisch an die Sache herangingen, kam weder den Reisenden und Eroberern noch den Wissenschaftlern zu Hause in den Sinn. Theorie und Vorurteil tragen sich gegenseitig.

Ein Anker wird zum «Fetisch»

Wenn man sich klar macht, dass die Erforschung Afrikas im Wesentlichen von Eroberern, Händlern, Reisenden und Missionaren verantwortet wurde, so kann man sich leicht vorstellen, dass der Anker kein Einzelfall war. In einer wichtigen Arbeit hat Johannes Fabian jüngst dargestellt, dass die Informationen, die in Afrika gesammelt wurden, in höchstem Maße zufällig waren. Mehr noch:

Die prekäre Quellenbasis der Ethnologie

«Wenn es *eine* durchgängige Erfahrung gab, die diese Emissäre des Imperialismus und Missionare einer überlegenen Zivilisation machten, dann war es die der Abhängigkeit» (Fabian, 2001, 366 [Hervorhebung im Original]), und zwar einer Abhängigkeit von Geldgebern, einheimischen Reiseleitern und Organisatoren und schließlich von der Gesprächsbereitschaft der Informanten. Wissensgewinnung und Präsentation von Theorien gingen Hand in Hand, und so schlugen fehlerhafte und willkürliche Informationen sogleich auf die Ebene der Theorien durch. Das betraf auch die Sammlung von «Kultgegenständen» aus Afrika, die teils unter «primitiver Kunst» liefen, teils als «Exotika» in europäischen Museen landeten. Fabian, der sein Buch als ein «Dokumentieren des Chaotischen» in der Ethnologie betrachtet, beschreibt den Sachverhalt so:

> Das Sammeln von ethnographischem Material nach Laune oder Verlangen – der Erwerb von schlecht definierten und schlecht verstandenen Objekten mit Methoden, die vom Kauf des Angebotenen bis zum Erpressen und Plündern des vom Reisenden Gewünschten reichten – führte zu der Datenbasis (um einen anachronistischen Ausdruck zu gebrauchen), auf der die Anthropologie ursprünglich ihren Ruf als akademische und wissenschaftliche Disziplin aufbaute (Fabian, 2001, 264 f.; s. auch S. 23).

Es ist klar, dass Ethnologie und Religionswissenschaft sich diesem Erbe stellen müssen, sowohl im Hinblick auf ihre Verstrickungen in koloniale Machtverhältnisse als auch mit Blick auf die mehr und mehr zusammenbrechenden Grundlagen ihrer Theorien. Dabei gilt es zu differenzieren: Die koloniale Situation lässt sich keineswegs mit nur einem einzigen Modell interpretieren, denn neben den klar imperialistischen Strategien gab es auch Prozesse der «Indigenisierung» oder «Kreolisierung» des europäischen Christentums durch die Begegnung mit Afrikanern oder anderen Fremden. Die Übersetzung der Bibel, von Missionaren betrieben, führte nicht selten zur Herausbildung einer Schriftkultur und trug so ungewollt zu einer Ausformung der Kultur unterworfener Völker bei.

Postcolonial studies

Stand in den so genannten *postcolonial studies* zunächst eine radikale Kritik an der Beteiligung westlicher Akademiker an der Ausbeutung der Kolonisierten im Vordergrund, so richtete sich die Aufmerksamkeit in den 1990er Jahren zunehmend auf die Kolonisierten als *Subjekte* im kolonialen Diskurs. Vergröbert lassen sich dabei zwei Strömungen unterscheiden (s. Chidester, 2000, 432-

436): Die eine versucht, die «ursprüngliche» Gestalt der indigenen Kulturen freizulegen, also der «authentischen» Religion zum Durchbruch zu verhelfen, indem koloniale Überschreibungen und Verfremdungen abgestreift und zurückgedrängt werden. Legt man ein Diskursmodell zu Grunde, so zeigt sich rasch, wie schwierig ein solches Unterfangen ist, denn es ist schlichtweg unmöglich, eine Seite des Netzwerkes zu isolieren, zumal die Darstellung des vermeintlich Authentischen notwendig in Vokabularen erfolgen muss, die europäischen Beschreibungen entlehnt sind. Hierin ist eine tragische Komponente des ganzen kolonialen Geschehens zu erkennen.

Die zweite Strömung entzieht sich der Rede von «Unterlegenheit» und «Authentizität», indem sie gerade die *Hybridität* von Identitäten und das Fehlen von lokalen Einheiten als Paradigma konzipiert. Homi Bhabha (1994) hat dies mit dem «Dritten Raum» beschrieben, in dem sich koloniale Identitäten im Besonderen, aber auch Migranten im Allgemeinen ansiedeln, ohne dass dies zu Brüchen der kulturellen und religiösen Identität führen würde. Aus dieser Sicht wird nicht mehr nach dem «Echten» gesucht. Im Mittelpunkt stehen nun die Rhetorik und die Instrumentalisierung des «Echten» in einem kulturellen Prozess der Aushandlung von Identitäten. Die Hybridität ist etwas Ähnliches wie das von Fabian beschriebene Chaotische der kolonialen Begegnung – die Normalität des Brüchigen und Prozessualen.

Ein «Dritter Raum»

Worin sich die beiden Erklärungsansätze unterscheiden, lässt sich erneut an der südafrikanischen Situation demonstrieren. Das Wiedererstarken der traditionellen afrikanischen Religionen, insbesondere der Zulu, kann gelesen werden als eine «Indigenisierung», die eine ursprüngliche südafrikanische Spiritualität propagiert und nicht selten auch konstruiert, was übrigens eine ausdrückliche Funktion der nach dem Sturz des Apartheid-Regimes ins Leben gerufenen Wahrheits- und Versöhnungskommission ist. Das Echte und Authentische wird hier zum Mittel der Herstellung kollektiver und individueller Identität. Mischung, Verwestlichung und «Synkretismus» erscheinen vor diesem Hintergrund als negative und zu überwindende Dekadenzphänomene. Diese argumentative Spannung zeigt sich etwa am Fall des «Bewahrers der indigenen Zulu-Tradition» Vusamazulu Credo Mutwa (geb. 1921), der inzwischen weltweit als Zulu-Schamane bekannt ist, obwohl er gewissermaßen auf dem «zweiten Bildungsweg» seine Initiation

Die Globalisierung der Zulu-Religion

erlebte (ausführlich dazu Chidester 2001). In Südafrika in seinem Anspruch, das alte «Weistum» Afrikas zu vertreten, umstritten, ist Credo Mutwa im globalen esoterischen und «New-Age»- Milieu bekannt als Schamane, Priester, Heiler, Umweltaktivist und Spezialist für die Kommunikation mit Außerirdischen. Seine Wirkung beruht nicht zuletzt auf den Möglichkeiten des Internet. Obwohl dieser religiöse Spezialist geradezu eine globale Indigenisierung vorführt – etwa, indem er die Zulus als Spezialisten für den Umgang mit Außerirdischen darstellt –, erscheint aus Sicht des Authentizitäts-Paradigmas solch ein Verhalten als dekadent und die Tradition verwässernd. Aus Sicht des Hybriditäts-Paradigmas dagegen ist Credo Mutwa ein klassisches Beispiel für die Normalität des «Dritten Raumes», in dem sich Identitäten transformieren und auf geänderte Rahmenbedingungen mühelos einstellen können. Das Echte gegen das Unechte auszuspielen, ergibt da wenig Sinn, eher die Rede von einem Diskursfeld, auf dem Indigenität, Kolonialismus und Globalisierung thematisiert werden. Freilich hindert eine solche Analyse der komplexen Verhältnisse die Religionswissenschaft keineswegs daran, Elemente, welche der Tradition historisch näher stehen, von solchen zu unterscheiden, die durch den Kontakt mit externen Kulturen entstanden sind. Für die Genealogie eines Diskursfeldes sind derartige Unterscheidungen sogar unbedingt notwendig.

Theorien verändern den Gegenstand

An dieser Stelle wollen wir die Ebene der konkreten Gegenstände verlassen und einige grundsätzliche Überlegungen daraus entwickeln. Betrachtet man die Religionswissenschaft als eingebunden in ein kulturelles – in diesem Fall ein koloniales – Diskursfeld, so kommen Zusammenhänge in den Blick, die früher in ihrer Bedeutung unterschätzt oder gänzlich übersehen worden waren. Einer dieser Zusammenhänge besteht in der Wirkung der religionswissenschaftlichen Meinungs- und Begriffsbildung auf die Religion selber. Religionswissenschaftliche Theorien haben nicht nur kulturelle Strömungen aufgenommen und repräsentiert, sondern sie haben aufgrund ihrer Reflexionstätigkeit das Objekt ihrer Untersuchung auch mitgeprägt. Kaum einer hat dies so klar erkannt wie Friedrich H. Tenbruck:

> Wo immer [...] die Religionswissenschaft die moderne Religion untersucht, da hat sie es in wachsendem Maße mit ihren eigenen Wirkungen auf ihr Objekt zu tun. Indem die Religion ihre Unabhängigkeit einbüßte, verlor die Religionswissenschaft ihre Grundlage, weil sie die Lage und den Wandel der Religion

nurmehr begreifen und erklären kann, wenn sie ihren eigenen Einfluß darauf einberechnet. Dies ist bislang noch nirgends geschehen, ja auch noch gar nicht einmal gefordert worden. Vielmehr beharren die Religionswissenschaften unverwandt auf dem Glauben, mit dem sie ihr Geschäft als bloße Beobachter begonnen haben, und verlieren nun ihre Geschäftsgrundlage, weil dieser Glaube immer mehr zur Fiktion wird (Tenbruck, 1993, 35).

Der Zusammenhang zwischen den Begriffsbildungen und der konkreten religiösen Praxis wird heute zunehmend selber Gegenstand der Untersuchung. Wenn Russell T. McCutcheon davon spricht, dass «die konzeptionellen Instrumente, die Religionswissenschaftler verwenden (z. B. das Sakrale, Religion ‹an sich›, Glaube, Macht, das Heilige) [...] Konstruktionen mit weit reichenden und signifikanten diskursiven und soziopolitischen Konsequenzen [sind]» (1997, 17), dann hat er genau diese Zusammenhänge im Auge, die es in religionswissenschaftlicher Analyse zu dekodieren gilt.

Bei der Beurteilung von Theorien im kolonialen Kontext geht es also um eine Einbeziehung von sozialen Zusammenhängen und konkreten Handlungen, mithin auch der Wirkungen von Definitionen. In den Worten Tomoko Masuzawas: Die Praxis von Wissen und Macht

Was hier versucht wird, ist eine Kritik, die sich fundamental unterscheidet von jener vagen narzisstischen Selbstkritik innerhalb einer «wissenschaftlichen Ethik» – «Sind wir *fair* in unserer Darstellung der ‹Primitiven›»? –, die sich letztlich weigert, die strukturelle Positionierung des Wissens und des Gewussten in Frage zu stellen, und die deshalb blind bleiben muss gegenüber Fragen der Macht. Was stattdessen zu fordern ist, ist eine kritische Untersuchung der Praxis von Wissen und Macht, der Politik des Schreibens, wie sie in der Religionswissenschaft anzutreffen ist (Masuzawa, 1993, 6 [Hervorhebung im Original]; s. auch Obeyesekere, 1990, 256–259).

Eine postkoloniale Religionswissenschaft kann sich nicht darauf beschränken, den Unterprivilegierten und Kolonisierten Gehör zu schenken. Sie muss die diskursiven Strukturen der Bildung von Theorien analysieren und alternative Sichtweisen partizipierend in ihr Interpretationssystem aufnehmen. Indem sie sich der Macht von Definitionen bewusst wird, liefert sie ihre Theorien der öffentlichen Debatte aus und nimmt es in Kauf, dass Bestimmungen von Religion und Geschichte ihren jeweiligen kulturellen Ort haben, nie jedoch den Status einer allgemeinen Theorie erlangen können. Postkoloniale Religionswissenschaft

4. Faszinierende Unvernunft: Schamanen im Westen

Vernunft und Religion

Die Religionswissenschaft ist häufig mit Aussagen und Handlungsweisen konfrontiert, die sich einer rationalen oder – im heutigen Sinne – wissenschaftlichen Interpretation der Welt entziehen. Anstatt sich religiöse Aussagen zu Eigen zu machen, also die *Objektsprache* zur *Metasprache* zu erheben, versucht die Religionswissenschaft, jene Aussagen in einen historischen und kulturellen Kontext zu stellen und auf diese Weise zu erklären. Wie wir in Kapitel II erläutert haben, ist sie damit auch Teil einer öffentlichen Debatte über die Legitimitätsansprüche von Religion, die sich im Anschluss an die Aufklärung im 19. Jahrhundert entwickelt hatte. Es hieße indes die Komplexität des Prozesses zu verkennen, wollte man die rationale Wissenschaft und die Vernunft einfach gegen Religion und Irrationalismus ausspielen. Es ist stattdessen zu konstatieren, dass sich beide Zugriffe auf die Wirklichkeit gegenseitig bedingen, dass also die dialektische Durchdringung von Vernunft und Nichtvernunft ein Strukturelement europäischer Religions- und Kulturgeschichte ist, das in der Moderne seine besondere Ausprägung erfuhr. Es waren Max Horkheimer und Theodor W. Adorno, die in der Aufklärung und ihrem Anspruch, die Natur sei berechen- und beherrschbar, einen neuen Mythos erkannt haben, der nur mit steigender Gewalttätigkeit gegen die äußere und innere Natur, die Welt und den Menschen, durchzusetzen ist (1947, 13–57). Sie sprachen von der «Dialektik der Aufklärung» und meinten damit, dass gerade da, wo der Rationalismus uneingeschränkt herrscht (nach ihrer Lesart im Nationalsozialismus), die gefährlichsten Irrationalismen entstehen. Wir wollen das Thema am Fall des modernen westlichen Schamanismus aus einer etwas anderen Richtung aufrollen, nämlich einer Ambivalenz zwischen Abwehr und Faszination des Irrationalen.

Der moderne westliche Schamanismus

In der zweiten Hälfte des 20. Jahrhunderts entstand in Nordamerika und Europa ein komplexes Phänomen im Grenzbereich von Ethnologie, Wissenschaft und dem so genannten «New Age», das man als modernen westlichen Schamanismus bezeichnen kann. Das war eine Herausforderung für Ethnologie und Religionswissenschaft, und nicht wenige Wissenschaftler sahen sich veranlasst, heftige Angriffe gegen die Ansprüche von «Neo-Schamanen» zu führen, das Erbe des traditionellen Schamanismus in neuem Gewand angetreten zu haben. Auch die Tatsache, dass sich Angehörige aufgeklärter westlicher Kulturen für derart «irrationale» Praktiken begeisterten, löste vielfach Unverständnis und Kopfschütteln aus.

Die Beschäftigung Europas mit dem Schamanismus ist natürlich nicht neu. Seit dem 17. Jahrhundert berichteten Missionare, Handelsreisende und Forscher einer interessierten Öffentlichkeit von seltsamen Praktiken sibirischer und nordamerikanischer Völker, in denen ein «Schamane» als religiöser Spezialist mit Geistern kommuniziert und durch Reisen in andere Wirklichkeitsbereiche Heilungen durchführt (Hutton 2001). Ende des 18. Jahrhunderts war der Schamane als Paradebeispiel für das irrationale Verhalten unaufgeklärter Menschen fest etabliert und an die Seite von Kolonialisierung und Missionierung trat das Interesse europäischer Machthaber, diese Völker mit der Fackel der Vernunft von ihrem Aberglauben abzubringen. Ein besonders eindrucksvolles Zeugnis für dieses Interesse war das Lustspiel *Der sibirische Schaman*, das Katharina die Große im Jahre 1786 «wider Schwärmerey und Aberglauben» veröffentlichte. Darin liefert sie einen nach Sankt Petersburg verbrachten Schamanen dem Gespött der aufgeklärten Gesellschaft aus, nimmt sich zugleich aber auch jene vor, die trotz ihrer hohen Bildung auf die Machenschaften des «Gauklers» herein fallen (s. Abbildung 1).

Schamanismus und Aufklärung

Dass in der Tat neben einer Abwehr des Irrationalen auch ein starkes Element von Faszination gegenüber dem Schamanen immer vorhanden war, kann man daran erkennen, dass für viele aufgeklärte Geister – unter ihnen J. G. Herder, J. W. von Goethe und V. Hugo – der Schamane eine Chiffre für jenen religiösen Künstler war, der die sinnlich wahrnehmbare Welt transzendieren und mit den Wesenheiten der Natur kommunizieren konnte (Flaherty 1992). Die Figur des Orpheus, der mit seiner Leier wilde Tiere besänftigen und Heilungen durchführen konnte, wurde zum Leitbild einer romantischen Sehnsucht nach dem «Wahren» (zum Ganzen von Stuckrad 2003). In dieser Faszinationsgeschichte hat auch Mircea Eliade seinen Platz, lieferte er doch mit seiner 1951 erschienenen Studie zum Schamanismus eine religionswissenschaftliche Interpretationsfolie des Schamanen als «Trance-Spezialisten», die sehr bald über den Kreis der Akademiker hinaus popularisiert wurde. An diesem Prozess der Popularisierung waren Ethnologen

Der Schamane als Künstler und Spezialist für Jenseitiges

Abbildung 1: *Der sibirische Schaman* (Katharina II., 1788), Einband-Illustration («Sagt das ja meiner Frau nicht, sie würde denken, daß er mich bezaubert habe»)

beteiligt – allen voran Carlos Castaneda und Michael Harner –, die seit den 1960er Jahren die Theorien Eliades aufgriffen und den Schamanismus als ein Potenzial betrachteten, das in jedem Menschen verborgen sei.

Im Zuge der Aneignung des indigenen Schamanismus durch westliche Praktizierende wurden die Karten gewissermaßen neu gemischt. Einerseits vereinheitlichte man das «traditionelle» System, was zu recht allgemeinen Definitionen führte (z. B. Walsh, 1992, 23), andererseits betonte man jene Charakteristika, die in den größeren Kontext neo-paganer Spiritualität passte (Hutton 1999), besonders die animistische Sakralisierung der Natur. Umgekehrt lehnte man bestimmte indigene Anschauungen ab, etwa die Vorstellung, es gebe feindliche Geister, die man bekämpfen müsse, und sprach stattdessen von unerwünschten Kräften, mit denen man umgehen lernen müsse.

Aneignung und Transformation

Bei einem solchen Aneignungsprozess muss man allerdings mit ähnlichen Übersetzungsschwierigkeiten rechnen, wie sie der Ethnologe Victor Turner beobachtete, als er mit Theaterleuten und Studierenden afrikanische Rituale der Ndembu, eines matrilinearen Volkes, dessen Rituale er studiert und verschriftlicht hatte, zum Gegenstand einer Aufführung machte. Die Aufführung eines Rituals der «Vererbung des Namens», das einen Machtstreit zwischen zwei Anwärtern auf das Amt des Oberhauptes (vorläufig) beenden sollte, wollte deshalb nicht recht gelingen, weil die Teilnehmerinnen und Teilnehmer von den matrilinearen Verwandtschaftsverhältnissen fasziniert waren und den Machtkampf innerhalb dieser Ordnung, die sie feministisch interpretierten, nicht begreifen konnten oder wollten (Turner, 1989, 140–160).

Es ist unvermeidlich, dass die Angehörigen westlicher Kulturen, wenn sie vom Schamanismus fasziniert sind, auf Konzepte zurückgreifen, die eine lange Vorgeschichte in der euro-amerikanischen Geistesgeschichte haben, Konzepte, die heute meist unter dem Begriff Esoterik verhandelt werden. Dieser Begriff führt zwar gewisse Probleme mit sich, da er im populären Sprachgebrauch völlig anders konnotiert ist als im akademischen, doch ist es – vor allem durch die jahrzehntelangen Forschungen Antoine Faivres – inzwischen gelungen, einen gewissen Konsens darüber zu erzielen, dass es Sinn macht, mit diesem Begriff langlebige Komponenten innerhalb der euro-amerikanischen Geistesgeschichte sichtbar zu machen. Ging man früher davon aus, Esoterik sei – entsprechend der

Der Begriff der Esoterik

Grundbedeutung von griechisch *esôteros* «Inneres» – eine «Geheimlehre», die nur einem «inneren Kreis» durch Einweihungen zugänglich gemacht werde, oder aber eine Tradition, die die «innere» spirituelle Entwicklung des Menschen in den Mittelpunkt stelle, schlug Faivre vor, Esoterik als eine *Denkform* zu beschreiben, mit der die Wirklichkeit in spezifischer Weise konzipiert wird. In einer heuristischen Definition, 1992 vorgestellt, führte er vier bzw. sechs Grundzüge esoterischen Denkens in die wissenschaftliche Systematik ein, die bald allgemeine Verwendung fanden (Faivre, 2001, 24–34):

Esoterik als «Denkform»

(1) Das *Denken in Entsprechungen* ist als Grundkonstitutivum jeder Esoterik zu betrachten, nämlich die Annahme, die verschiedenen Ebenen oder «Klassen» der Wirklichkeit (Pflanzen, Menschen, Planeten, Mineralien etc.) bzw. die sichtbaren und unsichtbaren Teile des Universums seien durch ein Band der Entsprechungen miteinander verbunden. Diese Verbindung ist nicht kausal, sondern symbolisch zu verstehen, im Sinne des hermetischen «wie oben, so unten». Das Universum ist gleichsam ein Spiegeltheater, in dem Alles Hinweise auf Anderes enthalten kann. Veränderungen geschehen parallel auf allen Ebenen der Wirklichkeit. (2) Die Idee der *lebenden Natur* fasst den Kosmos als komplexes, beseeltes System auf, das von einer lebendigen Energie durchflossen wird. Sowohl in der so genannten *magia naturalis* als auch in der Naturphilosophie ist dieses Modell vorherrschend. (3) *Imagination und Mediationen* (Vorstellungskraft und Vermittlungen) weisen darauf hin, dass das Wissen um die Entsprechungen hohe symbolische Vorstellungskraft erfordert bzw. durch spirituelle Autoritäten (Götter, Engel, Meister, Geistwesen) offenbart wird. Auf diese Weise werden die «Hieroglyphen der Natur» entziffert. (4) Die *Erfahrung der Transmutation* schließlich stellt eine Parallele her zwischen äußerem Handeln und innerem Erleben; in Analogie zur Alchemie geht es der Esoterik darum, den Menschen auf seinem spirituellen Weg zu läutern und eine innere Metamorphose zu ermöglichen. Zu diesen vier Grundzügen, die Faivre intrinsisch nennt, kommen zuweilen noch zwei weitere Elemente hinzu: (5) Die *Praxis der Konkordanz* bemüht sich darum, einen gemeinsamen Nenner oder «Urgrund» verschiedener Lehren zu finden, der sich in verschiedenen historischen Epochen lediglich in einem anderen Licht zeigt. (6) *Transmission oder Initiation* durch Meister ist ein soziologisches Element der Esoterik, denn häufig wird die

Lehre durch spirituelle Autoritäten weitergegeben und die Transformation des Adepten durch Einweihungsrituale äußerlich sichtbar gemacht.

Der Vorteil einer solchen Taxonomie besteht darin, dass unterschiedliche Traditionen – darunter Hermetismus, Gnosis, Magie, Astrologie und Alchemie – nun systematisch in Bezug zueinander gesetzt werden können, ohne eine dieser Traditionen zur «Leitdisziplin» zu erheben. Auch die mitunter prekäre begriffliche Bestimmbarkeit jener Traditionen wird mit dem idealtypischen Esoterik-Begriff gewissermaßen entschärft. Sichtbar wird eine Denkweise, die europäische Religion und Philosophie spätestens seit der Renaissance mitgestaltet hat und damit als eine feste Komponente neuzeitlicher Geistesgeschichte zu betrachten ist. Anstatt, wie früher gerne geschehen, das Esoterische antithetisch der Aufklärung und der Wissenschaft gegenüber zu stellen, erkennt die jüngere Forschung zunehmend die inneren Zusammenhänge zwischen Esoterik, Wissenschaft und Aufklärung (programmatisch sind Neugebauer-Wölk 1999 und Trepp/Lehmann 2001). Die Aufklärung setzt eine innere Instanz wahren Erkennens voraus, die trotz aller Kritik an der kirchlichen Tradition vorbereitet worden war von einer mystischen Auffassung der göttlichen Offenbarung als «Erleuchtung», an die sie anknüpfte (Adler 1990; Schmidt-Biggemann 1998). Reinhart Koselleck hatte 1959 in seiner *Kritik und Krise. Eine Studie zur Pathogenese der bürgerlichen Welt* eine interessante, von Carl Schmitt inspirierte, Erklärung dafür angeboten, warum die Zeit der Aufklärung auch das Zeitalter des politischen Absolutismus war. Nur dank einer Staatsmacht, die sich unabhängig von den Bürgern legitimierte, waren diese Bürger unabhängig und frei genug, in eigenen Vereinigungen Fragen religiöser und moralischer Art radikal und ohne jede Rücksicht auf politische Belange zu erörtern. Gerade auch für die Institutionalisierungsprozesse einer «aufgeklärten Esoterik» in Geheimgesellschaften, die christliches und polytheistisches Gedankengut transportierten, ist dieser Zusammenhang von Bedeutung geworden.

Faivre gewann seine sechs Komponenten im Wesentlichen aus dem Studium des Hermetismus der Renaissance und der Naturphilosophie. Will man sie für einen allgemeineren wissenschaftlichen Zugriff auf die euro-amerikanische Religionsgeschichte verwenden, so wird man sagen müssen, dass die ersten drei von Faivre genannten Charakteristika – Entsprechungsdenken, Lebendigkeit der Na-

Esoterik und Aufklärung

Esoterik als Idealtypus

tur und Imagination –, wenn man im Wittgensteinschen Sinne nach Familienähnlichkeiten fragt, zu den zentralen Komponenten zu rechnen sind, während die übrigen nicht gleichermaßen notwendig sind. Die ersten drei sind es auch, die sowohl in der Naturphilosophie und Wissenschaft der Aufklärungszeit als auch in Kunst und Literatur des 19. und 20. Jahrhunderts eine zentrale Stelle beanspruchen. Zugleich treten sie in eine dialektische Beziehung zu Tendenzen der Mechanisierung und «Entzauberung», was wiederum genuin moderne Erscheinungen wie die so genannte New-Age-Religion hervorgebracht hat (Hanegraaff 1996). Im Grunde ist die Esoterik daher mehr als eine Denkform; die von Faivre entwickelten Taxonomien stellen eine *idealtypische Interpretationsmatrix* zur Verfügung, um länger laufende Traditionslinien der Europäischen Religionsgeschichte sichtbar zu machen.

Schamanismus und Esoterik

Vor diesem Hintergrund zeigt sich die enge ideengeschichtliche Verbindung zwischen Schamanismus und Esoterik. Die idealisierende Beschreibung des Schamanen als eines religiösen Spezialisten für die «andere Welt», für die Kommunikation mit nichtmenschlichen Entitäten oder für ein tiefes, mystisch-künstlerisches Verständnis der Natur ist Teil einer Konzeptionalisierung von Mensch und Kosmos, wie sie von der antiken Stoa bis zur modernen Naturphilosophie europäischen Diskursen vertraut war. Pantheismus, Animismus und Holismus sind Modelle, die in der Neuzeit vorgeprägt waren und auf die Ausbildung der Esoterik ebenso einwirkten wie auf die Erklärung schamanischer Phänomene.

Die Trennung von sakralen und materiellen Bereichen in der Moderne

Doch wie will man nun die Faszination westlich sozialisierter Menschen für den Schamanismus erklären? Dazu muss man einen Blick auf bestimmte Merkmale der modernen Kulturgeschichte richten. Eines der Kennzeichen von «Moderne», so wie sie in industrialisierten Gesellschaften vollzogen wurde, besteht in einer zunehmenden Trennung von sakral-transzendenten und materiellen Bereichen der Wirklichkeit. Im Unterschied dazu, so Gustavo Benavides, neigen nicht-industrielle Gesellschaften eher zu einem Konzept,

> das man symbolisch nennen könnte, oder vielleicht genauer eine sakramentale Sicht der Wirklichkeit, das heißt eine Sicht, in der die verschiedenen Aspekte der Wirklichkeit nicht als getrennte Bereiche betrachtet werden, sondern als relativ einheitlich und deshalb der Kontrolle auf vielfältige Weise zugänglich (Benavides, 1998, 198).

Im neuzeitlichen Europa hingegen wurde dieses integrative Konzept durch einen Prozess der Aufspaltung abgelöst. «Die Trennung der Bereiche [...] machte es auf die Dauer unmöglich, oder zumindest illegitim, aktiv eine Vermischung der zunehmend getrennten religiösen und materiellen Welten zu betreiben». So richtig diese Beobachtung ist, so entscheidend ist zugleich die Herausstellung des dialektischen Gegenpols, denn «es ist notwendig zu betonen, dass das Herauslösen des Religiösen aus der materiellen Welt ein umkämpfter Prozess war und ist» (ebd.). Es handelt sich demnach um eine Dynamik der zunehmenden Rationalisierung von Natur und Kosmos, die den Menschen der Neuzeit aus dem Gesamtgefüge des Naturgeschehens hinausdrängte, und die implizite und explizite Gegenreaktion, die Natur, Kosmos und materielle Wirklichkeit erneut zu sakralisieren suchte.

Um diese Dynamik zu erklären, kann man auch auf die Religionssystematik Max Webers zurückgreifen. In seiner *Wirtschaftsethik der Weltreligionen*, deren erste Fassung 1915 veröffentlicht wurde und die er im Jahr 1920 überarbeitete, finden sich eine Reihe von Erklärungsansätzen, die für die moderne Esoterik und Naturphilosophie fruchtbar gemacht werden können. Weber beschreibt darin die neuzeitliche Tendenz zur theoretischen und praktischen Durchrationalisierung des Weltbildes und der Lebensführung als zentralen kulturellen und religiösen Wendepunkt. Dabei ist er sich darüber im Klaren, dass dieser Prozess der *Entzauberung der Welt* selber einen unheilbaren Bruch herbeigeführt hat, der für die Moderne fundamental ist. In einem welthistorischen Szenario beschreibt Weber diesen Vorgang:

<small>Webers Entzauberungsthese</small>

<small>Die Einheitlichkeit des primitiven Weltbildes, in welchem alles konkrete Magie war, zeigte dann die Tendenz zur Spaltung in ein rationales Erkennen und eine rationale Beherrschung der Natur einerseits, und andererseits «mystische» Erlebnisse, deren unaussagbare Inhalte als einziges neben dem entgotteten Mechanismus der Welt noch mögliches Jenseits: in Wahrheit als ein ungreifbares, hinterweltliches Reich gottinnigen, individuellen Heilsbesitzes, übrig bleiben. Der Einzelne kann sein Heil, wo diese Konsequenz restlos gezogen ist, nur als Einzelner suchen. Diese mit fortschreitendem intellektualistischem Rationalismus sich in irgendeiner Form einstellende Erscheinung trat irgendwie überall da auf, wo Menschen die Rationalisierung des Weltbildes als eines von unpersönlichen Regeln beherrschten Kosmos unternahmen (Weber, 1988, 254).</small>

An einer Formulierung, die sich in seiner Rede «Wissenschaft als Beruf» findet, erkennt man, was für Weber zunehmende Rationa-

Die Rationalisierung des Kosmos

lisierung bedeutet: «das Wissen davon oder den Glauben daran: daß man, wenn man nur wollte, es jederzeit erfahren könnte, daß es also prinzipiell keine geheimnisvollen unberechenbaren Mächte gebe, die da hineinspielen, daß man vielmehr alle Dinge – im Prinzip – durch Berechnen beherrschen könne.» Und an anderer Stelle führt er aus: «Nicht mehr, wie der Wilde, für den es solche Mächte gab, muß man zu magischen Mitteln greifen, um die Geister zu beherrschen oder zu erbitten. Sondern technische Mittel und Berechnung leisten das» (1992, 87 und 68). «Das Wissen davon oder der Glauben daran» stehen hier also auf einer Stufe.

Wiederverzauberung

Es ist mehr als nur eine Ahnung Webers, dass der Glaube an die Berechenbarkeit aller Dinge auch wieder verloren gehen könne. Wenn Wissenschaft selber bedingt ist von einer spezifischen Religionsgeschichte – nämlich der durch die biblische Schöpfungsvorstellung vorbereiteten Entseelung des Kosmos –, dann könnte die Abwendung der Gebildeten von dieser religiösen Tradition auch die Voraussetzung rationaler Wissenschaft gefährden. Entzauberung ist daher kein abgeschlossener Vorgang, sondern zieht andere Forderungen nach sich.

> Je mehr der Intellektualismus den Glauben an die Magie zurückdrängt und so die Vorgänge der Welt «entzaubert» werden, ihren magischen Sinngehalt verlieren, nur noch «sind» und «geschehen», aber nichts mehr «bedeuten», desto dringlicher erwächst die Forderung an die Welt und «Lebensführung» je als Ganzes, daß sie bedeutungshaft und «sinnvoll» geordnet seien (Weber, 2001, 273).

Die Formulierung macht klar: Die Entzauberung ist kein gesichertes Faktum, sondern erzeugt Defizite, die neue Lösungen verlangen.

Die Dialektik von Rationalisierung und Resakralisierung

Die euro-amerikanische Faszinationsgeschichte des Schamanismus lässt sich als Beispiel für die Dialektik von Rationalisierung der Religion und der Lebenswelt einerseits und der Suche nach individuellem Heil und Verschmelzung mit dem ungeteilten Kosmos andererseits interpretieren. Waren Tendenzen der Sakralisierung der materiellen Welt seit der Antike immer präsent, so verstärkten sie sich im 19. und frühen 20. Jahrhundert enorm – gerade auch in aufgeklärten intellektuellen Kreisen, denen die christliche Weltinterpretation nichts mehr zu geben vermochte. Pantheismus wurde zur Religion von Intellektuellen (Gladigow, 1989), Naturphilosophie verband sich seit der Romantik mit einer bestimmten Form von Naturverehrung und der schamanische Charismatiker wurde

zur Leitfigur einer individuellen Vereinigung mit dem Absoluten
und «Wahren».

Das dialektische Spannungsfeld von Aufklärung, Natur und Ein Struktur-
Rationalität ist auch von Odo Marquard in seiner Habilitations- element mo-
schrift von 1963 als ein Strukturelement moderner Kultur benannt derner Kultur
worden. Ausgehend von der These, dass die Moderne gekennzeichnet ist durch den Übergang von der idealistischen Transzendentalphilosophie zur Geschichtsphilosophie, zeigt Marquard auf, dass die Transzendentalphilosophie selber die Grundlage für ihre Überwindung lieferte: «[D]ie Transzendentalphilosophie ist genetische-geschichtliche Theorie des Ich – aber faktisch führt sie zu einer (indirekten) Ermächtigung des Nicht-Ich: ihr vernunftwilliger Ansatz treibt in sein Gegenteil» (Marquard, 1987, 3). *Indirekt* ist diese Ermächtigung deshalb, weil als eine Nachwirkung der Kantischen Kritik der Urteilskraft die Erkenntnis, welche vom vernünftigen Ich nicht mehr erwartet werden kann, nun außerhalb von ihm gesucht wird.

«*Indirekte Vernunft*» – das bedeutet, die Vernunft nicht mehr von der Vernunft und ihren Trägern, sondern *von ihrem «Gegenteil»* erwarten. So legalisiert dieser Gedanke der ‹indirekten Vernunft› die Ermächtigung des Nicht-Ich – um der Vernunft willen, die vom Nicht-Ich erwartet wird. Die Transzendentalphilosophie Kants – jetzt also, in der «Kritik der Urteilskraft», *begünstigt* sie die Ermächtigung des Nicht-Ich. Nur wird dabei dieses eine wichtig und entscheidend: vorher war von einer unfreiwilligen und unkontrollierten, von der *indirekten* Ermächtigung des Nicht-Ich die Rede; jetzt aber wird die freiwillige und kontrollierte, die *direkte* Ermächtigung des Nicht-Ich bedeutsam (Marquard, 1987, 134 f. [Hervorhebung im Original]).

Das Nicht-Ich wird unter anderem in der Form der «Romantik- Vernunft und
natur» ermächtigt, die nun der (technisch-naturbeherrschenden) Nichtvernunft
«Kontrollnatur» entgegengehalten wird, und dies vor allem in der Wende der Naturphilosophie zur Ästhetik. Aus der Resignation über das Scheitern von Geschichtsphilosophie und rationaler Erkenntnis wird bei Schelling die Suche nach einer in der Natur liegenden Sinnlichkeit. «Diese ‹vernünftige Sinnlichkeit› ist das ‹Ästhetische› und als dieses die erste Form der ‹indirekten Vernunft›, der ‹Vernunft durch Nichtvernunft›» (ebd., 138 [im Original kursiv]).

Mit anderen Worten: Die romantische Naturkonzeption und Naturphiloso-
-ästhetisierung ist mehr als ein Gegenentwurf zur Aufklärung; sie phie als aufge-
ist eine aus der Aufklärung herausentwickelte philosophische Kri- klärte Aufklä-
rungskritik

> *Abwehr und Verlangen in der Religionswissenschaft*
> Die Religionswissenschaft als Teil der modernen Wissenskulturen hat sowohl in der Wahl ihrer Gegenstände als auch in der Entwicklung analytischer Konzepte das dialektische Verhältnis zwischen Vernunft und Nichtvernunft umgesetzt. Es zeigt sich in der religionswissenschaftlichen Arbeit ein ähnliches Pendeln zwischen «Abwehr und Verlangen», wie Karl-Heinz Kohl es für die Ethnologie ausgemacht hat (Kohl 1987). Muss man daraus schließen, dass die wissenschaftliche Beschäftigung mit Religion notwendig irrational ist? Wohl kaum. Allerdings gilt es zu erkennen, dass die Rationalitätskriterien, die in der Wissenschaft angesetzt werden, selber Teil einer dialektischen Bewegung sind, dass diese Kriterien historisch gebunden sind (wichtig dazu Daston 2001) und dass Wissenschaft niemals so durchrationalisiert ist, wie sie es von sich behauptet.

tik an ihr. Auch deshalb bilden Begriffe wie «Gegenaufklärung» oder «Gegenmoderne» – oftmals auf die neuzeitliche Esoterik angewandt – die geistesgeschichtlichen Zusammenhänge nur sehr unzureichend ab. Dass sie dennoch verbreitet sind, hängt mit politischen Interessen an der Romantik als einem Programm, das Machtpolitik im Namen des Volkes gegen intellektuelle ‹aufgeklärte› Kritik immunisiert, zusammen. Eher ließe sich die These aufstellen: Aufklärung und Rationalität bringen Modelle einer nicht auf Berechnung basierenden Beziehung des Menschen zur Natur notwendig aus sich hervor.

Die Aufgabe der Geisteswissenschaft

Hier berührt man eine These, die in den vergangenen Jahren einige Beachtung gefunden hat. Sie besagt, dass die Geisteswissenschaften die Aufgabe hätten, die Mängel der Naturwissenschaften zu kompensieren. Je moderner die moderne Welt wird, desto unvermeidlicher werden die Geisteswissenschaften, lautet die Behauptung von Odo Marquard (1986). Die Geisteswissenschaften müssten die Mängel der technisch-industriellen Welt ausgleichen. Nur sie könnten und sollten verhindern, dass die Fortschrittsgeschichte der modernen Zivilisation zur Alleingeschichte des Menschen werde. Zwar müsste sich der moderne Sektor zwangsläufig von seiner Herkunftswelt emanzipieren, allerdings müssten ebenso notwendig Organe ausgebildet werden, die die Erinnerung an das Vergangene bewahrten. Marquard hat diese Aufgabe der Geisteswissenschaften auch im Sinne einer Trostfunktion beschrieben. Wenn man auf die Religionsgeschichte blickt, spricht jedoch einiges dafür, sie mehr im Sinne einer Komplementarität aufzufassen

(Groh/Groh 1991). Das Leben des Menschen in der modernen Gesellschaft scheint bleibend auf ein Stück Kontinuität mit den Religionen angewiesen zu sein.

5. Geschlechterperspektiven: Auf der Suche nach der Muttergottheit

Ein besonders hartnäckiger Irrtum über das 19. Jahrhundert besagt, dass der Entwicklungsgedanke Ausdruck eines ungebrochenen Glaubens an den zivilisatorischen Fortschritt war. Dabei hatte Margret T. Hodgen bereits 1936 nachgewiesen, dass der Evolutionismus gerade in einer «Periode des Zweifels» entstand (1936, 9–35). Sie konnte sich dabei auf den immer noch zu wenig beachteten Umstand stützen, dass Edward Burnett Tylor – ein hart gesottener Vertreter des Evolutionismus – besonderes Interesse an den Überbleibseln (*survivals*) früherer Entwicklungsstufen in der Zivilisation hatte. John W. Burrow hat 1966 diesen Faden wieder aufgenommen. Anders als der Evolutionismus des 18. Jahrhunderts, der tatsächlich ein unerschütterter Glaube an einen gesetzmäßigen Fortschritt gewesen sei, sei der des 19. Jahrhunderts gerade nicht ungebrochen gewesen. Ihm war sogar ein geschärftes Bewusstsein von der Existenz des Nicht-Rationalen in der fortgeschrittenen Zivilisation eigen (1966, 2).

Evolutionismus ohne Fortschrittsglauben

Diese Erkenntnis ist hilfreich, um auch die Konstruktion Johann Jakob Bachofens einer Entwicklung vom Matriarchat zum Patriarchat und die große Wirkung, die sie hatte, besser zu verstehen. Johann Jakob Bachofen, wohlhabender Basler Rechtsgelehrter und Patrizier (1815–1887), war davon überzeugt, dass der heutigen vaterrechtlichen Ordnung eine mutterrechtliche vorausgegangen sei. Zu dieser These war er merkwürdigerweise über die Untersuchung antiker Gräbersymbolik gelangt. Fasziniert von neu entdeckten Wandgemälden in einer Urnenhalle der römischen Villa Pamfili, die er im Jahre 1842 auf einer Romreise besichtigt hatte, war ihm die Idee gekommen, es handele sich bei den Grabdenkmälern um den ältesten Kult der Menschheit, den zu entziffern er als seine Aufgabe ansah. Ein gutes Beispiel für seine Arbeitsweise ist die Deutung, die er dem Bild vom seilflechtenden Oknos gab. Oknos, der zur Strafe in der Unterwelt vergebliche Arbeit verrichtet, tritt auf den Grabbildern dem Beschauer befreit

Bachofens Konstruktion einer mutterrechtlichen Ordnung

und erlöst entgegen (1984, 53–74). Ursprünglich habe das Flechten des Büßers die Tätigkeit der Naturkraft dargestellt, der dort ebenfalls abgebildete Esel das ihr inhärente zerstörende Prinzip. Dieses Symbol einer «unbeweinten Schöpfung» sei auf den römischen Grabbildern zum Bild der Erlösung geworden und drücke die Befreiung vom sinnlosen Zyklus der Natur aus.

Antike Berichte und gewagte Theorien

Bei seiner Beschreibung der Kultur, in der die stoffliche Bedeutung der Natursymbole vorherrscht, hielt Bachofen sich an Plutarch, für den das männlich-zeugende Prinzip formgebend, das weiblich-empfangende hingegen der Stoff für diese Form sei. Seine Studie über diese Kultur, *Das Mutterrecht. Eine Untersuchung über die Gynaikokratie der alten Welt nach ihrer religiösen und rechtlichen Natur* (1861), stützte sich auf verschwindend wenige wirklich verlässliche antike Quellen (Wesel 1980): einen Bericht Herodots über das kleinasiatische Volk der Lykier sowie die Orestie des Aischylos. Sein Hauptargument, das jeder Begründung entbehrte, waren antike Muttergottheiten, die er für Repräsentanten des mutterrechtlichen Rechtssystems hielt.

Matrilinearität bei den Lykiern

Bei dem kleinasiatischen Volk der Lykier sollen laut Herodot (1. 173) die Rechte an der Mitgliedschaft in der Bürgerschaft sowie an Eigentum nicht in der Linie Vater – Sohn (Patrilinearität), sondern Mutter – Tochter (Matrilinearität) weitergegeben worden sein. Ethnologen haben Bachofen darin Recht gegeben, dass es sich um eine Verwandtschaftsordnung eigener Art handelt, die allerdings – so ihre Einschränkungen – nur in den seltensten Fällen zur Bildung lokaler Frauengemeinschaften und nie zu einem Matriarchat führten, also der Herrschaft von Frauen über Männer (Gynaikokratie im Griechischen). In den meisten Fällen lebten die Frauen in der sozialen Gemeinschaft der Ehemänner und wurden von Männern regiert (Kippenberg, 1984, XXV–XXXVI).

Die Orestie als Übergang zum Vaterrecht

Ein anderer Hauptzeuge war ihm die Orestie des Aischylos. Sie erzählt, wie Klytaimnestra zusammen mit ihrem Liebhaber Aigisthos ihren Ehemann Agamemnon umbrachte, als dieser aus Troja heimgekehrt war. Ihr Sohn Orest, von ihr in die Fremde geschickt, kehrte als Erwachsener zurück, um seinen Vater zu rächen. Er tötete zusammen mit seiner Schwester Elektra seine Mutter und deren Liebhaber. Daraufhin verfolgten ihn so lange die Erinnyen, bis ihm ein Prozess wegen Muttermordes vor dem Aeropag in Athen gemacht wurde. Streitpunkt war, ob die Bindung des Sohnes an den Vater oder an die Mutter die engere sei. Nur dadurch, dass

Athena, die den Vorsitz führte, bei der Abstimmung für Orest stimmte, wurde er freigesprochen. Für Bachofen bedeutete dieser Ausgang des Prozesses die Durchsetzung von Vaterrecht gegen Mutterrecht im antiken Attika (Wesel, 1980, 58 f.).

Obwohl Bachofens Werk wegen seiner methodischen Mängel und exzentrischen Behauptungen schnell in Verruf geriet, hat es eine immense Ausstrahlungskraft gehabt. Dies beweist der Materialienband von Hans-Jürgen Heinrichs (1975) ebenso wie die Literatursammlung Hans-Jürgen Hildebrandts (1988), die etwa 1400 Titel umfasst. Seine Wirkung liegt oft nur deshalb nicht zutage, weil man es nicht gerne offen als Quelle nannte, auch wenn man es benutzte, wie Richard Noll am Beispiel C. G. Jung ausführt (Noll, 1994, 169). Bachofens Konstruktion ist wohl vor allem so attraktiv geworden, weil ihre kulturkritische Sinndeutung den Nerv der Zeit traf, wie an folgenden Sätzen zu erkennen ist:

Bachofens Wirkung

> In das Leben solcher [gynaikokratischen] Völker ist jener Zwiespalt positiver Satzung und natürlicher Ordnung der Dinge, in welchem die großen Umwälzungen ihren Grund haben, nicht eingedrungen. Der Mensch selbst steht noch nicht außerhalb der Harmonie, die alles stoffliche Leben der Erde beherrscht. Das Gesetz, dem er folgt, ist kein ausschließlich menschliches, sondern ein allgemeines der ganzen Schöpfung. Das Recht stellt sich als Ausdruck des physischen Lebens dar (Bachofen, 1975, 252).

Die Natur hat hier das Recht auf ihren Schoß genommen, formuliert er voller Anschaulichkeit an anderer Stelle. Seine Interpretation entspricht an diesem Punkte ganz den Deutungsmodellen der eingangs genannten britischen Evolutionisten, für die ebenfalls das Überholte nicht in eine höhere Stufe der Entwicklung aufgegangen war, sondern sich behauptete. Und wie bei jenen steht auch Bachofens Konstruktion in Zusammenhang mit einer Bewertung des Fortschritts. Natursymbol und Mutterrecht drücken Beziehungen des Menschen zur Natur aus, die vom rationalen «männlichen», die Natur kontrollierenden Fortschritt wohl unterdrückt werden, aber nicht beseitigt werden können. Bachofen erkannte im fremd gewordenen Mythos der Antike wie in einem Spiegel die verdrängten Züge seiner Zeit.

Die Antike als Spiegel des Verdrängten

Übrigens argumentiert noch 1982 ein Sammelband zur Verbreitung von Mutter(göttinnen)kulten in der Moderne in ähnlicher Weise, wenn nämlich der Herausgeber in seinem Nachwort schreibt, dass die Verehrung der Muttergöttinnen letztlich auf dem Primat der natürlichen Mutter-Kind-Beziehung beruhe. «Die Mut-

Naturrecht und Bürgerrecht

ter-Kind-Beziehung», so heißt es da, «lauert als ein Überrest süßer Erfüllung im Unbewussten der Moderne. Der Mutterschoß ist ein Ort von Trost und Ernährung, aber er ist auch vergänglich. Unsere Ambivalenz gegenüber den Symbolen dieses primären Bandes der Mutter mit dem Kind ist nichts Neues in der menschlichen Erfahrung» (Preston, 1982, 340). Nur dass Bachofen wie ein Jurist, der er schließlich auch war, eine innere Kohärenz dieser stofflichen Kultur entwickelte, wobei er sie mit dem eigenen Gesellschaftssystem konfrontierte: dort *ius naturale*, hier *ius civile*; dort die Verehrung von Erde und Mond, hier die Verehrung uranischer Götter; dort Notwendigkeit, hier Freiheit.

Die Fortdauer des Besiegten

Bachofen stellte sich die mutterrechtliche Kultur des Altertums aus der Perspektive seiner eigenen Zeit vor. Er sah in ihrer angeblichen Freiheit von Willkür das Vorbild einer zukünftigen Rechtsordnung (Bachofen, 1984, 228 f.). Wie das Symbol keine eigene Instanz neben dem Begriff ist, sondern beide sich gegenseitig fordern, so ist auch die mutterrechtliche Kultur keine eigene Instanz neben der vaterrechtlichen, sondern beide benötigen einander als Korrektiv. Freiheit von Willkür – dieses Kennzeichen des Mutterrechts soll und muss auch wieder am Ende der Rechtsentwicklung stehen. Bachofens Denken schlägt hier den gleichen Weg ein wie beim Natursymbol: Wie das Natursymbol gegenwärtig bleibt, auch wenn es umgedeutet wurde, so auch das Mutterrecht. Die Geschichte gehorcht keiner Dialektik. Das Besiegte behauptet seine Würde (Bäumler, 1965, 337). Dabei ist für ihn selbstverständlich, dass das Weibliche durch das Männliche besiegt werden *musste*. Indem er den gegenwärtigen Geschlechterkampf in die Frühzeit verlagerte, schrieb er zugleich diesen Antagonismus unverrückbar fest (Zinser 1981; Wagner-Hasel, 1992, 295–373; Lanwerd 1993).

Gegensätzliche Rezeptionen

Bachofens historisches Deutungsmodell entwickelte erstaunliche Durchschlagskraft. Selbst sozialistische Theoretiker waren davon angetan, obwohl nichts unangebrachter wäre, als Bachofen auch nur von Ferne mit politischen Bestrebungen der Gleichberechtigung der Frau in Verbindung zu bringen. Zwar feierte Friedrich Engels ihn 1884 in seiner Schrift «Der Ursprung der Familie, des Privateigentums und des Staates» als Entdecker vorbürgerlicher Familienverhältnisse. «Die Geschichte der Familie datiert von 1861, vom Erscheinen von Bachofens ‹Mutterrecht›» (1970, 12). Jedoch bemängelte er, dass Bachofen die archaischen Familienverhältnisse aus der Religion herleitete, nicht aus den wirklichen Lebensverhältnissen (ebd., 40).

Zu voller Wirkung kam Bachofen in den ersten Jahrzehnten des 20. Jahrhunderts unter deutschen Intellektuellen. Dabei spielte der Kreis der Münchener «Kosmiker» eine besondere Rolle (dazu Plumpe in Heinrichs, 1975, 206 f.). Für einen von ihnen, Ludwig Klages, war Bachofen der Entdecker eines urzeitlichen Bewusstseinszustandes (1930, 238). Dem «rational denkenden ‹Träger der Weltgeschichte› [sei] eine in Symbolen denkende Menschheit vorausgegangen [...], deren gesamte Weltauffassung, eingerechnet alle Sitten und Rechtsbegriffe, von derjenigen des geschichtlichen Menschen vollständig abweicht». Mit dieser Deutung bediente Klages (1937, 177 f.) einen Antiintellektualismus, der Bachofen der nationalsozialistischen Ideologie auslieferte.

Vor allem auf die sich um die Jahrhundertwende herausbildende Psychologie war Bachofens Wirkung groß. Carl Gustav Jung hat in seinem wohl wichtigsten frühen Werk, *Wandlungen und Symbole der Libido* (1912), aus der Kenntnis von Bachofens Werk, das ihm über die Münchener Kosmiker bekannt geworden war, geschöpft, allerdings ohne es zu sagen (Noll, 1994, 169–176). Jung verlagerte Bachofens historische Konstruktion in das Reich des menschlichen Seelenlebens, wobei er Haeckels biogenetische Formel voraussetzte:

Carl Gustav Jung

Die Formenreihe, welche der individuelle Organismus während seiner Entwicklung von der Eizelle an bis zu seinem ausgebildeten Zustand durchläuft, ist eine kurze, gedrängte Wiederholung der langen Formenreihe, welche die thierischen Vorfahren desselben Organismus oder die Stammformen seiner Art von den ältesten Zeiten der sogenannten organischen Schöpfung an bis auf die Gegenwart durchlaufen haben (Ernst Haeckel, zitiert von Franz M. Wuketits, 1988, 139).

Für C. G. Jung findet im Kampf der Mächte von *animus* – dem männlichen Teil der (weiblichen) Psyche – und *anima* – dem weiblichen Teil der (männlichen) Psyche – der große religionshistorische Prozess der Überlagerung des Mutterrechts durch das Vaterrecht im einzelnen Menschen seine Wiederholung.

Animus und Anima

Das Weibliche erscheint innerhalb der Bewusstseinsentwicklung zunächst immer in der Gestalt der Grossen Mutter, welche eine bipolare, archetypische Gestalt ist, indem sie sowohl den Aspekt der gütigen, nährenden und hegenden, wie auch der furchtbaren, verschlingenden Mutter in sich enthält. Erst in einer späteren Phase des Bewusstseins wird aus der Mutter-Gestalt die Figur der Anima herausgelöst (Hurwitz, 1983, 20).

Psychologisierung des Sakralen und Sakralisierung der Psyche

Mit diesen Sätzen bringt noch jüngst ein Tiefenpsychologe zum Ausdruck, dass «das Weibliche» eine zeitlos gültige Kategorie der Bewusstseinsentwicklung war. Bei C. G. Jung lässt sich sehr gut erkennen, wie religionsgeschichtliche Daten als unwandelbare Symbole ins Innere der menschlichen Psyche verlagert werden und jetzt als «Archetypen» der Geschichte vollends enthoben sind. Darin zeigt sich übrigens eine Nähe Jungs zu den phänomenologisch arbeitenden Religionswissenschaftlern Mircea Eliade und Henry Corbin, mit denen er – etwa in den berühmten Eranos-Gesprächen – direkten Austausch pflegte (Ellwood 1999; Pietikäinen 1999; Wasserstrom 2000; Hakl 2001). Was hier geschah, ist nicht allein eine Psychologisierung des Sakralen, sondern auch umgekehrt eine Sakralisierung des Psychischen. Insgesamt lässt sich an den Vorstellungen über weibliche Gottheiten daher gut ablesen, wie eng religionshistorische Konzepte – einschließlich der darin verhandelten Daten – und die Reflexion der gesellschaftlichen Bedingungen der Gegenwart miteinander verflochten sind.

Die Idee der Großen Göttin

In England kam ein wichtiger Anstoß für die Aufnahme von Bachofens Ideen von der Archäologie. Sir Arthur Evans vermutete nach seinen Ausgrabungen auf Knossos, ganz Kreta habe eine Große Göttin verehrt, die, so führte er später aus, mit allen anderen Göttinnen und letztlich sogar mit der Mutter Gottes identisch sei (Evans, 1921–1935, Bd. I, 45–52). 1903 behauptete Sir Edmund Chambers, im prähistorischen Europa habe man eine Große Erdmutter verehrt, und zwar in ihren beiden Aspekten der Schöpferin (Creatrix) und Zerstörerin. Diese Göttin sei später unter einer Vielzahl von Namen bekannt gewesen (Chambers, 1903, Bd. I, 264). Bei Chambers machte sich der Einfluss Frazers ebenso bemerkbar wie bei dessen Cambridger Kollegin, Jane Ellen Harrison (1850–1928). Harrison, die als eine der ersten mit der Idealisierung der griechischen Klassik als männliches Heroentum brach, schloss sich der Vorstellung einer Großen Göttin an. In Erweiterung von Evans Vorstellung erklärte sie, dass ursprünglich alle männlichen Gottheiten der Göttin als Partner oder Söhne untergeordnet waren (Harrison, 1903, 257–322). Für Jane Harrison war die Entdeckung uralter frauenzentrierter Rituale zugleich der Beleg für eine sozialgeschichtliche Alternative zum Patriarchat ihrer Gegenwart. Man müsse die lokalen Kulte studieren, um eine völlig andere Welt kennen zu lernen, nämlich die des Matriarchats (Schlesier, 1994, 145–192). Erneut war die Diagnose der Gegenwartskultur ein Motor für die Entwicklung von religionswissenschaftlichen Theorien.

Andere schlugen in dieselbe Kerbe: Die Ägyptologin Margaret Murray, deren Biografie große Ähnlichkeit mit der von Jane Harrison aufweist, entwarf in ihrem Buch *The Witch Cult in Western Europe* (1921) das wirkmächtige Bild eines durchgehenden europäischen Paganismus mit der Göttin im Zentrum; etwas später schuf Robert Graves in *The White Goddess* (1948) trotz seines profunden historischen Wissens die dennoch fiktionale Idee einer pan-europäischen dreifaltigen Urgöttin (Hutton, 1999, 188–201). Fast könnte man die Idee einer Großen Göttin als die «Henotheisierung» des Paganismus bezeichnen, in der die vielen lokal unterschiedlich charakterisierten Gottheiten der neolithischen und antiken Kulturen zu einer einzigen Figur eingeschmolzen wurden, die nun als «Urweibliches» unterschiedlichen Deutungen zugänglich war. «Zwischen 1840 und 1940», so Ronald Hutton, «machten Historiker und Archäologen die neolithische Spiritualität zu einem Spiegel des Christentums, allerdings zu einem Spiegel, der die gegenteiligen Eigenschaften betonte: weiblich statt männlich, Erde statt Himmel, Natur statt Zivilisation» (Hutton, 1999, 39 f.). Die Große Göttin war zu einem rhetorischen Konstrukt in der kulturellen Auseinandersetzung über die Rolle von Frau und Mann in Religion und Gesellschaft geworden.

«Henotheisierung» des Paganismus

Sex und Gender

Die Diskussion nahm eine wichtige analytische Wendung, als eine Unterscheidung allgemein rezipiert wurde, die der Psychoanalytiker Robert Stoller schon im Jahre 1963 ins Gespräch gebracht hatte (Hey, 1995, 105). Man machte sich die Doppelbedeutung von «Geschlecht» im Englischen zunutze und unterschied das biologische Geschlecht (*Sex*) vom sozial konstruierten Geschlecht (*Gender*). Damit hatte man ein brauchbares Instrument zur Hand, um die kulturellen Zuschreibungen von Weiblichkeit und die Rollen, welche Frauen aufgrund solcher Konstruktionen zu spielen haben, von einer biologistischen Interpretation des Weiblichen abzusetzen, die bis dahin die Diskussionen geprägt hatte (Bock, 1988, 374–378). Um nicht mehr annehmen zu müssen, dass das biologische Geschlecht Verhalten und soziale Rollen wie eine Ursache hervorbringt, unterschied man zwischen Sex und Gender, wobei es verschiedene Möglichkeiten gab, die beiden Modi von Geschlecht aufeinander zu beziehen; die Grenze jedenfalls, so war man sich meist einig, wird nicht durch die Biologie allein gezogen.

Konstruktionen des Weiblichen in der Kritik

In der zweiten Hälfte des 20. Jahrhunderts rückte das Thema verstärkt ins Bewusstsein kulturwissenschaftlicher Forschung. Vor dem Hintergrund neuer Untersuchungen gerieten solche Konstruktionen des Weiblichen dabei aber auch immer mehr in die Kritik. In der Psychologie begannen (nicht nur) Frauen, sich kritisch mit den Beschreibungen des Weiblichen auseinander zu setzen, wie sie von Carl Gustav Jung (und auch Sigmund Freud) gestiftet worden waren (Winterhager-Schmid 1998). Für beide gilt, dass ihre Definitionen einer männlichen Perspektive verhaftet blieben. Dies führt, so Ursula Baumgardt, «zu einem Sexismus, der an den kulturell festgelegten Geschlechtsrollen-Stereotypien festhält und sie durch das Postulat des Archetypus noch verstärkt, indem sie damit als naturgegeben bzw. als a priori vorhanden erklärt und festgeschrieben werden» (Baumgardt, 1993, 105).

Gendering

Auf die Religionsforschung bezogen führte die Anwendung des Gender-Konzeptes (s. Kasten S. 87) dazu, dass man sich nun verstärkt den gesellschaftlichen und kulturellen Strukturen zuwandte, die aus Frauen Frauen und aus Männern Männer machen, ein Prozess, den man bisweilen *gendering* nennt. Wenn man davon ausgeht, dass Geschlechterverhältnisse Ergebnis von sozialen Zuschreibungsverfahren sind und nicht zwangsläufig aus natürlichen Eigenschaften von Männern und Frauen hervorgehen, dann muss man diesen Prozess selber zum Gegenstand der Analyse machen. Nicht nur, dass die untersuchten Quellen und Texte daraufhin befragt werden müssen, ob und warum sie eine männliche oder weibliche Perspektive der sozialen Wirklichkeit dokumentieren, auch die Wissenschaftlerinnen und Wissenschaftler, die sich mit diesen Quellen beschäftigen, haben einen je eigenen Hintergrund, eine Intention und eine Perspektive, die sich aus ihrer sozialen und kulturellen Situation ergibt. Diese gilt es nicht zu verschleiern, sondern in der wissenschaftlichen Analyse offen zu legen.

Androzentrismus in der Ethnologie

Die Erkenntnis, dass es Sex nicht ohne Gender gibt, dass das natürliche Geschlecht immer nur kulturell gedeutet vorkommt, machte es nötig, bei der Forschung neu anzusetzen. Sucht man einen gemeinsamen Nenner in der Stoßrichtung der in dieser Zeit formulierten Kritik, so ist es der *Androzentrismus* (von griech. *anêr* «Mann»). Die Kritik am Androzentrismus wurde in einzelnen Disziplinen unterschiedlich formuliert. In der Ethnologie registrierte man, dass Frauen zwar immer eine zentrale Rolle als Beschriebene zukommt, dass aber sowohl die Informanten als auch die Autoren in der Regel Männer waren, die folglich aus einer männlichen Perspektive auf die Frauen blickten. In den Worten Edwin Ardeners:

> Es ist eine Tatsache, dass niemand ohne professionellen Kommentar und einige Selbstzweifel von einer ethnografischen Forschungsreise bei «den X» zurückkommen könnte und dort nur *zu* Frauen und *über* Männer geredet hätte. Das Umgekehrte aber ist möglich und geschieht ständig (Ardener, 1975, 3 [Hervorhebung im Original]; vgl. zum Thema Hauser-Schäublin/Röttger-Rössler 1997).

In der christlichen Theologie richtete man den Blick auf das Fehlen von Frauen nicht nur in kirchlichen Institutionen, sondern (parallel dazu) auch in Bibelexegese und Kirchengeschichtsschreibung (Loades 1990). Androzentrismus bedeutet hier, dass der christliche Gott, trotz seiner immer wieder beschworenen Gestaltlosigkeit, als *männlicher* erscheint und mit Attributen versehen ist, die als männliche Eigenschaften gelten. Hinzu kommt, dass die wichtige Rolle von Frauen in der Bibel sowie in der Geschichte des Christentums in traditionellen Beschreibungen schlichtweg ignoriert worden ist. *History* war fast immer *his story*. Diesen Mangel versuchte man auf zwei Ebenen zu beheben: Einerseits erzählte man nun die bislang unbeachtete Geschichte des Einflusses von Frauen in der Bibel, von Deborah, der mächtigen Prophetin und «Mutter in Israel» (Ri. 5,7), über Tamar, die Priesterin, die von den Redaktoren des Textes zu einer Hure degradiert worden war (Hld. 7,8; 2 Sam. 13; Gen. 38), bis hin zu Maria Magdalena und den anderen Frauen im Umkreis Jesu von Nazareth. Andererseits beschrieb man die «weiblichen Eigenschaften» Jesu und versuchte daraus eine spezifisch «weibliche» Annäherung an die christliche Botschaft zu gewinnen. Dass die Bibelexegese dabei mitunter stillschweigend kulturelle Stereotypen des Weiblichen übernahm, wurde erst erkannt, als das Sex-Gender-Modell selber in die Kritik geriet.

Frauenbezogene Theologie

Dies geschah durch Wissenschaftlerinnen wie Joan W. Scott (1988) und Barbara Hey (1995), die im Anschluss an diskurstheoretische Überlegungen von Geschlecht als der *sozialen Organisation der Geschlechterdifferenz* sprechen und die Sex-Gender-Trennung als eine verunglückte Konstruktion ablehnen, da sie dieselbe duale Semantik anwendet, gegen die sie protestiert (s. auch Trumann 2002). Bestimmt man «Geschlecht» dagegen im Sinne einer sozialen Organisation, wird mehreres erreicht: Zunächst wird die

Geschlecht als soziale Organisation der Geschlechterdifferenz analytische Trennung von Natur und Kultur überwunden, denn die Körperlichkeit wird hier nicht abgespalten und der sozialen Konstruktion gegenübergestellt. Stattdessen wird der Körper als wichtiger Faktor von Geschlechtlichkeit erkannt, aber stets im Hinblick auf seine *öffentliche Repräsentation*, womit er ins Verhältnis zu Macht und Politik gesetzt werden kann. Der Körper – gleich welche Geschlechtsmerkmale er trägt – ist notwendig ein öffentlicher, er ist Gegenstand von Identitätsbildung und gesellschaftlicher Zuschreibung. Dadurch dass «Geschlecht» Teil der Produktion kulturellen Wissens ist, wird es zudem weit gehend *historisiert*. «Die Untersuchung auf den Diskurs zu richten», so Joan W. Scott, «erlaubt, von menschlichen Aktivitäten intensiver Rechenschaft abzulegen, als ein Ansatz, der materielle Realität und Interpretation polarisiert» (1988, 94).

Ein neuer Blick auf alte Gottheiten

Wenn man die Trennung von Sex und Gender in dieser Weise neu modelliert, stellen sich im Blick auf die Kompetenzen von Gottheiten neue Fragen. Die bisherige Forschung hat aus den Quellen des Alten Orients und der Antike die Auffassung extrapoliert, die weiblichen Gottheiten seien mehrheitlich für die Fruchtbarkeit von Menschen, Herden und Äckern, dazu Krieg und Tod zuständig (Winter 1983), die männlichen Himmels- und Sonnengötter für die Schöpfung der Welt, für Wetter und Regen. Anders als die weiblichen verfügten sie über Allwissenheit (Pettazzoni 1960). Jedoch gibt es Ausnahmen. Wo die Zuschreibungen anders herum erfolgten, sind sie auf Grund der festen Überzeugungen der meist männlichen Forscher als irrelevant abgetan worden. So stellt die kritische Genderforschung der Religionswissenschaft die Aufgabe, die Zuschreibung und ihre Gründe in einem anderen Modell zu untersuchen. Denn den Glauben, dass weibliche und männliche Gottheiten wegen ihres Geschlechts auf diese Kompetenzen festgelegt seien, wird man aufgeben müssen. Stattdessen wird man historische Prozesse der Festlegung der Götter auf Kompetenzen ins Auge fassen müssen. Ein viel versprechendes Paradigma hierfür hat Burkhard Gladigow entwickelt, der den analytischen Blick auf die Binnenstruktur polytheistischer Systeme richtet (Gladigow 1997).

Gottheiten und der Wandel sozialer Ordnungen

Ebenfalls könnte es ergiebig sein, eine alte Erkenntnis Raffaele Pettazzonis (1960) aufzugreifen, wonach Himmelsgöttern die Kompetenz der Allwissenheit eignet. Diese Götter begegnen schon früh in der Geschichte des Alten Orients als Garanten von Verträgen und der moralisch-ethischen Ordnung insgesamt. Dem entspricht, dass die Gesetzgebung der frühen Staaten auf die männlichen Himmels- und Sonnengötter zurückgeführt wurde: Marduk in Babylonien, Ahura Mazda in Iran, JHWH in Israel, Zeus in Griechenland, Allah später in Arabien. Es erscheint nicht unplausibel, dass sie erst im Prozess der Staatsbildung eine die Gesetzgebung legitimierende Funktion übernommen haben. Es war eine sich an bestimmte Gottheiten anheftende legitimatorische Funktion, die ihnen andere Bedeutung zukommen ließ als den Muttergottheiten. Doch warum war das so? Geht man diskurstheoretisch an die Sache heran, muss das Gesamtgefüge sozialer, wirtschaftlicher und politischer Veränderungen begriffen werden. Die gesellschaftliche Organisation von sich wandelnden Geschlechterverhältnissen führte zur Zuschreibung bestimmter Merkmale an männliche und weibliche Gottheiten, die rekursiv die soziale Ordnung stützten (Lerner, 1995, 80–105). Diese Prozesse lassen sich allerdings nicht in einer umfassenden Theorie abbilden – schon gar nicht einer Theorie über *das* Weibliche und *das* Männliche –, sondern nur in Form von historisch und lokal ausgerichteten Einzelanalysen.

Zusammenfassung

Lange trugen Religionswissenschaftler über die richtige Theorie Kämpfe aus. Eine der Fronten bildete sich um die Definition von Religion. Der Kampf hat bis heute hin und her gewogt. Als Émile Durkheim die Auffassung vertrat, dass es die Religion ist, die den moralischen Zusammenhalt einer Gesellschaft herstellt, verband er diese These mit einer scharfen Polemik gegen die Auffassung, Religion sei Ausdruck eines individuellen Erlebens des Göttlichen in der Natur, des Unendlichen im Endlichen. «Wenn die Religion den Hauptzweck hat, die Naturkräfte auszudrücken, dann ist es, was man auch macht, unmöglich, in ihr etwas anderes zu sehen als ein System von täuschenden Fiktionen, deren Überleben unbegreiflich ist» (Durkheim, 1981 [1912], 199). Wenig später schlug Rudolf Otto in seinem Klassiker *Das Heilige. Über das Irrationale in der Idee des Göttlichen und sein Verhältnis zum Rationalen* mit den Worten zurück: «Wer sich zwar auf seine Pubertäts-gefühle, Verdauungs-stockungen oder auch Sozial-gefühle besinnen kann, auf eigentümlich religiöse Gefühle aber nicht, mit dem ist schwierig Religionskunde zu treiben» (Otto, 1987 [1917], 8). Gerardus van der Leeuw, ein Gefolgsmann Ottos, prangerte die Übertreibung der «sog. soziologischen Schule» an, die das Religiöse im Sozialen aufgehen lasse. Zustimmend zitiert er Nathan Söderblom: Heiligkeit «besteht nicht in dem Gesellschaftszusammenhalt, oder kühner Hypostasierung des Geistes des Gemeingefühls; sondern sie besteht hartnäckig in einer Irrationalität. Nimmt man sie fort, dann ist Religion machtlos» (van der Leeuw, 1977, 302 f.).

Die Rivalität zwischen Vertretern phänomenologischer und soziologischer Theorien ist im Laufe des 20. Jahrhunderts nicht schwächer, sondern zunehmend schärfer geworden. Diejenigen, die Religion als eine Transzendenzerfahrung auffassten, warfen denen, die Religion als Leistung für den sozialen Zusammenhalt eines Gemeinwesens definierten, vor, sie seien von einer atheistischen Ideologie getrieben. Umgekehrt wurde der Vorwurf der Kryptotheologie erhoben. Mit der Möglichkeit, ja dem Vorteil, dasselbe Phänomen auf verschiedene Weise beschreiben zu können, rechneten beide Seiten nicht. Dabei gibt es gute Gründe anzunehmen, dass der Kampf deshalb nicht entschieden werden kann, weil die Ontologie, die beide Seiten voraussetzen, sich mit wissenschaftlichen Mitteln weder verifizieren noch falsifizieren lässt. Bei jeder der Alternativen handelt es sich um Glauben an die Geltung bestimmter Werte und Weltbilder. Da über die Berechtigung der Ontologien nicht abstrakt entschieden werden kann, handelt es sich vielmehr um «theoretische Perspektiven». Treffend hierzu Ivan Strenski: «Trotz der Differenzen ist es für Theoretiker typisch, mehr anzunehmen und anzuwenden, als sie zu erkennen geben. Sie handeln viel stärker mit der Währung ihrer Kulturen, als sie vielleicht selber realisieren. […] Sie verstecken ihre ‹Verschreibungen› (*prescriptions*) in dem, was ‹Beschreibungen› (*descriptions*) zu sein scheinen» (Strenski, 1987, 2). Unter diesem Gesichtspunkt muss man doch wohl Nietzsche darin Recht geben, dass unser Begriff einer Sache vollständiger wird, je mehr Perspektiven wir «für dieselbe Sache einzusetzen wissen» (s. o. S. 15).

Theorien können nicht den Status einer allgemeinen Erklärung erlangen oder als Generalschlüssel zur Analyse unterschiedlicher Gegenstände dienen. Stattdessen bestand unsere Aufgabe in diesem Kapitel darin, die Perspektiven, die mit den Begriffen eingenommen werden, an den Gegenständen zu klären. Dabei zeigte sich, dass schon die Kategorie «Religion» selber kein sensibles Instrument der Beschreibung darstellt, sondern ein eher grobes Instrument der Oktroyierung von «Verschreibungen». Dass auch religiöse Vorstellungen, die dem Wissenschaftler wenig plausibel sind und an die er selber nicht glaubt, Handlungen begründen und soziale Wirklichkeit konstituieren können, ist ein wichtiger Gesichtspunkt, um die Verschreibungen in der Fachterminologie zu erkennen. Der koloniale Blick, der Blick des männlichen Geschlechts oder der Blick der aufgeklärten Vernunft haben zwar religionswissenschaftliche Gegenstände begründet, zugleich aber verwickelten sie sich mit ihrem Anspruch auf Überlegenheit in Widersprüche.

Aus diesem Grunde haben wir das Zustandekommen von Definitionen und historischen Narrativen in einer kritischen Reflexion analysiert sowie die jeweilige Perspektive beschrieben, aus der eine Theorie gewonnen wurde. Anstatt also an einer Zentralperspektive festzuhalten, haben wir das Postulat einer Vielfalt der Perspektiven exemplarisch vorgeführt. Dabei haben wir nicht alle Theorien abhandeln können. Wir haben uns auf solche beschränkt, die das grundsätzliche Problem religionswissenschaftlicher Begriffsbildung besonders gut erkennen lassen. Mit der Anerkennung einer

Vielzahl von Perspektiven und der Beschreibung ihres jeweiligen kulturellen Ortes geht keineswegs eine Beliebigkeit der Standpunkte einher, wohl aber eine gewisse Bescheidenheit der Religionswissenschaft, da sie ihre Beschreibungen und Erklärungen nur als vorläufig betrachtet.

IV. Öffentliche Arenen

«Nur als Kommunikation hat Religion [...] eine gesellschaftliche Existenz. Was in den Köpfen der zahllosen Einzelmenschen stattfindet, könnte niemals zu ‹Religion› zusammenfinden, es sei denn durch Kommunikation.»
(Niklas Luhmann, 1998, 137)

«Geistige Mächte können herrschen, auch wenn man sie bestreitet.»
(Ernst Troeltsch, 1911, 22)

1. Zivilreligion: Die USA als Heilsprojekt

George Washingtons Antrittsrede

In seiner Antrittsrede als Präsident wendet sich George Washington am 30. April 1789 mit folgenden Worten an das amerikanische Volk:

> Es wäre überaus unpassend, in dieser ersten offiziellen Handlung mein inbrünstiges Flehen an das Allmächtige Wesen zu übergehen, das über das Universum herrscht, das den Vorsitz genommen hat im Rat der Nationen und dessen vorausgehende Hilfe jeden Fehler beheben kann, dass Sein Segen die Freiheiten und das Glück der Vereinigten Staaten von Amerika mit einer Regierung heiligen möge, welche sie selbst für diese zentralen Ziele geschaffen haben, und dass Er helfen möge, jedes Instrument, das ihre Administration anwendet, erfolgreich werden zu lassen in der Funktion, die ihr pflichtgemäß zugefallen ist.
> Kein Volk ist stärker verpflichtet, die Unsichtbare Hand anzuerkennen und zu verehren, die die Geschicke der Menschen lenkt, als die Vereinigten Staaten. Jeder Schritt, der uns dem Charakter einer unabhängigen Nation näher gebracht hat, scheint herausgehoben zu sein durch ein Zeichen des Handelns der Vorsehung. [...]
> Das gnädige Lächeln des Himmels kann niemals erwartet werden bei einer Nation, die die ewigen Gesetze und Regeln missachtet, welche der Himmel selbst verfügt hat. [...] Die Erhaltung des heiligen Feuers der Freiheit und die Bestimmung des republikanischen Regierungsmodells sind, recht betrachtet, *tief* und *endgültig* jenem Experiment zugehörig, das den Händen des amerikanischen Volkes anvertraut wurde (nach Bellah, 1970, 174 [Hervorhebung im Original]).

Civil Religion

Völlig zu Recht beschrieb Robert N. Bellah 1967 diese Rede Washingtons als das Grunddatum der amerikanischen *Civil Religion*, als Generalbass, der bis heute in der US-amerikanischen Politik und Identität mitschwingt. Weit davon entfernt, die religiöse Sphäre von der politischen zu trennen, wie dies wenig später in Frankreich der Fall war, legitimieren sich in den USA die beiden Sphären in einer geradezu symbiotischen Einheit gegenseitig. Vorausgesetzt wird allerdings, dass die Kirchen von jeder Intervention durch den Kongress geschützt sind, wie es der erste Verfassungszusatz vorschreibt (siehe dazu das folgende Kapitel). Umgekehrt gaben und geben Religionsgemeinschaften ihre Loyalität zu den USA als dem Land der Glaubensfreiheit dadurch zu erkennen, dass sie die US-Flagge in ihren Kirchen aufstellen. Hier zeigt sich, dass Säkularisierung vollkommen verschiedene Wege bei der Regelung der Beziehung zwischen staatlichen Institutionen und Kirchen bezeichnet. Es war nicht zufällig der Franzose Alexis de Tocqueville, der 1835 in seinem Werk *Über die Demokratie in Amerika* beobachtete, dass in den USA «die Religion viel weniger als geoffenbarte Glaubenslehre herrscht denn als öffentliche Meinung» (1985, 223) und die demokratischen «Instinkte» in ihren Dienst stellt (1985, 225–235).

Diesen Zusammenhängen wollen wir im Folgenden genauer nachgehen, und zwar am Gegenstand der amerikanischen Zivilreligion, die wie keine andere im Medium von politischer Rede, von Architektur und von Film den öffentlichen Raum bestimmt.

> *Religion und öffentliche Zeichensysteme*
> Die Religionswissenschaft sollte ihren analytischen Blick nicht nur auf Religionsgemeinschaften richten oder Religion im Sinne von «Glauben» als inneres Geschehen untersuchen, sondern die Rolle religiöser Semantiken in einem öffentlichen Feld betrachten. Dabei geht Religion nicht nur in politische Diskurse ein, sondern kann das gesamte öffentliche Zeichensystem mitprägen, von der Architektur bis zu modernen Massenmedien.

Um die Besonderheiten der amerikanischen Zivilreligion zu verstehen, muss man sie mit europäischen Entwicklungen vergleichen, die das Verhältnis zwischen Religion und Politik seit den großen Revolutionen ganz anders zu bestimmen suchten. Zur selben Zeit, als George Washington sich so pathetisch an das amerikanische Volk wandte, vollzog sich nämlich in Frankreich ein Prozess der Eliminierung alles Religiösen aus dem öffentlichen Raum. Hintergrund war eine philosophische Kritik an universalistischen

Zivilreligion in Frankreich

Ansprüchen des Christentums, deren wichtigste Wegbereiter Jean-Jacques Rousseau und Immanuel Kant gewesen sind (s. o. Kapitel II). Beide propagierten eine «vernünftige Religion» aus der Moral, die den bloßen Glauben des Christentums ablösen müsse. Um den gesellschaftlichen Zusammenhalt zu gewährleisten, brauche man jedoch so etwas wie einen allgemeinen philosophisch-religiösen Nenner; gemeinsame Werte und nicht private Glaubensaussagen bildeten, so Rousseau, die *religion civile*.

Die Meinung, dass Religion soziale Beziehungen stiftet, zieht sich in Frankreich von Rousseau über F. N. Fustel de Coulanges bis zu dessen Schüler Émile Durkheim und hat dort wesentlich zur Attraktivität einer funktionalistischen Religionstheorie beigetragen. Rousseau hatte sich in seiner Auffassung von Religion vom Protestanten Samuel Pufendorf und dessen in Europa weit verbreiteten Buch über das Naturrecht anregen lassen. Hier hatte er gelesen, «daß die Religion das wichtigste und festeste Band der menschlichen Gesellschaft» sei und dass nur dank des Gewissens die Staaten ihre «innere Festigkeit» besäßen (1994, 56–58). Rousseau verschmolz die naturrechtliche Begründung mit den Ideen der Aufklärung und einer Kritik an der jüdisch-christlichen Tradition.

Tempel der Aufklärung

Besonders anschaulich wird das Projekt der *religion civile* in der Umwidmung von Kirchen zu «Kathedralen der Vernunft»; der berühmte *Pantheon* in Paris wird zum Tempel der Aufklärung, in dem nicht nur das Foucaultsche Pendel hängt – gleichsam als sakrales Monument der Wissenschaft –, sondern auch die «Nationalheiligen» der Französischen Republik (Diderot, Hugo etc.) ihre letzte Ruhestätte gefunden haben. Zwar kann man auch das französische Fortschrittsdenken als eine Art säkularisierte Heilsgeschichte deuten, wie dies Karl Löwith getan hat, doch wäre im Frankreich des späten 18. Jahrhunderts wohl niemand auf die Idee gekommen, die Republik explizit als Ergebnis göttlicher Vorsehung und das französische als das auserwählte Volk zu bezeichnen.

Russland und das «Neue Rom»

Dasselbe gilt für das offizielle Russland. Allerdings formierte sich dort in den sechziger Jahren des 19. Jahrhunderts aus oppositionellen Gebildeten die so genannte *intelligenzija*, eine Art Stand, der seine Mission in der Realisierung von Comtes Vision eines wissenschaftlichen Zeitalters sah (Billington 1960). Ihr Glaube an Comtes *religion de l'humanité* wurde die Voraussetzung der späteren nahezu messianischen Deutung des Marxismus-Leninismus, die sich auch in der heilsgeschichtlichen Interpretation Moskaus als das «Neue Rom» zeigte (Henry 1979). Der Unterschied zur amerikanischen *Civil Religion* ist bedeutend.

Im Gegensatz zu den europäischen Staaten war die Kolonisierung Amerikas von Anfang an durch religiöse Konnotationen geprägt. Schließlich waren es Glaubensflüchtlinge, die ins «gelobte Land» aufbrachen und an der Verwirklichung einer religiösen Utopie arbeiteten (Baudrillard, 1987, 110). Das «Experiment», wie George Washington es treffend nennt, verwendet Semantiken der jüdisch-christlichen Heilsgeschichte, wobei insbesondere die Idee des *Exils*, der *Erwählung* und des *Exodus* zu Deutungsinstrumenten der politischen und sozialen Situation wurden. Und noch etwas kommt hinzu: Die spezifische Auflademung der *wilderness*. Wildheit und Wüstenmetaphorik, die aus der biblischen Symbolwelt übernommen wurden, gerieten zu einem Programm der Besiedlung und der Überwindung der dunklen Mächte, die dem Heilsgeschehen entgegenstehen. Ulrike Brunotte stellt dazu fest:

Das Ideal der reinen, erhabenen Wildnis war von Anbeginn der Besiedlung Neu-Englands Spiegel einer spezifisch nordamerikanisch-puritanischen Geisteslage und zentrales Symbol eines soteriologisch gedeuteten sozialen Projekts. [...] So gehört die Verknüpfung der erhabenen Natur Amerikas mit der biblischen Wüste und dem Exodus des Volkes Israel ebenso zum puritanischen Vermächtnis wie die apokalyptische Überformung der Wüste als Arena der *city upon a hill* (Brunotte, 2000, 3).

Exil, Erwählung, Exodus

Wilderness

Die *wilderness* hatte damit eine ambivalente Bedeutung: Einerseits verkörperte sie die ungezügelten Mächte des Rohen, die es zu «zivilisieren» galt – hier waren sowohl koloniale Diskurse am Werk, indem die «Indianer» als «Wilde» nahezu ausgerottet wurden, als auch Gender-Diskurse, indem die Natur mit dem Weiblichen assoziiert wurde –; andererseits wurde mit dieser Chiffre die unberührte Wildnis Amerikas geradezu sakralisiert als das Erhabene und als Spiegel des Göttlichen. Von den frühen Puritanern über die amerikanische Naturromantik bis hin zur heutigen ökologischen Bewegung zeigt sich jene Ambivalenz zwischen Dämonisierung und Sakralisierung (Oelschlaeger 1991; Nash 1982), sodass Catherine L. Albanese geradezu von einer «amerikanischen Naturreligion» sprechen kann (Albanese 1990).

Die Gleichsetzung der *wilderness* mit dem Dämonischen ist im Grunde ein puritanisches Programm zur Errichtung des messianischen Reiches. Anders ausgedrückt: «Die Erschließung des gesam-

Heilsgeschichte: Die USA als Erlöser

ten Kontinents durch Unterwerfung der satanischen Mächte der Wildnis wird nun zum Ritual der Bewährung vor Gott» (Brunotte, 2000, 16). Allerdings bezog sich diese Utopie nicht allein auf die Wildnis; auch in sozialer, militärischer und politischer Hinsicht gründete das «weiße» Amerika seine Identität auf einem göttlichen Auftrag zur Verwirklichung der Heilsgeschichte. Nur so lässt sich erklären, warum der Millenarismus und die Apokalyptik in den Vereinigten Staaten eine solch hohe Bedeutung erlangten (siehe Kapitel V.4). Während die europäischen Utopien eines Rousseau und Kant sich vor der Vernunft rechtfertigen mussten, war amerikanisches Handeln allein Gott und den von ihm dekretierten Menschenrechten gegenüber verantwortlich. Die Schwierigkeiten US-amerikanischer Regierungen, sich einem Mandat der Vereinten Nationen zu beugen, sind daher nicht nur der politisch-militärischen Hybris einer Supermacht geschuldet, sondern auch dem Selbstverständnis der Vereinigten Staaten. Die USA sind nicht der «Weltpolizist», sondern der «Erlöser». Nur eine religiöse Sprache bildet den Sachverhalt angemessen ab.

Erwählung und heilige Pflicht

So wird verständlich, warum Präsident Johnson als Argument für die rechtliche Gleichstellung der Schwarzen am 15. März 1965 vor dem Kongress sagen kann:

> Über der Pyramide auf dem Großen Siegel der Vereinigten Staaten steht der lateinische Satz: «Gott hat unser Vorhaben befürwortet.» Gott wird nicht alles befürworten, was wir tun. Vielmehr ist es unsere Pflicht, Seinen Willen zu heiligen. Ich kann mir nicht helfen, doch ich glaube, dass Er wahrhaft versteht und dass Er wirklich das Vorhaben befürwortet, das wir heute Nacht hier beginnen (nach Bellah, 1970, 181).

Ritualisierte Handlungen

Die religiöse Semantik der amerikanischen Identität zeigt sich in öffentlichen Symbolen und ritualisierten Handlungen. Um mit dem Letzteren zu beginnen, kann man die festgefügte Rhetorik amerikanischer Präsidenten, die in einer Rede an das Volk niemals auf den Satz «God bless America» verzichten dürfen, als ein öffentliches Ritual deuten, das die Nation an ihre heilsgeschichtliche Verantwortung erinnert. Dasselbe gilt für den patriotischsten aller amerikanischen Feiertage, den *Memorial Day*, der seit dem 30. Mai 1868 an jedem letzten Montag im Mai begangen wird, um an jene zu erinnern, die für den Kampf um die amerikanische Utopie ihr Leben ließen. Sowohl die Reden der Präsidenten als auch die Einbindung von noch lebenden Helden in die Veranstaltungen sind ein Beispiel dafür, wie Rituale Gemeinsamkeit stiften, indem sie eine mythisierte Vergangenheit aktualisieren und zur Handlungsmaxime für die Zukunft machen (Reden der Präsidenten, Bilder etc. sind abrufbar unter www.usmemorialday.org). Ebenfalls eine Ritualisierung ist der so genannte *Freedom Trail* in Boston, auf dem man die Stationen abschreiten kann, die zur Errichtung der amerikanischen Demokratie führten, von der Landung der ersten Siedler über die Sezessionskriege bis zur Unterzeichnung der Unabhängigkeitserklärung (in einer Kirche!) und der *Hall of Fame*, die – mit goldener Kuppel – zugleich das Rathaus der Stadt Boston ist.

Damit sind bereits die öffentlichen Symbole angesprochen. Was die Überwindung der *wilderness* durch die amerikanische Verfassung betrifft, so wird dies wohl am Sinnfälligsten im berühmten *Shrine of Democracy*, jenen vier übergroßen Präsidentenköpfen, die 1927 aus dem Mount Rushmore in den Black Hills herausgemeißelt wurden. Es handelt sich auch deshalb um eine Ästhetisierung der *wilderness*-Thematik, weil der Mount Rushmore ein Berg ist, der für die indianischen Bewohner jenes Gebietes eine spirituelle Bedeutung besitzt – Kolonialismus verbindet sich hier mit der Unterwerfung der ungezähmten Natur.

Öffentliche Symbole

Doch die bedeutendste Ästhetisierung zivilreligiöser Zusammenhänge findet man zweifellos in Washington. Wir haben es dabei mit einer sakralen Architektur zu tun, die Jeffrey Meyer (2001) treffend als «Mythos in Stein» bezeichnet. Lincoln Memorial, Jefferson Memorial und das Kapitol sind römischen Tempeln nachgestaltet und verbinden imperiale Macht mit religiösem Sendungsbewusstsein. Dazwischen erhebt sich das Washington Memorial, ein riesiger Obelisk, der auf das Himmlisch-Göttliche als Fluchtpunkt des Irdischen verweist. Die Ereignisse nach den Terroranschlägen auf das New Yorker World Trade Center am 11. September 2001 haben deutlich gemacht, dass diese Interpretation nationaler Symbole keineswegs übertrieben ist. Zu Recht sind solche architektonischen Symbole als *Ikonen* bezeichnet worden, denn sie sind nicht nur Zeichen für etwas Anderes, sondern sie gewinnen ihre Bedeutung geradezu aus eigener Kraft und sind in der Lage, Identitäten und Gemeinschaftsgefühle zu stiften. Kein Wunder, dass sie auch im Medium des Films wiederholt beschworen wurden, beispielsweise in *Independence Day*.

Mythos in Stein

Ein dunkler Schatten legt sich über New York und Washington. Mithilfe gigantischer Raumschiffe sind brutale Aliens im Begriff,

Independence Day im Film

die Erde zu zerstören, und beginnen ihren Krieg in den Hauptzentren der Macht. Am 2. Juli, also zwei Tage vor dem amerikanischen Unabhängigkeitstag, öffnen sich die apokalyptischen Schleusen und eine riesige Feuersbrunst wälzt sich durch die Straßen von New York und Washington. Als wenn es eine Vorwegnahme späterer realer Ereignisse wäre, sieht man im Film *Independence Day* (1996) die Zwillingstürme des World Trade Center einstürzen, man sieht die sakrale Architektur Washingtons in Flammen aufgehen und die Freiheitsstatue in Nebel und Sumpf versinken. Der Präsident kann gerade noch entkommen, bevor auch das Kapitol von den Aliens in Schutt und Asche gelegt wird.

Die Universalisierung des amerikanischen Projektes

Der Film des deutschen Regisseurs Roland Emmerich inszeniert eindrucksvoll alle Elemente, die Robert N. Bellah als Bestandteile der *Civil Religion* beschrieben hat. Während der erste Abschnitt die beinah vollständige Zerstörung (nicht nur) Amerikas zum Inhalt hat, könnte man den zweiten Teil mit den Worten überschreiben, die nach dem 11. September 2001 in den USA die Stimmung zusammenfassten: *America Strikes Back!* Unter der Führung des amerikanischen Präsidenten, der als Pilot selber in den Kampf eingreift, formiert sich ein internationaler Widerstand gegen die Außerirdischen, der deren technischer Überlegenheit die Werte der menschlichen Zivilisation und den Freiheitswillen der Menschen entgegenhält. Besonders die Rede des Präsidenten an die Soldaten, vor der Entscheidungsschlacht am Morgen des 4. Juli, ist für eine Analyse aufschlussreich:

> Menschheit – dieses Wort sollte von heute an für uns alle eine neue Bedeutung haben. Wir können nicht mehr zulassen, dass unsere kleinlichen Konflikte uns aufzehren. Unser gemeinsames Interesse verbindet uns. Vielleicht ist es Schicksal, dass heute der 4. Juli ist – und dass wir einmal mehr für unsere Freiheit kämpfen werden. Nicht etwa gegen Tyrannei, Verfolgung oder Unterdrückung, sondern gegen unsere Vernichtung. [...] Und sollten wir diesen Tag überstehen, wird der 4. Juli nicht mehr länger nur ein amerikanischer Feiertag sein, sondern der Tag, an dem die Welt mit einer Stimme erklärt: Wir werden nicht schweigend in der Nacht untergehen! Wir werden nicht ohne zu kämpfen vergehen! Wir werden überleben. [...] Heute feiern wir gemeinsam unseren *Independence Day*!

Pax Americana

Der unbedingte und von Gott gesegnete Kampf für die amerikanischen Werte wird hier gleichsam globalisiert und Russen, Iraker, Japaner und Afrikaner sind vereint in der Utopie einer gerechten Weltordnung unter Führung des amerikanischen Präsidenten. Am Schluss erinnern Bilder von den Pyramiden, von tanzenden Zulu-

Kriegern und von feiernden Muslimen noch einmal daran, dass es hier nicht um den Sieg Amerikas geht, sondern dass die *Pax Americana* die Verwirklichung des universalen Menschheitstraums von Freiheit und Gerechtigkeit ist.

Auch ein Blick auf die Helden der Schlacht lohnt sich: Ein jüdischer Funktechniker, dessen Vater gemeinsam mit Christen die Torah liest, ein schwarzer Kampfpilot, dessen ebenfalls schwarze Freundin (von Beruf Stripperin) die First Lady rettet und sich mit ihr anfreundet, ein alkoholkranker Vietnam-Veteran, der den Opfertod stirbt, und schließlich der jugendliche, mutige und kinderliebe Präsident selber, der als «Erster unter Gleichen» die nationale Identität verkörpert (wohl nicht ganz unbeabsichtigt ist die frappierende Ähnlichkeit des Präsidentenpaares mit Bill und Hilary Clinton).

Der Präsident wird in eben jener Funktion geschildert, die Bellah dem «Archetyp» des amerikanischen Präsidenten, George Washington, zuschrieb: «Washington war der von Gott bestimmte Mose, der sein Volk aus den Händen der Tyrannei herausführte» (1970, 176). Dem amerikanischen Präsidenten kommt die entscheidende Rolle bei der Beschwörung der heilsgeschichtlichen Aufgabe Amerikas zu. Die Rede in *Independence Day* – die mit gleichem Inhalt auch in anderen Filmen gehalten wird, etwa in *Armageddon* oder in *Star Wars* – ist kaum zu unterscheiden von real gehaltenen Ansprachen. Man denke an die Antrittsrede John F. Kennedys, in der er sich am Schluss an die ganze Welt wendet:

<small>Die Rolle des Präsidenten</small>

> Ob Sie Bürger Amerikas oder der Welt sind, verlangen Sie von uns dieselben hohen Standards von Stärke und Opfer, die wir von Ihnen verlangen werden. Mit einem guten Gewissen als unserem einzigen Lohn, mit der Geschichte als letztem Richter unserer Taten, lasst uns voranschreiten und das Land führen, das wir lieben, bittend um Seinen Segen und Seine Hilfe, doch wissend, dass hier auf Erden Gottes Werk wahrhaftig das Unsere sein muss (nach Bellah, 1970, 169).

Die Anschläge auf das World Trade Center und das Pentagon vom 11. September 2001 haben genau diese Semantik noch einmal deutlich hervortreten lassen. Im Gegensatz zu anderen brutalen Attentaten war man sich nicht nur in den USA sehr schnell einig, dass dies ein Angriff auf die gesamte (zivilisierte) Menschheit gewesen sei, die sich nun solidarisch der Bedrohung durch das «Böse» zu widersetzen habe. George W. Bush hat die ihm zugefallene Rolle sofort angenommen und sich am 20. September 2001 in einer Regierungserklärung an die Welt gewandt mit den Worten:

<small>Der Kampf der Zivilisation gegen das Böse</small>

> Amerika wird nie vergessen, wie unsere Nationalhymne im Buckingham Palace, auf den Straßen von Paris und am Brandenburger Tor gespielt wurde. [...] Die zivilisierte Welt stellt sich an die Seite Amerikas. [...] Uns ist großer Schaden zugefügt worden. Wir haben einen großen Verlust erlitten. Und in unserer Trauer und Wut haben wir unseren Auftrag und unsere Bewährungsprobe gefunden. Freiheit und Furcht führen Krieg. Die Verbreitung der menschlichen Freiheit – die große Errungenschaft unserer Zeit und die große Hoffnung jeder Ära – hängt jetzt von uns ab. Unsere Nation – diese Generation – wird unsere Menschen und unsere Zukunft von einer dunklen Bedrohung durch Gewalt befreien. [...] Meine Mitbürger, wir werden Gewalt mit geduldiger Gerechtigkeit beggnen – sicher im Bewusstsein, dass unsere Sache gerecht ist, und zuversichtlich im Hinblick auf die Siege, die kommen werden. In allen Dingen, die vor uns liegen, hoffen wir darauf, dass Gott uns Weisheit gibt und die Vereinigten Staaten von Amerika schützt (Bush 2001).

Auftrag und Bewährungsprobe, Freiheit, Hoffnung, Gerechtigkeit und schließlich das Vertrauen auf die göttliche Weisheit – alle diese Begriffe sind Elemente einer Identität und eines Programms, das sich nur dann in seiner Bedeutung erschließt, wenn man es in seiner heilsgeschichtlichen Dimension betrachtet, die Amerika mit der jüdisch-christlichen Utopie Jerusalems als Heiliger Stadt des Gelobten Landes verschmelzen lässt (s. auch Kapitel IV.3).

Konsequenzen für den Religionsbegriff

Welche Einsichten lassen sich nun aus diesen Betrachtungen gewinnen im Hinblick auf die Methode der Religionswissenschaft und ihre Gegenstände? Eine erste betrifft den Religionsbegriff: Solange man mit einer Definition von Religion operiert, die vom Primat der inneren Haltung oder subjektiver Bewusstseinszustände ausgeht, ist es völlig unmöglich, Phänomene wie die hier beschriebenen überhaupt zu fassen. Auch funktionalistische Definitionen reichen letzten Endes nicht aus, denn obwohl sie die identitätsstiftende Rolle religiöser Semantiken im politischen Diskurs durchaus zu erklären vermögen – Bellah bewegt sich zuweilen in dieser funktionalistischen Interpretationslinie –, bilden sie doch nur einen Teil des Geschehens ab und blenden kulturelle Dynamiken wie die Übernahme religiöser Symbole in die politische Sprache oder ihre Ästhetisierung in neuen Kontexten aus, die sich nicht allein über ihre Funktion erklären. Was man stattdessen braucht, ist ein Diskursmodell von Religion, das, anstatt eine Definition von «Religion» vorzugeben, die kulturellen Manifestationen und Auseinandersetzungen über «Religion» zum Gegenstand hat. Man könnte auch sagen: Selbst wenn man der Ansicht ist, *Civil Religion* sei eigentlich keine «echte Religion», sondern habe allenfalls «religiöse Dimensionen» (Schieder, 1987, 236–238), so kann kein Zweifel daran bestehen, dass die mit *Civil Religion* bezeichneten Phänomene ein wichtiger Gegenstand der Religionswissenschaft sind.

Eine zweite Einsicht betrifft die Medien, in denen der religiöse Diskurs sichtbar wird. So wichtig die wissenschaftliche Beschäftigung mit religiösen Institutionen auch ist, man sollte darüber nicht vergessen, auch jene «Orte» in die Betrachtung einzubeziehen, an denen man früher kaum mit «Religion» rechnete. Dies gilt in doppelter Hinsicht: Zum einen sind auch politische, wirtschaftliche oder militärische Diskurse Träger religiöser Bedeutungen, zum anderen verdienen die Ästhetisierungen religiöser Diskurse besondere Aufmerksamkeit, und zwar sowohl in dem öffentlichen Raum, den sie in Form von Architektur und Kunst einnehmen, als auch in populären Medien wie Film, Musik oder dem Internet.

Die Medien des religiösen Diskurses

2. Legitimität: Rechtskonflikte um Religionen

Unbemerkt von der Öffentlichkeit verbreitet sich im Geheimen ein Kult. Mit ihm greifen verdächtige, ja gesetzwidrige Praktiken um sich, bis die geheimen Zusammenkünfte bekannt werden und der Staat gegen die Gruppe vorgeht. Nachdem alle Beweismittel zusammengetragen sind, wird dem Verein wegen «Verschwörung» das Körperschaftsrecht entzogen. – Auch wenn uns alle diese Ereignisse vertraut vorkommen, spielten sie sich doch schon vor bald 2200 Jahren, genauer im Jahre 186 v. u. Z., in Rom ab. Es waren Dionysos-Gemeinden, die sich in Italien mit ihren Bacchanalia verbreitet hatten und die die amtierenden Konsuln mit drakonischen Maßnahmen unterdrückten (der römische Historiker Livius berichtet darüber im 39. Kapitel seines Geschichtswerkes).

Religio und der «richtige» Kult

Wenn man «Recht und Religionen» zum Thema macht, steht man vor einer Geschichte von hohem Alter und eigener Dynamik. Die römischen Konsuln, die im Falle der Bacchanalia eine «pervertierte Religion» (*religio prava*) konstatierten, folgten einem Konzept, das auch heute noch verwendet wird. Das lateinische *religio*, ein Derivat von *relegere*, bezeichnete ein richtiges Handeln im Kontext von Götterverehrung allgemein, also keineswegs einen richtigen «Glauben», sondern eine korrekte Ausübung kultischer Praktiken gegenüber den Göttern (Feil, 1986, 39–49). *Religio* als Kriterium eines «richtigen» Kultes verschwand auch aus dem Sprachgebrauch der christlichen Kultur nicht ganz, obwohl der

Christ Lactantius es zu Beginn des 4. Jahrhunderts von *religare* herleiten und damit als «Bindung» an den biblischen Schöpfergott theologisch vereinnahmen wollte (Feil, 1986, 60–64). Als sich das Bürgertum in der frühen Neuzeit Europas von der kirchlichen Hierarchie emanzipierte, berief es sich auf eine von den kirchlichen Institutionen unterscheidbare «richtige Religion», die jedem Menschen zugänglich ist (Matthes, 1967, 35–40).

<small>Älteste Rechtskodifikationen</small>

Die Beziehung zwischen Religion und Recht ist sogar noch älter als das römische Beispiel. Je weiter man in der Geschichte zurückgeht, desto enger rücken Recht und Religion zusammen. Die frühen Rechtskodifikationen, die aus den altorientalischen Staaten bekannt sind, wurden von Herrschern im Namen von Göttern vorgenommen (Borger et al. 1982). Auf Stelen machten sie bekannt, welche Übertretungen mit welchen Maßnahmen geahndet wurden, wobei die Sanktionen entweder in Schadenersatz oder in der Todesstrafe bzw. Ächtung des Täters bestanden. Diese beiden Arten von Strafen folgten aus unterschiedlichen Kategorisierungen von Vergehen, nämlich gegen die Mitbürger oder gegen die Götter. Erstere konnten durch eine Wiedergutmachung geahndet werden, Letztere nur durch Hinrichtung oder Verstoßung. Ein Vergleich der frühen Rechtsbücher zeigt, dass dieselben Verstöße in verschiedenen Kategorien auftauchen. In der Hebräischen Bibel, deren literarischer Kern ebenfalls ein Rechtskodex ist (Ex. 20,22–23,19), wurden Mord, Entführung, Schlagen und Verfluchen der Eltern (Ex. 21,12–17) mit der Todesstrafe bedroht – alles Vergehen, die gegen die Person gerichtet waren. Anders altorientalische Rechtsbücher, die Eigentumsvergehen mit der Todesstrafe bedrohten (Codex Hammurabi § 6 f.). Dieser Vergleich lässt erkennen, dass für die eine Rechtsordnung die Unversehrtheit der Person, für die andere der Schutz des Eigentums ein Vergehen gegen die sakrale Rechtsordnung war.

<small>Restitutives und repressives Recht</small>

Émile Durkheim hat beiden Sanktionen – er nannte sie restitutiv und repressiv – einen jeweils anderen Ort in der Gesellschaftsentwicklung gegeben. Mit der zunehmenden Arbeitsteilung, so der französische Soziologe, zöge sich die Religion aus dem tradierten rechtlichen Regelungswerk zurück und überließe immer mehr Verpflichtungen dem privaten Vertrag, wobei der Bereich des repressiven Rechtes laufend kleiner, der des restitutiven Rechtes jedoch größer werde. Allerdings mache dieser Rückzug beim Recht des Individuums auf Selbstbestimmung halt; die Unantastbarkeit des

Individuums auch für den Staat sei ein letzter unauflösbarer Rest des repressiven Rechtes und bilde die gemeinsame moralische und rechtliche Grundlage auch noch der arbeitsteiligen Gesellschaft (Durkheim, 1988, 224 f.).

Fast zeitgleich mit Durkheim führte der Heidelberger Staats- und Völkerrechtler Georg Jellinek (1851–1911) den Nachweis, dass die modernen Menschenrechte nicht aus der Religionskritik der Aufklärung hervorgegangen sind. Vielmehr sind es Gemeinschaften religiöser Nonkonformisten gewesen, die als Erste das fundamentale Grundrecht eines jeden Bürgers auf Glaubens- und Gewissensfreiheit in ihren Gemeinwesen für verbindlich erklärt hatten. Unmittelbares Vorbild für die Erklärung der Rechte, die die französische Nationalversammlung am 26. August 1789 abgegeben hat, sind die *bills of rights* amerikanischer Bundesstaaten gewesen. Dass der einzelne Bürger ein angeborenes und nicht vom Staat verliehenes Recht besitzt, ist letztlich aus der reformatorischen Idee einer Religions- und Gewissensfreiheit gewonnen worden (Jellinek 1924; Kriele 1981).

_{Menschenrechte}

Alle soziologischen Theorien der modernen Gesellschaft sind auf die eine oder andere Weise Theorien der Ausdifferenzierung von Lebensordnungen. Wirtschaft, Religion, Recht, Herrschaft, Wissenschaft und Kunst gewinnen zunehmend Unabhängigkeit voneinander. Der Fall von Religion und Recht zeigt jedoch, dass eine Ausdifferenzierung von Recht und Religion schon lange vor der Moderne begonnen hat. Für die Moderne spezifisch ist daher auch weniger das Faktum der Ausdifferenzierung an sich als vielmehr die Art der Beziehung der ausdifferenzierten Ordnungen zueinander. In den Worten von Niklas Luhmann:

_{Ausdifferenzierung von Recht und Religion}

> Ihre ursprüngliche Sicherheit hatte die Religion in der Gesellschaft selbst. [...] Man konnte von nichtreligiösen zu religiösen Sicherheiten überwechseln und umgekehrt. Das historisch-evolutionäre Geschehen, das wir unter dem Titel «Ausdifferenzierung der Religion» behandeln wollen, beendet diese Möglichkeit. [...] [Die Religion] kann nicht für andere Funktionssysteme einspringen. Sie ist ein Funktionssystem für sich, und nur die Teilnahme an diesem Funktionssystem gewährt die religionsspezifischen Sicherheiten (Luhmann, 1993, 259).

Auch wenn es anders klingen mag, ist Luhmann doch nicht der Meinung, die ausdifferenzierten Bereiche würden voneinander unabhängig werden. Vielmehr sieht er die autonom werdende Religion «mit Unterscheidungen konfrontiert, die nicht ihre eigenen

_{Ein Modell gegenseitiger Bezugnahmen}

sind» (ebd., 263). Nicht eine Verschiedenheit von Teilsystemen an sich, sondern der fortlaufende unabgeschlossene Prozess ihrer gegenseitigen Unterscheidung ist der Dreh- und Angelpunkt der Betrachtung. Wenn wir das Thema «Recht und Religion» behandeln, sollten wir es demnach mit einem Modell gegenseitiger Bezugnahmen tun.

Die Verfassung der USA

Der erste Staat, der eine Regelung der Beziehung von Staat und Kirche in seiner Verfassung festschrieb, waren die Vereinigten Staaten von Amerika. Im ersten Zusatzartikel zur Verfassung aus dem Jahr 1791 heißt es: «Der Kongress darf kein Gesetz erlassen, das die Einrichtung einer Staatskirche vorsieht, die freie Religionsausübung verbietet, die Rede- oder Pressefreiheit oder das Recht des Volkes einschränkt, sich friedlich zu versammeln und die Regierung durch Petition um Abstellung von Missständen zu ersuchen.» Hervorgegangen war diese so genannte Einrichtungsklausel aus Debatten um die Bundeskompetenz. Die Einzelstaaten verfolgten nämlich auch noch lange nach der Unabhängigkeit unterschiedliche Praktiken staatlicher Anerkennung von Religionen. Die Verfassungsklausel des Bundes sollte sicherstellen, dass die Ordnung dieser Beziehung den Bundesstaaten vorbehalten blieb. Erst die Rechtsprechung des Supreme Court des 20. Jahrhunderts beurteilte Streitfälle der Bundsstaaten im Lichte dieses Verfassungszusatzes (Walter 2002).

Probleme des first amendment

Auf den ersten Blick scheinen die Worte dieses *first amendment* klar und einfach. Bei genauerem Hinschauen zeigen sich jedoch erhebliche Schwierigkeiten. Der Zusatzartikel ist nämlich schon in sich widersprüchlich, wie die amerikanische Juristin und Religionswissenschaftlerin Winnifred Sullivan konstatiert: «Er verlangt vom Höchsten Gericht, über Religion zu sprechen. Er verlangt außerdem die Enthaltung von einer staatlichen Einrichtung einer Kirche (*disestablishment*)» (Sullivan, 1994, 181). Der Widerspruch tritt besonders in der Rechtsprechung massiv zutage. Amerikanische Gerichte mussten wiederholt Klagen von Bürgern behandeln, wonach staatliche Maßnahmen gegen die Einrichtungsklausel verstießen. Als beispielsweise der Bürgermeister von Pawtucket die Aufstellung einer überlebensgroßen Krippe auf dem städtischen Weihnachtsmarkt veranlasste, verklagte ihn 1980 die örtliche *American Liberties Union*. Der Prozess ging bis zum Supreme Court, das die Klage mehrheitlich abwies, nachdem die untergeordneten Instanzen ihr stattgegeben hatten (Lynch v. Donnelly in: Gunther/Sullivan, 1997, 1521–1531). Die nachgeordneten Gerichte sowie eine Minderheit des Obersten Gerichtes sahen in der Krippe ein eindeutig christliches Symbol, mit dessen Aufstellung auf einem öffentlichen Platz der Bürgermeister widerrechtlich eine bestimmte Religion bevorzugt habe. Die Mehrheit im Supreme Court urteilte anders. Die Krippe sei ein nationales Symbol und so zu behandeln wie die Aufschrift auf den Dollarmünzen *In God We Trust*. Der Bürgermeister habe sie nicht wegen ihrer religiösen Bedeutung aufstellen lassen, sondern nur, um an den Ursprung eines nationalen Festtages zu erinnern.

An diesem Konflikt lässt sich beispielhaft ablesen, dass die «Einrichtungsklausel» einen Spielraum für die Deutung der Beziehung zwischen staatlicher Ordnung und Religion eröffnet hat. Thomas Jeffersons berühmte Metapher von «der Mauer der Trennung zwischen Kirche und Staat», die 1947 in einem Urteil des Supreme Court zu einer Rechtsregel erhoben worden war, erwies sich als untauglich, derartige Rechtskonflikte vernünftig zu klären, zumal die Klausel einer freien Ausübung von Religion ja besagt, dass Religion eine universale, historisch vielfältige, jedoch immer sozial mächtige Erscheinung ist, die nicht mit einer bestimmten Kirche identisch sein kann (Sullivan, 1994, 181). Die «Mauer der Trennung»

Die Verfassungsklausel schützte primär den Glauben vor staatlichen Eingriffen, nicht aber religiöse Handlungen. Das mussten die Mormonen erfahren, als sich das Oberste Gericht 1878 weigerte, ihre Praxis der Polygamie straffrei zu stellen. Allerdings ließ sich auch diese Rechtsprechung nicht rigide durchhalten. Im Falle einer Angehörigen der Sieben-Tage-Adventisten, die sich weigerte, am Sonnabend zu arbeiten und deshalb von ihrem Arbeitgeber entlassen wurde, und der der Bundesstaat South Carolina daher kein Arbeitslosengeld zahlen wollte, entschied das Oberste Gericht 1963 zu Gunsten der Frau (Sherbert v. Verner in: Gunther/Sullivan, 1997, 1479–1481). Der Staat müsse ein «zwingendes Interesse» nachweisen, wenn er religiösen Handlungen seinen Schutz entziehe, ein solches sei in diesem Fall nicht erkennbar. Das Handeln der Frau sei von der Ausübungsklausel geschützt (Walter 2002). Weitere Konfliktfälle wurden entsprechend dieser Regel entschieden (Gunther/Sullivan, 1997, 1481–1489). Dabei wurden regelrechte Tests entwickelt und verfeinert, mit deren Hilfe staatliche Maßnahmen daraufhin überprüft werden konnten, ob sie auch wirklich ein ausschließlich säkulares Ziel verfolgten und Die Unterscheidung von Glauben und Handlung nicht einzelne Religionen förderten oder benachteiligten (Walter 2001). Als jedoch das Mitglied einer indianischen Kirche wegen des rituellen Gebrauches von Peyote, das rechtlich ein Betäubungsmittel ist, fristlos entlassen wurde und der Staat Oregon ihm kein Arbeitslosengeld zahlte, kehrte das Oberste Gericht zu der Auffassung zurück, das Recht der freien Religionsausübung erstrecke sich ausschließlich auf Glaubensanschauungen und nicht auf Handlungen (Employment Division v. Smith in: Gunther/Sullivan, 1997, 1489 bis 1496). Religiös engagierte Gruppen, die in diesem Urteil einen Schritt zurück hinter den Nachweis eines «zwingenden Interesses» sahen, setzten sich für eine neue Gesetzgebung ein, die schließlich im *Religious Freedom Restoration Act* von 1993 zu Stande kam. Jetzt müssen erneut Einschränkungen, die an sich neutrale Gesetze für die Ausübung von Religion mit sich bringen, im Blick auf ein unabweisbares übergeordnetes staatliches Interesse geprüft werden.

Die strikte Gleichbehandlung aller Religionen

Die Rechtsprechung der neunziger Jahre hat sich zunehmend von der Idee objektivierbarer Tests frei gemacht. Die Auffassung, wonach staatliche Maßnahmen daraufhin zu prüfen seien, ob sie eine Religion bevorzugten oder auch nur den Eindruck der Begünstigung erweckten, wich dem Kriterium einer strikten Gleichbehandlung aller Religionen, einer Gleichbehandlung, die auch die Förderung mit einschloss (Walter 2002). Die Frage stellt sich, ob diese Rechtsprechung möglicherweise den religiösen Pluralismus in den USA beflügelt hat. Es wird kaum ein Zufall sein, dass in diesen Jahren die Vertreter der *rational choice theory of religion* (dazu mehr unten) die Behauptung aufstellten, es sei der staatlich ungeregelte religiöse Markt, der die Ausbildung der pluralen Religionslandschaft der USA hervorgebracht habe, wobei ihre Theorie allerdings der staatlichen Förderung der vielen Religionen in den USA auffällig wenig Aufmerksamkeit zollt (Finke/Stark, 1992, 18 f.).

«Gehirnwäsche» und die Frage der Mündigkeit

Nicht alle Rechtskonflikte um Religion in den USA waren Verfassungskonflikte. Amerikanische Gerichte hatten wiederholt darüber zu entscheiden, ob eine Religionsgemeinde ihre Mitglieder so sehr unter Druck setzte, dass von «Gehirnwäsche» gesprochen werden müsse. Dieses wurde vor allem nach der Massenselbsttötung von *People's Temple* zum Thema. Die Gemeinde war 1956 von James Warren (= Jim) Jones (1931–1978) gegründet worden, einem Verfechter der Bürgerrechtsbewegung, der Schwarze und

Weiße mit seiner sozialrevolutionären Predigt begeistert und zu einer Gemeinschaft zusammengebracht hatte. Gemeinschaftlichkeit sollte an die Stelle von Individualismus und von Familie treten, womit auch das Gebiet der Sexualität und des persönlichen Vermögens gemeint war. Als sich vermehrt Jugendliche anschlossen, dauerte es nicht lange, bis besorgte Eltern versuchten, vor Gerichten die Vormundschaft über ihre Kinder in Sachen Religion zu erstreiten, obwohl die Kinder bereits religiös mündig waren. Anwälte jener Eltern argumentierten vor Gericht, «Kulte» würden Jugendliche einer «Gehirnwäsche» unterziehen, sodass diese nicht mehr Herr ihrer selbst seien und es den Eltern daher erlaubt sein müsse, ihre Kinder zu «deprogrammieren». Die Gemeinschaft von People's Temple wich vor dem wachsenden Druck von Eltern, Medien und Politikern in das kleine sozialistische mittelamerikanische Land Guayana aus. Als Eltern mit einem Kongressabgeordneten dorthin reisten, um ihre Kinder abzuholen, kam es am 18. November 1978 in Jonestown zur Katastrophe. Einige Mitglieder der Gemeinde erschossen auf dem Flugfeld den Kongressabgeordneten sowie drei seiner Begleiter. Danach nahm sich die Gemeinde kollektiv das Leben. Von nun an war Jonestown das Musterbeispiel eines «Kultes», der seine Anhänger mittels «Gehirnwäsche» ihres gesunden Menschenverstandes beraubt (Hall/Schuyler/Trinh, 2000, 15–43; Melton/Introvigne 2000).

Wie dauerhaft und gefährlich das Klischee war, zeigte sich noch viele Jahre später. Das brutale Vorgehen des FBI 1993 gegen die adventistische Gemeinschaft in Waco, Texas, der man illegalen Waffenbesitz und Kindesmisshandlung vorwarf, basierte auf dem Drehbuch einer Geiselbefreiung. Das Denken und Handeln der Einsatzleitung galt der einen Frage, wie man die Menschen aus der Gewalt des Anführers, David Koresh, befreien könnte. Nie wurde ernsthaft auch nur in Betracht gezogen, dass dessen Handlungen andere als kriminelle Motive haben könnten. So entging es dem FBI, dass es selber in dem apokalyptischen Drehbuch von Koresh die Rolle des blutrünstigen widergöttlichen Babylons am Ende der Zeit spielte (deshalb spricht man im Falle der Davidianer von *midtribulationists*, also solchen Gruppen, die sich inmitten des Endgerichts wähnen, s. Kapitel V.4). Erst eine spätere Untersuchungskommission erkannte den Fehler: Das FBI sah in Religion einen privaten Glauben, der mit gewalttätigen Handlungen rein gar nichts zu tun haben konnte. Hätte das FBI seiner Taktik wenigs-

Der Fall Waco

tens einmal die Vermutung zu Grunde gelegt, Religion könne auch ein Drehbuch für Handlungsabläufe sein – in dem das FBI selbst eine wichtige Rolle spielt –, hätte es die Situation durch eigene entsprechende Handlungen positiv beeinflussen können (Sullivan 1996; Anthony/Robbins 1997; Docherty 2001; Faubion 2001). So trug der vorausgesetzte Begriff von Religion nicht unwesentlich zur Verschärfung der Situation bei.

Die Situation in Deutschland

Ein Fall ähnlich dem der Krippe auf dem städtischen Weihnachtsmarkt hat auch deutsche Gerichte beschäftigt, jedoch mit anderem Ausgang als in den USA. Die Bemerkung von Christian Walter, in der Rechtsvergleichung würden die sozialen Bedingungen für vermeintlich rein technische juristische Konstruktionen deutlich sichtbar, bestätigt sich hier voll (Walter, 2002, 235). «Es besteht keine Staatskirche», heißt es in Art. 140 GG in Aufnahme der Weimarer Verfassung Art. 137 (1). Ganz im Geiste dieses Diktums erhoben anthroposophische Eltern gegen die Verordnung des Freistaates Bayern, in jedem Klassenzimmer der öffentlichen Grundschulen des Landes ein Kruzifix anzubringen, Verfassungsbeschwerde beim Bundesverfassungsgericht. Zuvor hatte ein Verwaltungsgericht ihren Eilantrag abgelehnt, der Freistaat Bayern solle aus den von ihren Kindern besuchten Schulräumen die Kreuze entfernen. Das Bundesverfassungsgericht gab 1995 der Beschwerde statt. Auch hier war die Meinung der Richter geteilt. Die Mehrheit äußerte sich ablehnend zu der Ansicht der vorangehenden Instanzen (die auch von einer Minderheit der Richter am Verfassungsgericht geteilt wurde), das Kreuz stelle kein Bekenntnis zu einem konfessionell gebundenen Glauben dar, sondern sei Ausdruck einer Zugehörigkeit zum christlich-abendländischen Kulturkreis (Pappert, 1995, 245); stattdessen hielt sie es für ein spezifisches Glaubenssymbol des Christentums (ebd., 226–243).

Das Kruzifix-Urteil

Interessanter als das Urteil selber und seine Begründung ist die Diskussion, die darum entbrannte und in der im wesentlichen vier Kritikpunkte vorgebracht wurden (Jeand'Heur/Korioth, 2000, 86–96). Neben vorwiegend juristischen Einwänden zielte eines auf die Notwendigkeit einer zivilreligiösen Unterbauung schulischer Erziehung. An der hitzigen Debatte um diese Frage (Brugger/Huster 1998) kann man studieren, wie auch in Deutschland Religion keineswegs nur als Inbegriff der Freiheit des individuellen Glaubensbekenntnisses galt, sondern zugleich Ausdruck der Zugehörigkeit zu einer moralisch konstituierten Gemeinschaft. Auch hier schwanken die Richter, ob sie Religion als ein privates Grundrecht oder als ein öffentliches Gut zu verstehen haben.

Wie die USA kennt auch die deutsche Verfassung neben Bestimmungen zur freien Ausübung des Glaubens Regelungen, die die Beziehung des Staates zu den Religionsgemeinschaften betreffen. Laut Grundgesetz der Bundesrepublik Deutschland, das den entsprechenden Artikel 140 aus der Weimarer Verfassung übernommen hat, sind die Religionsgesellschaften «Körperschaften öffentlichen Rechts, soweit sie bisher solche waren. Anderen Religionsgesellschaften sind auf ihren Antrag hin gleiche Rechte zu gewähren, wenn sie durch ihre Verfassung und die Zahl ihrer Mitglieder die Gewähr der Dauer bieten» (WRV Art. 137 [5]). Der Körperschaftsstatus, der von den Ländern zuerkannt wird, verleiht das Recht der Erhebung von Kirchensteuern sowie des Religionsunterrichtes an öffentlichen Schulen, um nur zwei der wichtigsten Privilegien zu nennen. Der Verfassung von Weimar vorausgegangen war im 19. Jahrhundert ein System, in dem nur die evangelische und katholische Kirche öffentlich-rechtliche Körperschaften waren, nicht aber andere Kirchen und Religionsvereinigungen. Erst die Weimarer Verfassung schuf eine «durchlässige Parität» (Korioth, 1999, 226).

Körperschaften öffentlichen Rechts

Der Fall, an dem die juristischen Kämpfe um den Zugang zur «Liga» der Körperschaften offen ausbrachen, war ein Antrag der Zeugen Jehovas im Lande Berlin. Während der nationalsozialistischen Gewaltherrschaft sowie danach in der DDR verboten, stellten die Zeugen Jehovas nach der Wiedervereinigung 1991 beim Land Berlin einen Antrag auf Anerkennung als Körperschaft öffentlichen Rechts. Er wurde von der Senatsverwaltung mit der Begründung abgelehnt, die Zeugen Jehovas würden nicht den zum «Kernbestand des Grundgesetzes zählenden Normen des Demokratie- und Toleranzprinzips» zustimmen und «ein strukturell negatives Grundverständnis vom Staat» haben (zitiert im Urteil vom 26. Juni 1997 Bundesverwaltungsgericht 7 C 11.96). Mit Erfolg legten die Zeugen Einspruch beim Verwaltungsgericht ein (25. 10. 1993), dem das Oberverwaltungsgericht, bei dem wiederum das Land Berlin in Berufung gegangen war (14. 12. 1995), noch einmal stattgab. Die Zeugen Jehovas erfüllten das Kriterium einer Gewähr der Dauer und seien – da nicht in Konflikt mit Art. 9 Abs. 2 GG – «rechtstreu». Der Staat müsse sich jeder inhaltlichen Bewertung religiöser Lehren enthalten und die Eigenständigkeit

Der Fall der Zeugen Jehovas

einer Religionsgemeinschaft respektieren. Wenn die Gemeinschaft der Zeugen Jehovas die Beteiligung an den Parlamentswahlen ablehne, so beruhe dies auf ihrem religiösen Selbstverständnis und sei nicht von der Absicht getragen, das staatliche Demokratieprinzip als solches in Frage zu stellen (zitiert vom Bundesverwaltungsgericht 7 C 11.96, 4 f.).

<small>Staatsloyalität vs. Rechtstreue</small>

Die nächst höhere Instanz, das Bundesverwaltungsgericht, bei dem das Land erneut in Revision ging, entschied anders. Der Staat sei nicht verpflichtet, eine Religionsgemeinschaft zu privilegieren, «deren Tätigkeit mit den Grundwerten der Verfassung nicht übereinstimme». Die Zeugen Jehovas hielten ihre Mitglieder von den Wahlen fern, lehnten Wehr- und Ersatzdienst ab, gefährdeten mit ihrer Verweigerung von Bluttransfusionen und Blutprodukten die körperliche Unversehrtheit ihrer Mitglieder, brächen berufliche Schweigepflichten und trieben die Kinder der Mitglieder in die Isolation (Bundesverwaltungsgericht 7 C 11.96, 5). Eine Religionsgemeinschaft, die dem demokratisch verfassten Staat nicht die für eine dauerhafte Zusammenarbeit unerlässliche Loyalität entgegenbringt, habe keinen Anspruch auf Anerkennung als Körperschaft öffentlichen Rechts. Gegen das Urteil des Bundesverwaltungsgerichtes legten die Zeugen Jehovas Verfassungsbeschwerde ein. Nach Anhörung beider Parteien hob das Bundesverfassungsgericht das Urteil der Vorinstanz auf. Eine Religionsgemeinschaft müsse nicht staatsloyal, wohl aber

rechtstreu sein: a) Sie muß die Gewähr dafür bieten, daß sie das geltende Recht beachten, insbesondere die ihr übertragene Hoheitsgewalt nur in Einklang mit den verfassungsrechtlichen und sonstigen gesetzlichen Bindungen ausüben wird. b) Sie muß außerdem die Gewähr dafür bieten, daß ihr künftiges Verhalten die [...] fundamentalen Verfassungsprinzipien, die dem staatlichen Schutz anvertrauten Grundrechte Dritter sowie die Grundprinzipien des freiheitlichen Religions- und Staatskirchenrechts des Grundgesetzes nicht gefährdet. 2. Eine darüber hinausgehende Loyalität zum Staat verlangt das Grundgesetz nicht (2 BvR 1500/97).

<small>Religion als private und öffentliche Angelegenheit</small>

Die Stellungnahmen und Begründungen der an diesem Verfahren beteiligten Richter und Anwälte zeigen, wie zwei verschiedene Modelle um die Vorstellung der Beziehung von Religion und Staat konkurrieren. Einerseits eine liberale Auffassung, wonach Artikel 4 GG mit der Gewährung der Freiheit der Religionsausübung auch das Recht auf eine Körperschaft öffentlichen Rechtes einräumt, vorausgesetzt, die Religionsgemeinschaft erfüllt das Kriterium von

> *Zwei Orte für Religion*
> Religionswissenschaftlern fällt es naturgemäß nicht schwer, in den Kontroversen amerikanischer und deutscher Juristen religionswissenschaftliche Auseinandersetzungen wiederzuentdecken, etwa die, ob Religion substanziell als Glaube an übernatürliche Wesen oder funktional als moralische Integration einer Gesellschaft zu definieren sei. Jedoch lehrt der Blick auf den Rechtsdiskurs auch, dass diese Alternative zu abstrakt ist. Im Grunde gilt das, was Durkheim für das Recht festgehalten hat, auch für die Religion: «Jedes Recht ist Privatrecht in dem Sinne, dass es sich immer und überall um Individuen handelt, die einander gegenüberstehen und handeln. Aber jedes Recht ist auch öffentlich in dem Sinn, dass es eine soziale Funktion hat» (Durkheim, 1988, 115 f.). Nicht anders im Falle der Religion, die immer beides ist: eine private und eine öffentliche Angelegenheit. Will man die öffentliche Dimension von Religion erkennen, ist die Art und Weise, wie Religion zum Gegenstand von Rechtsstreit wird, überaus aufschlussreich, macht sie doch deutlich, dass beide sich nicht auf durch Definition getrennte Bereiche festlegen lassen.
> Wenn man mit Clifford Geertz Recht als eine spezifische Weise versteht, sich die Wirklichkeit vorzustellen (Geertz, 1983, 184), und wenn dies auch für den Gegenstand Religion gilt, versteht man besser, dass es einer kulturwissenschaftlichen Sicht bedarf, die an die Stelle fixer Größen und eindeutiger Orte die verschiedenen Perspektiven und diskursiven Verortungen setzt. Rechtskonflikte zeigen in aller Deutlichkeit, dass das Verfassungsrecht den Religionen zwei verschiedene Orte gibt – in den Freiheitsrechten des Individuums einerseits und im öffentlichen Interesse an sozial integrierenden Religionsgemeinschaften andererseits.

Dauerhaftigkeit (Korioth, 1999, 221–245); andererseits eine Auffassung, wonach Religion eine Art öffentliches Gut ist, von dem die Mitglieder der Gesellschaft insgesamt zehren. Für diesen Zusammenhang ist ein Zitat von Ernst-Wolfgang Böckenförde einschlägig geworden: «Der freiheitliche säkularisierte Staat lebt von Voraussetzungen, die er selber nicht garantieren kann» (1976, 60).

Da unser erster Fall aus der Antike stammte, möchten wir mit einem zweiten ebenfalls aus der Antike schließen, der die doppelte Struktur von Religion illustriert. Seit dem 1. Jahrhundert v. u. Z. kann man beobachten, dass die Verleihung des Körperschaftsstatus an zunehmend strengere Kriterien geknüpft wurde. Eine Ausnahme waren wohl nur *collegia tenuiorum* (Vereinigungen von Menschen ohne Bürgerrecht). Wenn sie sich zu einem *collegium* zusammenschlossen, sich einmal im Monat trafen, um in die gemeinsame Kasse einen Beitrag zu entrichten, der für die Beerdigung verstorbener Mitglieder vorgesehen war, war dies wahr-

Die römischen collegia

scheinlich von einem generellen Senatsbeschluss (*senatus consultum*) gedeckt. Auch christliche Gemeinden des 2. und 3. Jahrhunderts nahmen offenbar diese Rechtsform an; das kann man daraus schließen, dass der römische Jurist und Kirchenvater Tertullian in seinem *Apologeticum* die christliche Religionsgemeinschaft gegen die Anklage, sie sei eine «ungesetzliche Gruppe» (*factio illicita*) damit verteidigt, dass die christliche Körperschaft sich der Unterstützung ihrer Mitglieder annehme und jeder Heimlichkeit abgeneigt sei. Sie sei die wahre römische *religio licita*.

<small>Kontinuitäten des römischen Rechts im Christentum</small>

Diese Übernahme einer römischen Rechtsform hatte ihrerseits weitere Folgen, denn Tertullian und viele Kirchenväter nach ihm distanzierten sich ausdrücklich von anderen christlichen Gruppen, die diesen öffentlichen Status für sich ablehnten. Die Kirchenväter grenzten solche Gemeinden aus, wobei sie von Kategorien des römischen Rechtes Gebrauch machten. Man erinnere sich: Nicht allein *religio*, auch *magia*, *superstitio* und später auch *haeresis* hatten einen Ort im Rechtsdiskurs. Diese rechtlichen Kriterien für legitime Religion wurden erst Bestandteil der katholischen Theologie und danach der westeuropäischen Rechts- und Religionsgeschichte. So tief der Bruch der Kirche mit den antiken Religionen auch sein mag – die Kontinuität mit dem römischen Recht ist anders zu beurteilen. Wenn der Christ im Glaubensbekenntnis spricht: «Ich glaube an die heilige christliche Kirche», bekennt er sich, ohne es zu wissen, zu einer Institution des römischen Rechts. Aus Fremdreferenz ist Selbstreferenz geworden, Recht ist in das Glaubensbekenntnis gewandert.

3. Territorialität: Die Utopisierung des Raumes

<small>Territorialität als analytische Kategorie</small>

Map is not territory – mit dem Titel seiner Antrittsvorlesung an der University of Chicago brachte Jonathan Z. Smith 1974 die Tatsache auf den Punkt, dass sich die Wahrnehmung von Raum und Zeit in dem Moment entscheidend verändert, wenn ihnen religiöse Bedeutung zugeschrieben wird. Angesichts des großen Einflusses, den religiöse Aufladungen von «Land» und «Ort» auf Prozesse der Religionsgeschichte, aber auch auf Politik und soziale Identitäten ausübten, überrascht es, dass *Territorialität* als eine analytische Kategorie und *Religionsgeografie* als ein spezifischer Zweig der Religionswissenschaft in akademischen Debatten nur eine untergeordnete Rolle spielen (zur Einführung s. Park 1997; Büttner et al., 1985, 13–181; Überblick bei Hoheisel 1988 und Gill 1998). Das hat seine Gründe auch in der Vorherrschaft einer theologisch oder phänomenologisch ausgerichteten Religionswissenschaft, die Heiligkeit mit Epiphanien des Göttlichen in Zusammenhang bringt, anstatt die sozialen und kommunikativen Prozesse der *Zuschreibung* von Heiligkeit in den Blick zu nehmen. Dass Begriffe wie «Exil», «Diaspora», «Zentrum und Peripherie», aber auch «heilig und profan» oder «rein und unrein» sich analytisch von territorialen Konzepten herleiten lassen und deshalb der besonderen Aufmerksamkeit der Religionswissenschaft bedürfen, wollen wir im Folgenden zeigen, und zwar ausgehend von der jüdischen Religionsgeschichte.

Eretz Jisrael, das «Land Israel», gehört zu den wirkungsmächtigsten Konstruktionen der Religions- und Kulturgeschichte. Vom ersten vorchristlichen Jahrtausend bis heute hat jenes «Gebiet», das im Grunde – nicht zuletzt wegen des Fehlens klarer natürlicher Grenzen – niemals eindeutig territorial bestimmt werden konnte, theologische Deutungen auf sich gezogen. Eretz Jisrael wird damit zum Paradigma einer Zuschreibung von religiösen Dimensionen auf eine konkrete Geografie, ein Prozess, den man kulturwissenschaftlich als *mapping* bezeichnen kann oder, in den Worten von Clemens Thomas, als «Geotheologie» (Thoma, 1970, 37 f.). Je nach Perspektive war dieser Landstrich das «Gelobte Land, in dem Milch und Honig fließt», das «Verheißene Land» oder auch das «Genommene Land». Die Grenzen dieses Landstrichs waren ungemein schwer zu ziehen, denn sie gründeten nicht in geografischen, sondern in religiösen Merkmalen – und zwar noch im Jahre 1917, als die britischen Behörden bei der Grenzziehung Palästinas auf sie zurückgriffen (Krämer, 2002, 11–52).

Eretz Jisrael

Im Text der Hebräischen Bibel sind die Aussagen über die Heiligkeit des Landes und dessen Lokalisierung alles andere als eindeutig. Auch wenn es eine längere Vorgeschichte von Land, Verheißung und Exil gibt (Gen. 15,18–21 oder Lev. 25,23), begegnet die theologisch aufgeladene Rede von Eretz Jisrael erst in den frühen rabbinischen Schriften (Mischnah und Midraschim des 2. Jahrhunderts u. Z.), und zwar nicht zuletzt als Verarbeitung der Zerstörung des Jerusalemer Tempels durch die Römer im Jahr 70 u. Z. Bis dahin war der jüdische Kult durchaus ähnlich angelegt wie andere Kulte der antiken Welt: An einem zentralen Heiligtum

Der Tempel als Mittelpunkt einer religiösen Landkarte

war die jeweilige Gottheit anwesend und konnte ihre Segen spendenden Kräfte an lokale Gemeinschaften weitergeben. Das Heiligtum betrachtete man als Besitz der Gottheit, was in Rom dazu führte, dass man Fragen der *religio* konsequent im Eigentumsrecht regelte (ein Ort war *religiosus* oder *sacer*, weil er der Gottheit gehörte). In der Zeit des Zweiten Tempels fand eine zunehmende Zentralisierung des Kultes auf Jerusalem hin statt; das Allerheiligste, welches nur der Hohepriester einmal im Jahr betreten durfte, war der Mittelpunkt einer religiösen Landkarte.

Die Tempelrolle vom Toten Meer

Man kann diesen Prozess der Zentralisierung sehr klar einer der wichtigsten Quellen der nachexilischen jüdischen Literatur entnehmen, nämlich der so genannten Tempelrolle, die man in der Qumrangemeinde vom Toten Meer fand. Die Entdeckung ist auch deshalb für die Forschung sensationell, weil in ihr erstmals nachgewiesen werden kann, «daß es zu jener Zeit geschriebene Torah in Form direkter Gottesrede an Mose gab, die im Pentateuch nicht enthalten ist» (Maier, 1995/1996, Bd. 3, 15). Sie stellt damit eine priesterliche Spezialliteratur dar – beinah so etwas wie das «Sechste Buch Mose» –, in der geotheologische Überlegungen einen ersten Höhepunkt erlebten. Die Tempelrolle

repräsentiert trotz ihres zusammengesetzten Charakters (einschließlich vermutlich viel älterer Quellen) ein Werk mit klaren Anzeichen einer systematischen Komposition, einen ersten Schritt in Richtung auf eine Kodifizierung, in diesem Fall organisiert nach dem Konzept von konzentrisch angeordneten Feldern von Heiligkeit (Maier, 1996, 124).

Diesem Modell zufolge ordneten die priesterlichen Theologen das «Land» in Abstufungen von Heiligkeit um den Tempel herum an, angefangen mit den religiösen Funktionären über das einfache jüdische Volk (*am ha-aretz*) bis hin zu den Nicht-Juden, die von der kultischen Gegenwart Gottes ausgeschlossen waren. Ebenfalls abgestuft war der Grad an Reinheit, denn mit zunehmender Entfernung vom Allerheiligsten des Tempels gewannen Unreinheit und Unvollkommenheit die Oberhand. «Heilig» war das Land deshalb, weil sich Gott in Jerusalem offenbarte und weil im Tempel der Kult in Torah-gemäßer Weise ausgeführt wurde.

Der verlorene Tempel und die Formierungsphase des Judentums

Das Judentum ist deshalb ein prägnantes Beispiel, weil sich hier sehr klar die Tendenz zur «Utopisierung» nachweisen lässt, die in rabbinischen und kabbalistischen Kreisen die jüdische Identität maßgeblich veränderte. Dabei gewann die Exilthematik eine be-

> *Lokative und utopische Religion*
> Jonathan Z. Smith bezeichnet mit «*lokativ*» eine Religion, die von einem zentralen Heiligtum, von religiösen Funktionsträgern sowie der Wichtigkeit der alten, traditionellen Überlieferungen, der rettenden Macht des Königtums und der Vitalität von Mythen ausgeht (Smith, 1978, xiii). Auf viele Religionen der Antike trifft dieses Modell zu; doch ebenso lässt sich bei einer Reihe von Religionen ein Veränderungsprozess beobachten, der über die Ausbildung von Diasporagemeinden verläuft. Während für den Angehörigen eines zentralen Kultes der Heimatort die zentrale religiöse Kategorie war, ist es für das Mitglied einer Diasporareligion gerade die *Freiheit* vom festen Ort, die als zentrale Kategorie Bedeutung erlangt. Es kommt, so Smith, zu einem Umschlag in utopische Religion, die den Ort konsequent transzendiert und sich, statt an religiösen Funktionären, an Heilsgestalten orientiert. Es ist wichtig zu betonen, dass beide Modelle direkt aufeinander bezogen sind und sich tatsächlich nicht ausschließen müssen; die analytische Trennung jener Religionsformen dient Smith lediglich dazu, die Rolle der Territorialität innerhalb der Religionsgeschichte deutlich zu machen.

sondere Bedeutung. Der äußere Anlass für den Umschlag des Judentums in eine utopische Religion war die Zerstörung des Jerusalemer Tempels im Jahr 70 u. Z. sowie die Tatsache, dass nach dem Bar-Kochba-Aufstand 135 u. Z. Jerusalem für die Juden offiziell zur verbotenen Stadt wurde, bis die muslimischen Herrscher ihnen den Zugang wieder erlaubten. Der Verlust des zentralen Heiligtums zog eine radikale Neuorientierung der Theologie nach sich, die besonders im rabbinischen Judentum Palästinas und Babyloniens vorgenommen wurde. Judaisten wie Jacob Neusner nennen deshalb zu Recht das 2.–8. Jahrhundert die eigentliche Formierungsphase des Judentums. Der verlorene Tempel, auch wenn er gleichsam als «Leerstelle» und «offene Wunde» weiter existierte, büßte seine lokative Heilsfunktion zunehmend ein; an seine Stelle trat die Torahfrömmigkeit der Gemeinde Israel und die individuelle Einhaltung der Kultordnung, die auch in der Diaspora wirksam war.

Dennoch – und durchaus paradox – gewannen das Land Israel und die Stadt Jerusalem eine überaus mythische Bedeutung. Im Midrasch Tanchuma heißt es prägnant:

> So wie der Nabel sich im Zentrum des Menschen befindet, so befindet sich das Land Israel im Zentrum der Welt [...] es ist das Fundament der Welt. Jerusalem ist im Zentrum des Landes Israel, der Tempel im Zentrum von Jerusalem,

das Allerheiligste im Zentrum des Tempels, der Schrein im Zentrum des Allerheiligsten, und der Grundstein liegt vor dem Schrein, womit er das Fundament der Welt ist (Qidduschim 10).

Dass «das Land Israel heiliger als alle anderen Länder ist» (Mischnah, Kelim 1,6), gehört zur Überzeugung von Juden bis auf den heutigen Tag.

Die Schechinah im Exil

Durch die Zerstörung des Tempels war Israel von der Heilsgegenwart Gottes ausgeschlossen und der Ort seiner Präsenz war verunreinigt. Das *Leben im Exil* ist deshalb nicht allein ein geografisches Phänomen, sondern ein theologisches und existenzielles. Die *Schechinah*, die kultische Gegenwart Gottes im Tempel (bisweilen auch als Gottes weibliche Gefährtin beschrieben), hatte nämlich ebenfalls den Tempel verlassen müssen und befindet sich seither im Exil. Dieser Sachverhalt wird in den rabbinischen Schriften ausführlich gedeutet. Der Midrasch Bereschit Rabba (19,6) etwa nimmt eine heilsgeschichtliche Interpretation vor, indem er davon spricht, dass sich die Schechinah, die am Beginn der Zeit auf der Erde war, durch die Sünden und Bedrängnisse des jüdischen Volkes bis in die siebente Feste zurückgezogen habe, doch durch das Auftreten von sieben Gerechten (Abraham, Isaak, Jakob, Levi, Kehat, Amram und Mose) habe sich die Schechinah wieder auf die Erde herab gesenkt und sich gewissermassen in der Torah verkörpert. Die Schechinah wohnt deshalb nicht allein im Tempel, sondern ist in der Torah präsent, die Mose am Sinai gegeben worden war und die nach rabbinischer Lesart neben der schriftlichen Torah (also der Hebräischen Bibel) auch die so genannte mündliche Torah umfasst, vor allem Mischnah und Talmud.

Zweifache Spiritualisierung des Raumes

Wir können mithin von einer zweifachen Spiritualisierung des Raumes sprechen: Einerseits wird Jerusalem als kosmisches Zentrum mythisch überhöht und das Zentrum von der Stadt auf die Torah verschoben, andererseits wird der Raum zu einer zeitlichen Metapher, indem die Heilsgeschichte um die Präsenz der Schechinah herum geordnet wird, was wiederum die Exilsituation theologisch überhöht. Beide Erscheinungen sind utopische Herausforderungen der lokativen Strömungen im Judentum (s. dazu Smith, 1978, 112–128).

Kabbalistische Deutungen

Die paradoxe Deutung von Territorialität als konkretes Land und als utopische Metapher wurde noch verstärkt, als im 12. Jahrhundert von Südfrankreich aus die Kabbalah ihren Siegeszug durch das europäische Judentum antrat. Spätestens nach 1492, als die Juden (und Muslime) aus Spanien vertrieben worden waren und damit das wichtigste Zentrum jüdischer Gelehrsamkeit und Kultur unterging, war es die Exilthematik, die mit brennender Aktualität nach einer theologischen Erklärung verlangte. Eine wirkmächtige Interpretation dafür lieferten die Kabbalisten um Isaak Luria, die im 16. Jahrhundert im galiläischen Safed Schulen begründeten. Auf die Details der lurianischen Lehre können wir hier nicht eingehen (s. dazu Scholem, 1991, 267–314); zusammenfassend nur so viel: Luria betrachtet den Schöpfungsvorgang als einen Prozess der «Selbstexilierung» Gottes in seinen eigenen uranfänglichen Raum. Durch dieses Zurückziehen (hebr. *Zimzum*) macht er Platz für die geschaffene Welt, die dadurch entsteht, dass sein Licht in den freien Raum hinein strömt und dadurch eine Art Urmensch (*Adam Kadmon*) gebildet wird. Daraus wiederum entstehen die so genannten Sefiroth, also Emanationsweisen des Göttlichen. Da aber nur die oberen Sefiroth das vollkommene Licht halten konnten, die unteren sieben jedoch barsten (der so genannte «Bruch der Gefäße»), wurde die reine göttliche Kraft in vielen Scherben oder Funken verteilt und mit unreiner Materie vermischt. Erneut haben wir es also mit einer Exilsituation der Gottheit zu tun, die nun aber auf die Menschen (Israel) insofern übertragen wird, als es die Aufgabe jedes einzelnen Juden ist, die Scherben durch Gebet und Torahfrömmigkeit gleichsam wieder zusammenzusetzen (*Tikkun*).

Auch hier kommt die Schechinah an zentraler Stelle vor. «Das Exil der Schechina», so Scholem,

<small>Restitution als Ziel und Aufgabe</small>

ist keine Metapher, es ist ein echtes Symbol für einen Status der Dinge in der Welt der göttlichen Potenzen selber. Die Schechina fiel, als letzte Sefira, beim Bruch der Gefäße. [...] Die Schechina zu ihrem Herrn zurückzuführen, sie mit ihm zu vereinigen, ist in dieser oder jener Gestalt der wahre Sinn aller Gebote der Tora (Scholem, 1991, 302).

Indem Juden am Ziel der Wiederherstellung ihres geistigen Urbildes (*Adam Kadmon*) arbeiten, helfen sie letztlich Gott selber bei der Überwindung seines Exils. Die Zerstörung des Tempels und die Vertreibung aus Spanien war damit ein reales Abbild des heilsgeschichtlichen Prozesses der Exilierung und Wiederherstellung der kosmischen Ordnung, in der Gott Israel ebenso braucht wie Israel seinen Gott. Der Schritt zur Utopisierung der Religion war selten so deutlich vollzogen worden wie hier, denn die «kommende Welt» der messianischen Heilszeit war jene, die von Israel selber geschaffen werden muss. Die Ankunft des Messias würde lediglich die Bestätigung für diese Leistung sein und liegt gänzlich in der Verantwortung Israels.

Israel als Ort des Heilsgeschehens

Und dennoch spielte das konkrete Land Israel immer noch eine große Rolle. Nicht zufällig gründeten Luria und andere Kabbalisten ihre Schulen im «Heiligen Land», denn *hier* war die Nähe zur göttlichen Offenbarung gegeben und *hier* würde der Prozess des *Tikkun* zu seinem Abschluss kommen. Die Zuschreibung von religiöser Bedeutung an einen Ort und die Spannung zwischen konkreter Geografie und mythischer Transzendierung gehört seit dem 16. Jahrhundert zu einem zentralen Element jüdischer Identität. Es steht ebenso hinter den mystischen Tendenzen des osteuropäischen Judentums wie hinter den – eigentlich säkularen – Bestrebungen der zionistischen Bewegung, eine «Heimstatt der Juden» in Palästina zu schaffen (Weinfeld 1983). Die politische Idee einer jüdischen «Nation» musste natürlich nicht zwangsläufig messianisch überhöht werden, so wie der bekannte Abschiedsgruß «Nächstes Jahr in Jerusalem» von vielen Juden benutzt wurde, ohne dass dies mit endzeitlichen Spekulationen einher ging. Doch die unterschiedlichen Beziehungen zwischen Zionismus und Messianismus sollten die Geschichte der ultraorthodoxen Gemeinden nach 1945 prägen und polarisieren.

Die Bedeutung der Staatsgründung 1948

Als nach dem Zweiten Weltkrieg und dem Mord an den europäischen Juden 1948 der Staat Israel gegründet wurde, stand die Frage der Verknüpfung von Heil und Territorium wie selbstverständlich erneut auf der Tagesordnung (Rubenstein 1966). Für die ultraorthodoxen Juden war es ein unverzeihlicher Abfall vom Glauben, den endzeitlichen Vorgang der Gründung eines Staates Israel und damit die Beendigung des Exils selber in die Hand zu nehmen. Der Versuch, «das Ende herbeizuzwingen» und Eretz Jisrael in Besitz zu nehmen und zu bebauen, konnte nur eine Eingebung Satans sein. Mehr als Beten war bis zur Ankunft des Messias im Land Israel religiös nicht gestattet (Ravitzky, 1996, 40–78). So fühlten sich diese Juden in einem doppelten Exil: nicht allein in einer Zeit ohne Messias, sondern auch in einem Staat, der auf dem Verrat jüdischen Glaubens beruhte.

Die Kluft zwischen den Ultraorthodoxen und den Befürwortern eines jüdischen Staates schloss sich erst nach 1974. Hierbei war der Einfluss zweier Rabbis, Abraham Isaak Kuk (1865–1935) und seines Sohnes Zvi Jehuda Kuk (1891–1982) und ihrer Jeschiwa bestimmend gewesen (Ravitzky, 1996, 79–144). Die Lehre Kuks des Älteren unterschied sich in ihrer Kühnheit von den übrigen Ultraorthodoxen. Wie ein *chassîd*, Rabbi und Mystiker zugleich, verdammte er die säkulare Lebensweise der Siedler nicht als Häresie, sondern hielt sie für eine Stufe im Erlösungsprozess. Auch wenn sie es nicht wüssten, erfüllten sie doch eine göttliche Mission, die auf den kosmischen *Tikkun* hinausläuft. Kuk der Jüngere ging einen Schritt weiter und setzte «Erlösung» mit militärischen Erfolgen Israels gleich. Als er kurz vor dem Sechstagekrieg im Juni 1967 während einer Predigt zur Überraschung seiner Zuhörer in die Klage ausbrach, dass Hebron, Sichem, Jericho und Anathot 1948 von Israel weggerissen worden seien, und wenige Tage danach diese Städte von israelischen Truppen besetzt wurden, sah man in seinen Worten eine Prophetie, die direkt in Erfüllung gegangen war. Der Sechstagekrieg von 1967 war für sie ein «Krieg der Erlösung».

Versöhnung von politischem Zionismus und Messianismus

Die politische Führung Israels sah zwar lange noch in den «besetzten Territorien» ein Tauschobjekt für Frieden mit den Palästinensern. Als Israel aber 1973 im Jom-Kippur-Krieg zum ersten Mal militärische Niederlagen einstecken musste, fanden Kuk und seine Anhänger mit der Deutung des Vorganges als «Wehen des Messias» Gehör. Gott habe das Volk wegen seines Unglaubens gestraft. Zwar gab es nach wie vor streng orthodoxe Juden, die den Staat Israel nicht als legitim anerkannten und das Zahlen von Steuern verweigerten. Und es gab eine starke Fraktion, die sich für «Land gegen Frieden» einsetzte. Jedoch wurde der Gang der weiteren Ereignisse von einer neuen Größe bestimmt: einem religiösen Zionismus. In Gusch Emunim, dem «Block der Gläubigen bzw. Treuen», wurde eine neue «Geotheologie» zu einer militärisch-politischen Macht (Marty/Appleby, 1996, 104–141).

Gusch Emunim

So hat das Problem von utopischer Landkarte und faktischer Territorialität zu einer Neuformierung des Judentums, übrigens auch in den USA, geführt. Und nicht nur des Judentums: Die Rivalität zwischen Israel und den Palästinensern erfasste auch die Deutungsmuster des Konfliktes. Als die Palästinenser sich 1987 in Aktionen gegen Israel erhoben, die anfangs noch Ähnlichkeiten mit der Tradition zivilen Ungehorsams hatten, gründete die islamische Bruderschaft, die in Gaza seit langem ein dichtes Netzwerk von

Die palästinensische Antwort: Hamas

Universität, Betrieben, Moscheen, Schulen, Krankenhäusern u.s.w. unterhielt, eine eigene Organisation, um die Leitung des Widerstandes nicht der nationalistischen PLO allein zu überlassen: die Hamas. In ihrer Charta aus dem Jahre 1988 taucht die Replik zum jüdischen Anspruch auf. Sie möchte das Banner Gottes über jedem Zipfel Palästinas aufpflanzen. «Palästina ist islamisches *waqf*-Land für die muslimischen Generationen bis zum Tag der Auferstehung. [...] Die Muslime der Eroberungszeit haben es den muslimischen Generationen bis zum Tag der Auferstehung als Stiftungsland übertragen», heißt es in Artikel 11. Friedliche Lösungen stehen dazu im Widerspruch: «Keine Lösung der Palästinafrage außer durch den Jihad» (Art. 13). Dass auch das Christentum eine heilsgeschichtliche Deutung dieses Konfliktes um das Land Israel kennt, wird sich in Kapitel V.4 zeigen.

Göttlicher Segen als begrenztes Gut

Es sollte nicht bei der bloßen Beobachtung bleiben. Kürzlich hat eine amerikanische Religionswissenschaftlerin darauf hingewiesen, dass die Bibel voller Erzählungen ist, deren Logik immer die gleiche ist. Gott verwirft das agrarische Opfer Kains, freut sich aber über das tierische Opfer von Abel. Isaak kann Esau den Segen nicht noch einmal geben, obwohl Jakob ihn sich erschlichen hat. Der Bund Gottes beruht auf Unterwerfung der einen (Israels), Ausschluss der anderen (Kanaanäer, Araber). Das Gleiche wiederholt sich in Bezug auf das Territorium. Israels Recht am Land stammt aus einer Verheißung Gottes, der das Land besitzt, nicht aber aus dem Umstand, dass es dort daheim ist. Vertreibung und Exil sind folgerichtig Strafe für Ungehorsam. Es ist die Struktur von Verheißung und Gehorsam, die das Land künstlich verknappt (Schwartz 1997).

Das «himmlische Jerusalem» in christlicher Lesart

Auch wenn das Judentum gewissermaßen das Paradigma für die Zuschreibung von Bedeutung an Raum und Zeit gestiftet hat, lässt sich ein ähnliches Modell in vielen anderen Religionen ebenfalls leicht nachweisen. Darin besteht ja gerade die Stärke dieses analytischen Zugriffs. Im Christentum herrschte anfangs der utopische Zug vor. Die Tempelzerstörung wurde dadurch gedeutet, dass es fortan um die Erringung des «Himmlischen Jerusalem» gehe, welches dereinst von Christus regiert werde (oder das, nach anderer Lesart, schon existiere). Diese letztlich neuplatonische Konzentration auf die *Idee* des Tempels war im Christentum so stark, dass der jüdische Autor Philo von Alexandria (1. Jahrhundert), der eben dies propagierte, über Jahrhunderte als ein christlicher Autor angesehen wurde. Wenn mittelalterliche und frühneuzeitliche Stadtdarstellungen Jerusalems europäischen Städten nachgebildet wurden, so zeigt sich darin die Utopisierung des konkreten Ortes als ein Leben in der Erlösungsgegenwart Gottes. Rom, Venedig, Kiew, Moskau und Neuengland konnten deshalb als das «Neue Jerusalem» bezeichnet werden (Rubin 1999). Christoph Auffarth hält prägnant fest: «Jerusalem ist in vielfältigen Formen auch fern der historischen Lokalität präsent, da der heilige Ort Jerusalem in Modellen vielerorts erreichbar und in Prozessionen ‹erfahrbar› wird: das Heilige Grab und die Osterspiele realisieren es im Kalender hier und heute» (Auffarth, 2002, 122). Doch die Spiritualisierung des Ortes und seine Verlagerung in die Transzendenz oder ins Innere des Menschen ist nur eine Variante christlicher Interpretation; eine andere verband das «Himmlische Jerusalem» sehr konkret mit irdischen Verhältnissen, was insbesondere dann der Fall war, wenn politisch-militärische Ansprüche zu legitimieren waren (Krämer, 2002, 39–45), etwa zur Zeit der Kreuzzüge – oder auch heute.

Ähnlich verhielt es sich im Islam, wo die Spannung zwischen lokativer und utopischer Konzeption der heiligen Orte keinem einheitlichen Muster folgte. Zwar wurde die Kaʿba von Mekka, die in vorislamischer Zeit ein lokales Heiligtum war, durch die muslimische Theologie gleichsam utopisiert und Jerusalem im Anschluss an jüdisch-christliche Metaphern zur Heiligen Stadt (*al-quds*, «Die Heilige») mit Erlösungspotenzial, doch sowohl die Pilgerfahrt nach Mekka als auch die politische Bedeutung des realen Jerusalem hielten den lokativen Zug aufrecht. «Palästina war», so Gudrun Krämer,

<small>Mekka und Jerusalem im Islam</small>

über Jahrhunderte zwar nicht Lebensmittelpunkt der verschiedenen Gemeinschaften, wohl aber Bezugspunkt, Referenz und Symbol von hohem emotionalen Gehalt, an die auch nach langen Zeiten der Latenz in immer neuer Art und Weise angeknüpft werden konnte: nicht bestimmend, aber sehr lebendig (Krämer, 2002, 52).

Nimmt man die Spannung zwischen lokativen und utopischen Konzeptionen ernst, so zeigt sich ihre untrennbare Bezogenheit aufeinander. *Map* und *territory* sind keineswegs als analytische Kategorien zur Einteilung von Religionen zu verstehen, sondern als zwei unterschiedliche Strategien des *mapping*, nämlich der Zuschreibung von Bedeutung an Raum und Zeit. Deshalb kann Smith sagen: «Map is not territory–but maps are all we possess»

<small>Strategien der Zuschreibung von Bedeutung</small>

(Smith, 1978, 309). Damit kommt eine dritte Strategie in den Blick, die gerade im Aushandeln von *mapping*-Strategien besteht. Indem man akzeptiert, dass lokative und utopische Strategien der religiösen Ordnung des Raumes letztlich inkongruent auftreten und sich gegenseitig bedingen, gewinnt man eine Perspektive auf die Dynamik der sozialen Konstruktion von Raum; man kann «zwischen den Inkongruenzen spielen und Nachdenken ermöglichen» (Smith, 1978, 309). Betont wird nun das aktive Moment, das in der einfachen Tatsache begründet ist, dass es immer die Menschen sind, welche dem Territorium Bedeutung zuschreiben. «Smiths Insistieren auf der Zuschreibung impliziert die Bedeutung von Bewegung und Prozess. Reise oder Erzählung könnten zu einer reicheren Konzeption von Territorium effektiv beitragen und diese aktiven Begriffe erfahren neuerdings eine zunehmende Beachtung» (Gill, 1998, 310). Der Religionswissenschaft kommt die Aufgabe zu, das dynamische Spiel zwischen lokativen und utopischen Strategien des *mapping* in ihrem kulturellen Kontext darzustellen, anders ausgedrückt: die Prozesse des diskursiven Kartierens zu analysieren (Lossau 2002).

Der Streit um «heilige Orte» in Nordamerika

Da es sich nicht überprüfen lässt, ob ein Ort per se «heilig» ist, muss sich die Religionswissenschaft auf die sozialen Prozesse beschränken, in denen Menschen einem Ort Heiligkeit zuschreiben. Für solche Prozesse gibt es unzählige Beispiele; neben der Diskussion um das «Heilige Land» könnte man auch die in Nordamerika kontrovers geführte Debatte um «heilige Stätten» der *Native Americans* betrachten, wo religiöse Identitäten, christlich geprägte Auffassungen von «heilig» und wirtschaftliche Interessen eine komplexe Gemengelage ergeben. Besonderes Aufsehen erregte der Bau eines Teleskops auf dem von Indianern als heilig bezeichneten Mount Graham, denn der Bauherr war kein Geringerer als der Vatikan (Taylor 1995; s. Abbildung 2). Neben dieser konfliktträchtigen Zuschreibung und Aberkennung von Heiligkeit an einen Ort ist an diesem Beispiel auch der Übergang von lokativer Religion zu utopischer Religion zu beobachten: Mount Rushmore, Mount Graham oder Sedona sind nicht mehr nur religiös bedeutsame Orte für die jeweils dort ansässigen Menschen, vielmehr werden sie – nicht zuletzt durch Pilger aus Europa und Nordamerika – «globalisiert» und bekommen eine tragende Rolle für die Entwicklung des Planeten zugeschrieben (Chidester/Linenthal 1995; Light/Smith 1997; Ivakhiv 2001).

Abbildung 2: Cartoon von Mike Ritter aus den *Tribune Newspapers of Arizona* (aus: Taylor, 1995, 127).

Einen besonderen Fall der Utopisierung des Raumes stellt auch das Internet dar. Sieht man einmal vom einfachen Zweck der Internet-Präsenz von Religionsgemeinschaften ab, die eigenen Aktivitäten einem breiten Publikum bekannt zu machen (schon die verräumlichende Metapher des «Internet-Portals» zeigt die Relevanz von Territorialität), so werden in diesem Medium die lokalen Verhältnisse völlig bedeutungslos, sobald wir es mit eigentlicher *Cyber Religion* zu tun haben: Religionsgemeinschaften, die ausschließlich im virtuellen Raum existieren, sei es, indem Computer-generierte Tempel besucht werden können, sei es durch christliche Beichten per Internet-Chat, sei es durch Pilgerfahrten per Mausklick – einschließlich der Darbringung von Opfern durch Kreditkarten-Transaktionen. Das Internet ist hier nicht mehr nur ein Medium zum Austausch von Informationen, sondern jeder Computer auf der Welt kann zum Ort religiösen Handelns werden.

Das *mapping*, also die aktive Strukturierung von Raum und Zeit, ist damit als ein zentrales Merkmal religiösen Handelns anzusprechen. Die Analyse von Strategien der diskursiven Kartie-

Das Internet als «entterritorialisierter Raum»

rung wiederum gehört deshalb zu den wichtigsten methodischen Zugriffen einer kulturwissenschaftlich orientierten Religionswissenschaft.

4. Pluralismus: Europäische Religionsgeschichte

Die «Rückkehr der Religionen»

Als Religionen seit Mitte der 1970er Jahre begannen, in den öffentlichen Raum moderner Gesellschaften zurückzudrängen und zunehmend die Geschichte des letzten Viertels des 20. Jahrhunderts zu bestimmen, reagierten viele mit Erstaunen. Bis in die siebziger Jahre hinein, teilweise noch darüber hinaus, waren Wissenschaftler quer durch alle Disziplinen einschließlich der Religionswissenschaft nämlich davon überzeugt, Religionen würden in absehbarer Zukunft aus der Öffentlichkeit und der Geschichte verschwinden und zur reinen Privatsache werden. Plötzlich wurden sie davon überrascht, dass im Namen der Religionen in aller Öffentlichkeit moralische und politische Ansprüche erhoben wurden und diese Forderungen teilweise mit Gewalt einher gingen. Religionswissenschaftler wunderten sich, dass diese Vorgänge sogar als Indizien eines neuen globalen kulturellen Dramas gesehen wurden.

Arbeitsmigration

Die öffentliche Präsenz einer Vielheit von Religionen war nicht zuletzt das Ergebnis zweier Entwicklungen, die sich in den meisten nordeuropäischen und nordamerikanischen Ländern seit den 1960er Jahren vollzogen: von Arbeitsmigration und einer Konjunktur so genannter «neuer Religionen». Die Arbeitsmigration der 1960er und 1970er Jahre ist keine kurzfristige Maßnahme geblieben, wie anfangs gedacht. Die deutschen «Gastarbeiter» kehrten nur zum Teil in ihre Heimatländer zurück. Andere sahen in Deutschland ihre Zukunft und gründeten hier Familien, ohne jedoch sogleich ihre Nationalität aufzugeben oder aufgeben zu können. Auf Grund von Berechnungen des Statistischen Bundesamtes wird mit 3,2 Millionen Muslimen gerechnet, die dauerhaft in Deutschland bleiben (Spuler-Stegemann, 2002, 29 f.). Seit den 1980er Jahren besiegelten die Zuwanderer ihre Entscheidung, hier zu bleiben, mit der Gründung von anfangs provisorischen Moscheegemeinden, später mit dem Bau kostspieliger Moscheegebäude. Der Islam kennt zwar keine hierarchisch organisierte Kirche und steht deshalb nicht unter dem gleichen Schutz und der gleichen Privilegierung wie die christlichen Kirchen. Muslime gingen mit diesem Problem jedoch produktiv um und brachten religiöse Gemeinschaftsformen hervor, die sich am deutschen Vereinsrecht orientierten. Die einzelnen Moscheegemeinden haben sich großen Dachverbänden angeschlossen, die ihrerseits mit Organisationen in der Türkei Verbindung halten (Spuler-Stegemann, 2002, 92 bis 121; 158 f.).

Als Samuel P. Huntington Mitte der 1990er Jahre seine These vom *Clash of Civilizations* vorlegte, derzufolge Christentum und Islam, vertreten durch den Westen und den Orient, inkompatibel seien und damit unausweichlich auf einen grundsätzlichen Kulturkonflikt zusteuerten, stieß er bei einer irritierten Öffentlichkeit und bei der Politik auf offene Ohren. Denn nicht nur die letztlich irrationale Angst vor «dem Islam» hat in Europa eine lange Tradition, sondern auch die unhinterfragte Voraussetzung, die europäische Identität und Wertegemeinschaft sei fest mit der christlichen Religion verknüpft, eine religiöse Pluralität und Diversität folglich nie Bestandteil europäischer Geschichte gewesen. Derartige Phänomene könnten deshalb lediglich vor dem Hintergrund der Moderne und der Säkularisierung gelesen werden.

<small>Kampf der Kulturen?</small>

Neben der Migration trugen solche Gemeinschaften, die man bisweilen in Anlehnung an die englische Begrifflichkeit *Kulte* nennt, zur zunehmenden Vielfalt von Religionen bei. Einerseits haben Kirchen als Körperschaften öffentlichen Rechts ihre Stellung in der Gesellschaft zwar auch dann halten können, als durch Kirchenaustritte ihre Mitgliederzahlen rückläufig waren. Andererseits haben religiöse Gruppen, die diesen Rechtsstatus nicht besaßen, dennoch großen Erfolg erzielen können. Nur selten haben sie sich als Sekten von bestehenden Kirchen abgespalten. Oft entstanden sie in einem *kultischen Milieu* (ein von Campbell 1972 eingeführtes Konzept), in dem nicht-christliche Lehren und Praktiken propagiert und ein Interesse an Heilung in psychischer, somatischer und spiritueller Hinsicht bestand. Die Bezeichnungen für diese Gruppen sind verschieden und nur schwer zu vereinheitlichen: Spirituelle Bewegungen, New Age, Esoterik, Neo-Schamanismus u. a. Die Begriffe – bei denen zudem der wissenschaftliche und der populäre Sprachgebrauch weit auseinander klaffen – tragen oft eine negative Konnotation mit sich und werden von den Angehörigen der so beschriebenen Religionen in der Regel abgelehnt. In vielen Fällen verzerren sie die Sachverhalte sogar: In einer

<small>«Neue Religionen»</small>

gründlichen Studie der Geschichte der modernen paganen Hexenreligion hat Ronald Hutton beispielsweise gezeigt, dass man in Bezug auf die Hexenreligion des 20. Jahrhunderts von einer «voll entwickelten, unabhängigen Religion» sprechen müsse (Hutton, 1999, 413; zur Problematik der «Neuen Religionen» s. Wilson/Cresswell 1999; Lippy 2000; Lewis 2001).

Noch schwieriger ist es, das Wachstum dieses Sektors von Religiosität quantitativ zu erfassen, da die Gruppen ihre Lehren und Praktiken auf dem Wege von Esoterik-Messen, Esoterik-Läden, Publikationen, Seminaren, Tagungen verbreitet haben (von Stuckrad 2002). Auch diese Religionen stießen auf öffentlich geäußerte Skepsis: sowohl die Vermarktung von Religionen als auch die vermeintliche Zerstörung von Familien, wenn Jugendliche sich gegen den Willen der Eltern anschlossen. In Antwort darauf machten Eltern gegen diese Gruppen mobil und schalteten Rechts- und Staatsanwälte ein, um ihren Vorwürfen unrechtmäßiger Ausübung von Zwang bis hin zur «Gehirnwäsche» Nachdruck zu verleihen. Spektakuläre Gewaltaktionen bei einigen dieser Gruppen und Massenselbstmorde waren ihrerseits eine Folge dieses erhöhten Außendruckes (Hall et al. 2000; s. auch den Fall Waco oben).

Soziologische Vorarbeiten

Soziologen in den USA haben sich früh des Konzeptes eines religiösen Pluralismus angenommen. Allen voran war es *Peter L. Berger*, der bereits in den 1960er Jahren die These aufstellte, dass Säkularisierung nicht zum Verschwinden der Religionen, sondern zu einem religiösen Pluralismus führe. Religionen verlören zwar ihr Monopol. Die Folge aber sei, dass sie «‹verkauft› werden müssen, und zwar an einen Kundenkreis, der zu ‹kaufen› nicht genötigt ist. Die pluralistische Situation ist in erster Linie eine Marktlage [...]. Die Logik der Marktwirtschaft beherrscht auf diese Weise weite Bereiche des religiösen Handelns» (Berger, 1973, 132). Die neue Lage führe – so Peter L. Berger weiter – zu einem dramatischen Plausibilitätsverlust der institutionalisierten Religionen, wodurch sie ihre institutionelle Verankerung einbüßten. Da jedoch Religion nicht funktional, sondern substanziell zu definieren sei, würden sie sich nun ganz auf die individuelle Erfahrung einer letzten Wirklichkeit stützen, vor der die alltägliche Welt zweitrangig werde und die dem Individuum eine Identität unabhängig von seinen sozialen Funktionen gebe. Religionen würden den bestehenden privaten Wünschen und Erwartungen der Kunden entsprechend ausdifferenziert. Man werde nicht mehr in die religiöse Wahrheit wie in ein Schicksal hinein geboren, sondern sei zu einer aktiven Wahl gezwungen (s. dazu Kapitel V.1).

Peter L. Bergers soziologische Konzeption sollte bald eine mächtige Wirkung entfalten, bot sie doch eine geschlossene Theorie der Macht der Religionen auch noch in der säkularisierten Welt. Allerdings berief sie sich nicht auf eine Handlungstheorie, wonach Handeln auch unter modernen Bedingungen auf religiöse Legitimation angewiesen bleibt, sondern auf ein historisch oder soziologisch nicht-reduzierbares Erleben des «ganz Anderen», wie es die Religionsphänomenologie postulierte. Entsprechend setzte sich Bergers Konzept des «Religiösen Pluralismus» in den USA rasch unter Theologen durch. Äußere Bedingungen waren ihm günstig. Dazu muss man wissen, dass die Privilegierung einer «Staatskirche» in Deutschland seit dem Westfälischen Frieden (1648) eine Vereinheitlichung in Landeskirchen nach sich zog, die es in den USA nie gegeben hat. Dort sind die kirchlichen Verbände lokal organisiert, was dazu beitrug, dass sich in den USA (wie auch in England) theologische *departments* mit der wachsenden Präsenz und Attraktivität diverser Religionen auseinander setzen mussten. Da das Oberste Gericht der USA 1962/63 das Monopol der Religionsgemeinschaften auf Erteilung von Religionsunterricht aufgehoben und einen Unterricht «über» Religionen auch an öffentlichen Schulen und Universitäten gestattet hatte, verbreitete sich in den USA mit den *Religious Studies* auch das Interesse an einer neuen Konstruktion der religiösen Vielfalt. Überlieferte Konzepte wie das eines exklusiven Wahrheitsanspruches waren dabei wenig hilfreich. John Hick und andere Theologen begannen, die Beziehungen zwischen Religionen anders zu konzipieren: als verschiedene Antworten auf die gleiche elementare Erfahrung einer «ultimate reality» (Hick 1987). Bergers Konzept des «religiösen Pluralismus» bot einen geeigneteren intellektuellen Bezugsrahmen für die neue religiöse Situation. Es erlaubt, auf eine jenseits der verschiedenen religiösen Sprachspiele angesiedelte gemeinsame existenzielle Erfahrung zu rekurrieren (Taylor, 1998, 10 f.; Hastings 1990).

In den achtziger Jahren brachte Rodney Stark mit anderen Kollegen eine Religionstheorie in die Diskussion, die einen schwachen Punkt in Bergers Konzept des Pluralismus aufdeckte: den angeblichen Verlust traditioneller Autorität, den die Säkularisierung zur Folge habe (Berger, 1992, 9). Tatsächlich sei es anders. Der Plura-

Theologische Konzepte zum Pluralismus

Rational choice theory of religion

lismus zwinge Religionen zu konkurrieren und leite daher – anders als Berger annehme – nicht einen Niedergang ein, sondern stimuliere umgekehrt Wachstum (Finke/Stark 1988; Stark/Finke 2000). Die Autoren kamen zu ihrer überraschenden Behauptung aufgrund einer soziologischen Handlungstheorie, die religiöses Handeln als eine Investition in das knappe Gut von «Heil» auffasste – ähnlich ökonomischer Rationalität (*rational choice theory of religion*). Da der Gewinn erst in Zukunft ausgezahlt werde, würde man in der Gegenwart auf Wunscherfüllungen verzichten, um eines umso größeren Gewinnes in der Zukunft sicher sein zu können.

Die Stärke dieser Betrachtungsweise lag in einer geänderten Prognose der Gewinner und Verlierer des religiösen Pluralismus. Roger Finke und Rodney Stark gruben statistische Daten zu religiösen Körperschaften in den USA aus, die für Überraschungen sorgten, ihre Annahme aber glänzend bestätigte. Im Laufe der zwei Jahrhunderte seit Bestehen der USA seien immer mehr Amerikaner Mitglieder von Kirchen geworden, und nicht immer weniger, wie ein populäres Bild von Säkularisierung annahm. Dieses Wachstum war weniger den großen protestantischen Denominationen (*Congregationalists*, *Episcopalians*, *Presbyterians*) zugute gekommen als den *sects*. Sie schlossen daraus, dass religiöse Organisationen in dem Maße stärker würden, als sie ihren Mitgliedern hohe Kosten in Gestalt von Opfern oder gesellschaftlicher Stigmatisierung abverlangten (Finke/Stark, 1992, 238). So überzeugend diese Erklärung am Beispiel der protestantischen Denominationen ist, so waren auch Rodney Stark und William Bainbridge nicht vor krassen Fehlurteilen gefeit, wenn es um nicht-christliche Religionen ging. So prognostizierten sie 1985, dass die schon genannten paganen und Hexenreligionen, weil sie «reaktionär» seien, keine Zukunft hätten; Ronald Hutton konstatiert: «Dies ist ein klares Beispiel dafür, dass selbst führende Wissenschaftler der 1980er Jahre, wenn es um Hexenreligion geht, im Brustton der Überzeugung etwas behaupten, was in Wirklichkeit auf einem erschreckenden Vorurteil beruht» (Hutton, 1999, 395). Man wird also zukünftig die Theorie an empirischem Material kritisch prüfen müssen.

Handlungstheorie

Zweifellos sind die von der *rational choice theory* ausgehenden Impulse mehr als eine Akzentverschiebung (vgl. Young 1996). Im Verbund mit neuen Kommunikationsmodellen und Diskurstheorien bringt diese Theorie einen Perspektivwechsel mit sich, dessen

Umsetzung allerdings noch intensiver Arbeit bedarf. Vor allem bedarf es eines Religionsbegriffes, der die utilitaristischen Verkürzungen hinter sich lässt und die beobachteten Sachverhalte in einer reichhaltigeren Handlungstheorie verortet (Bruce 1999).

Die These von Peter L. Berger, die Voraussetzung für einen Pluralismus der Religionen sei erst in der Neuzeit durch die Säkularisierung geschaffen worden, ist aus religionswissenschaftlicher Sicht höchst fragwürdig, wenn man die Europäische Religionsgeschichte insgesamt betrachtet. Stimmt die Behauptung, dass die moderne Pluralität der Religionen die Ausnahme ist? Drängt sich nicht bei einem kritischen Blick auf die Europäische Religionsgeschichte ein ganz anderer Eindruck auf, nämlich der, dass ihr der religiöse Pluralismus schon immer inhärent war, nur auf Grund von theologischen und historiografischen Konstruktionen zumeist nicht berücksichtigt wurde? Eine Situation religiöser Pluralität gab es bereits in der Antike, auch wenn man sich kein zu friedliches Bild vom antiken Pluralismus machen sollte. Es gab klare Kriterien für religiöse Legitimität, und die Grenzen der Toleranz wurden hart verteidigt (Gordon 1990; North 1992; Beard, North/Price, 1998, vol. 1, 211 bis 244, vol. 2, 266–279 mit Quellenmaterial). Doch auch nach der Antike endete diese Situation keineswegs. Judentum, Christentum und Islam sind aus den Kulturen des vorderasiatischen Raumes nach Europa gewandert und hier heimisch geworden. Die monotheistischen Religionen haben sich in Europa zwar an die Stelle der lokalen Stadt- und Stammesreligionen setzen wollen. Bekehrung vom «Heidentum» war die Losung der neuen zugewanderten Religionen. Das Ergebnis indes sah anders aus, denn es bildeten sich vielfältige Formen von Kohabitation und «Synkretismus». Allein die wiederholten Renaissancen der antiken Religionen zeigen zur Genüge, dass diese Religionen als eine eigenständige und konträre Natur- und Weltdeutung aus der Kultur Europas nie verschwunden sind (Trepp/Lehmann 2001). Man kann nicht einmal ihren viel beschworenen Untergang historisch bestimmen. Will man die Rolle der Religionen in Europa verstehen, muss man bei dieser Vielfalt ansetzen. Die Vorstellung, dass Religionen sich ausschließen, war erst das Ergebnis einer allmählichen Durchsetzung monotheistischer Denkmuster, in deren Verlauf offene polytheistische Systeme und interne Häresien in der öffentlichen Wahrnehmung und Legitimität an den Rand gedrängt wurden, nie aber wirklich untergingen.

Pluralismus als Normalfall in Europa

> *Plurale Felder*
> Die Existenz einer Mehrzahl von Religionsgemeinschaften zur selben Zeit und im gleichen Raum ist in der europäischen Geschichte der Regelfall gewesen. Wenn man von Pluralismus spricht, ist jedoch mehr gemeint. Die europäischen Religionen lebten nicht nur lokal auf ein- und demselben Territorium, sondern auch sozial und kulturell. Es war gerade nicht die Ferne, sondern die Nähe, die alle drei Religionsgemeinschaften dazu brachte, Außengrenzen zu ziehen. Die soziale Schließung der Gemeinschaften ging mit unterschiedlichen Prozessen der Identifizierung von Ungläubigen und Häretikern einher. Von Pluralismus im Sinne eines pluralistischen Feldes sollte man besser nur dann sprechen, wenn zwei Bedingungen dazukommen: erstens, dass die politische Gemeinschaft Regeln und Instrumente für die Koexistenz rivalisierender Religionsgemeinschaften vorgibt, und zweitens, dass die Weltbilder der beteiligten Religionsgemeinschaften die plurale Situation verarbeiten.

Koexistenz unter staatlicher Ordnung

In einer Argumentationslinie, die von Thomas Hobbes über Carl Schmitt zu Hermann Lübbe, Reinhart Koselleck und anderen Wissenschaftlern der alten Bundesrepublik reicht (van Laak, 2002, 209–231), wird eine friedliche Koexistenz rivalisierender Religionsgemeinschaften zur Gänze der politischen Ordnung allein zugerechnet. Der Staat sorgt auf seinem Territorium mit den ihm eigenen Machtmitteln für den Ausgleich zwischen den sich bekämpfenden Wahrheitsansprüchen der Religionen. Bereits in der Antike haben sich politische Gemeinschaften herausgebildet, deren Bürger verschiedenen Religionsgemeinden angehörten. Als Folge davon buchstabierte die Rechtsprechung der Römer die Kriterien dafür aus, welche Kulte und Vereine erlaubt und welche nicht erlaubt waren. Geheime Rituale wurden im römischen Recht als illegitim angesehen und konnten bei Gerichtsverfahren wegen Hochverrats oder Eigentumsschädigungen als zusätzliche Beweisstücke eingebracht werden. Astrologie und Prophetie wurden häufig erst dann verfolgt, wenn sie im Geheimen praktiziert wurden. Die Europäische Religionsgeschichte stand lange unter der Nachwirkung dieser römischen Konzeption von *religio licita/illicita*. Noch die Trennung von Staat und Kirche in den neuzeitlichen Verfassungen zeigt einen durchaus ähnlichen Versuch, Religionsgemeinschaften als öffentliche Angelegenheit zu betrachten und ihre Kohabitation zum Gegenstand rechtlicher Beurteilung zu machen (siehe Kapitel IV.2).

Dennoch geht es zu weit, die Leistung der Toleranz ausschließlich der staatlichen Ordnung zuzuschreiben. Schon vor Längerem hat der Staats- und Völkerrechtler Georg Jellinek erkannt, dass die Konzeption unveräußerlicher Menschenrechte kein originäres Produkt der französischen Revolution war. Es seien religiöse Nonkonformisten des 17. Jahrhunderts gewesen, die als erste, und noch vor der Aufklärung, das fundamentale Grundrecht auf Glaubens- und Gewissensfreiheit verbrieft hätten (Jellinek, 1927, 16). Dass der einzelne Bürger ein angeborenes und nicht vom Staat verliehenes Recht besitzt, sei aus der reformatorischen Idee einer Religions- und Gewissensfreiheit gewonnen worden (ebd., 55 f.) – eine These, die kürzlich (allerdings ohne Bezug auf G. Jellinek) wieder vertreten wurde (Laursen/Nederman 1999). Doch sollte man jene Tolerierungsleistung nicht auf diesen Fall beschränken. Religionen sind generell stark in der Verarbeitung von Kontingenzen. Dies erstreckt sich auch auf die Erfahrung, dass sich der Glaube an die Verheißung unter widrigen Umständen, besonders aber in der Fremde, bewähren muss. Die monotheistischen Religionen, die sich dabei auf das Vorbild Abraham berufen, haben im anderen jeweils den Ungläubigen gesehen, ohne dass man darin einen verkappten Aufruf zur Gewalt sehen darf. Diese Religionen, ob Judentum, Christentum oder Islam, konzipierten Geschichte als eine Zeit der Bewährung in der Fremde, an deren Ende der Messias oder der Sohn Gottes oder aber der Mahdi erst die ersehnte Erlösung bringen wird. Hier und heute muss der Gläubige die Differenz ertragen. Wenn allerdings das Ende der Geschichte naht – was wiederholt angenommen wurde –, kann die Gewaltbereitschaft ansteigen. Die Zeitdiagnose bestimmt darüber, ob Gewalt eine Option ist oder nicht (s. Kapitel V.5). Religiöse Glaubensanschauungen können daher durchaus an der Aufrechterhaltung bzw. Beschränkung der Vielfalt religiöser Optionen mitwirken.

<small>Die religiöse Verarbeitung von Pluralismus</small>

Um hier zu einer Neuorientierung zu gelangen, ließe sich an Burkhard Gladigow anknüpfen, der für das Wechselverhältnis der Religionen untereinander, zu dem noch die Verbindung mit den Wissenskulturen kommt, den Begriff der «Europäischen Religionsgeschichte» im Unterschied zu «Religionen Europas» geprägt hat (Gladigow 1995; vgl. Auffarth 1999). Diese Unterscheidung trägt dem Umstand Rechnung, dass es sich bei «Europa» um ein hochgradig wertgebundenes Konstrukt handelt und eine inhaltliche wie geografische Bestimmung überaus schwierig ist. Die

<small>Europäische Religionsgeschichte</small>

außereuropäischen Religionen, die schon lange und in den letzten Jahrzehnten verstärkt nach Europa kommen, lebten vom Moment ihrer «Ankunft» in Europa an im Bewusstsein ihrer jeweiligen Unterschiede. Diese Diversität hing nicht nur mit den erwähnten kulturellen Ansprüchen zusammen. Ein eigenständiger Faktor waren und blieben Entwicklungen in den jeweiligen Heimatkulturen der Religionen außerhalb Europas. Ohne die Einbeziehung der «jenseits» der europäischen Grenzen lokalisierten Religionen können Migration, Akkulturation und Identitätsbildung außereuropäischer Immigranten nach und in Europa gerade im 20. Jahrhundert nicht angemessen verstanden werden (Viehoff/Segers 1999).

Nicht nur der im letzten Kapitel erläuterte Rekurs auf ein (oft imaginäres) Zentrum Jerusalem oder Mekka weist auf diesen Sachverhalt hin, sondern auch die Konstruktion eines Kontrastentwurfes zum europäischen Selbstverständnis, welches mit Hilfe von Bildern des Außereuropäischen einen Okzidentalismus begründet hat (Carrier, 1995, 1–32) und als solches die Geschichts- und Religionsdebatten seit dem 17. Jahrhundert beeinflusste, wenn nicht gar bestimmte. Wie in Kapitel III.3 bereits ausgeführt, hat David Chidester (1996) aus der Sicht der «Peripherie», d. h. eigentlich der marginalisierten Perspektive außereuropäischer Kulturen, darauf aufmerksam gemacht, dass das «Andere», als Gegenfolie Konstruierte, nicht nur eine unerkannte Eigengeschichte hat, sondern rekursiv maßgeblichen Einfluss auf die Vergleichende Religionswissenschaft Europas entfaltete.

Zusammenfassung

Die neue Präsenz von Religionen in der Öffentlichkeit hat zu einer Umkehrung vertrauter Positionen geführt. Es ist noch gar nicht so lange her, dass Religionskritiker das Verschwinden der Religionen aus der Öffentlichkeit säkularisierter Staaten als die Chance einer Befreiung begrüßten, setzte es doch an die Stelle traditioneller Autoritäten die begründete Argumentation und selbstverantwortete Entscheidung von mündigen Bürgern. Die Verteidiger der Religionen sahen hingegen in demselben Vorgang einen Verlust: die Preisgabe des Einzelnen an die Zwänge der modernen Rationalität. Plakativ gesprochen: Was den einen gut schien, schien den anderen schlecht.

Doch sind die Religionen nicht verschwunden. Da sie in der Moderne nach wie vor eine Macht bilden und in den öffentlichen Arenen und kulturellen Zeichensystemen präsent bleiben, sind die bisherigen Paradigmen von Religionskritik und Religionsapologetik, deren Rivalität lange die Fachgeschichte bestimmt und voran getrieben hat, heute eher zu einer Blockade geworden. Das Grundproblem ist ein anderes geworden: Es ist die Rolle von Religionen in der Moderne. Die Religionswissenschaft befindet sich heute in einer Situation, die der von Max Weber 1904 geschilderten nicht unähnlich ist: «Aber irgendwann wechselt die Farbe: Die Bedeutung der unreflektiert verwerteten Gesichtspunkte wird unsicher, der Weg verliert sich in der Dämmerung. Das Licht der großen Kulturprobleme ist weitergezogen. Dann rüstet sich auch die Wissenschaft, ihren Standort und ihren Begriffsapparat zu wechseln und aus der Höhe des Gedankens auf den Strom des Geschehens zu blicken. Sie zieht jenen Gestirnen nach, welche allein ihrer Arbeit Sinn und Richtung zu weisen vermögen [...]» (Weber, 1968, 214). Da religiöse Überzeugungen erst dann wissenschaftlich erkennbar werden, wenn sie geäußert und in Handlung kommuniziert werden, geht es der Religionswissenschaft nicht um den inneren «Glauben», sondern um die öffentliche Organisation von Glaubensaussagen und die kulturelle Manifestation religiöser Traditionen.

Die vier von uns diskutierten Themen lassen sich weder im Sinne einer prinzipiellen Religionskritik noch einer Religionsverteidigung behandeln. Sie lassen alle erkennen, dass auch noch der vergesellschaftete Mensch der Moderne in die Religionsgeschichte verstrickt ist, ob er will oder nicht. In den öffentlichen Arenen gewinnen religiöse Überlieferungen die Gestalt von Sinnkonstruktionen und Selbstpositionierungen. Als solche sind sie jedoch von den anderen mächtigen Interessen, die diesen Raum durchziehen – politischen, rechtlichen, territorialen oder gesellschaftlichen – nicht zu trennen.

V. Gemeinschaftshandeln

«Vielmehr scheint [...] Religion zu jenen Sachverhalten zu gehören, die sich selbst bezeichnen, sich selbst eine Form geben können. Aber das heißt dann auch, daß die Religion sich selber definiert und alles, was damit inkompatibel ist, ausschließt. Aber wie das, wenn es zum Beispiel um andere Religionen, um Heiden, um die civitas terrena, um das Böse geht? Selbstthematisierung ist nur mit Einschließen des Ausschließens, nur mit Hilfe eines negativen Korrelats möglich. Das System ist autonom nur, wenn es mitkontrolliert, was es nicht ist. Angesichts eines solchen Sachverhalts kann Religion extern nur im Modus der Beobachtung zweiter Ordnung, nur als Beobachtung ihrer Selbstbeobachtung definiert werden – und nicht durch ein Wesensdiktat von außen.»

(Niklas Luhmann, 2000, 15)

1. Kommunizierte Identität: Konversionen

Identitätsbildung in der Moderne

Religiöse Sozialisation und Identitätsbildung haben sich unter den Bedingungen der Moderne verändert. Bis vor kurzem noch – darauf ist oben schon hingewiesen worden – bedeutete das Hineinwachsen in eine Gesellschaft, sich in einem vorgegebenen Rahmen einzurichten. Die Biografie war durch die Zugehörigkeit zu Milieus und Klassen mehr oder weniger vorgezeichnet. «Vom Schicksal zur Wahl», so beschreibt Peter L. Berger (1992, 24) die entscheidende Veränderung. Auch wenn religiöser Pluralismus in Europa auf eine lange Geschichte zurückblickt (s. o. Kapitel IV.4), war es doch erst ein Kennzeichen von Moderne, dass daraus individuelle Optionen wurden. Der frühere Identitätsrahmen verlor zunehmend seine Passform für die Lebensbewältigung, denn heute steht das Subjekt weitaus isolierter da und ist mehr auf sich selbst gestellt, was von nicht wenigen als Verlust, als «Unbehaustheit» oder Orientierungslosigkeit verstanden wird (Grözinger/Lott 1997).

Auflösung der Traditionen oder Wandlung der Milieus?

Architekt und Baumeister des eigenen Lebensgehäuses zu werden, ist also nicht nur eine Möglichkeit, sondern auch eine Notwendigkeit, wie Peter L. Berger in seinem einflussreichen Buch *Der Zwang zur Häresie* (engl. 1979) darstellt. Ob daraus aber abzuleiten ist, dass die Individualisierung zugleich auch eine «Enttraditionalisierung» des Einzelnen bedeutete, ist Gegenstand einer Diskussion geworden, auf die wir bereits kurz eingegangen sind (Kapitel II). Ebenso fragwürdig ist die Behauptung, dass die traditionellen Kulturmilieus auf absehbare Zeit ganz verschwinden werden und «riskante Freiheiten» an ihre Stelle treten, wie die Soziologen Ulrich Beck und Elisabeth Beck-Gernsheim in ihrem gleichnamigen Buch behaupten (1994, 10–39). Auch wenn es stimmt, dass alte Milieus sich weit gehend auflösen, folgt daraus noch lange nicht, dass es überhaupt keine Milieus mehr gibt (Riesebrodt, 2000, 75). Dass gerade unter den Bedingungen der Moderne Religionsgemeinschaften den Kern von verdichteten Lebenswelten bilden können, zeigt sich an vielen Orten. Ihre weit ausholenden kulturellen Ansprüche stellen Deutungskategorien von Natur, von Staat, von Geschichte, von menschlichem Leben bereit, die von den Gläubigen in ihrer Lebensführung durchaus, wenn auch nicht immer eingelöst, so doch als im Prinzip verbindlich betrachtet werden.

Zweifellos kommt dem Individuum heute eine höhere Eigenverantwortung zu bei der Schaffung eines geeigneten Bezugssystems seines Lebens. Dieses subjektive und individuelle Element wird gerne mit Schlagworten wie «Patchwork-Religiosität», «Supermarkt der Religionen», «unsichtbare Religion» oder «Privatreligion» verbunden. Man sollte sich diese Begriffe jedoch nicht vorschnell zu Eigen machen, denn sie setzen ein Reinheitsmodell klar strukturierter Bezugssysteme und religiöser Zugehörigkeiten in vormodernen Gesellschaften voraus, welches selber noch einmal auf seine Berechtigung hin geprüft werden müsste. Möglicherweise wird man dann feststellen, dass unter den Bedingungen der pluralistischen Moderne die Notwendigkeit zur Konstruktion der eigenen Bezugssysteme lediglich verschärft auftritt, dass aber von einem *qualitativen* Unterschied zu früheren Epochen nicht die Rede sein kann.

Eine kritische Überprüfung ist umso angebrachter, als Georg Simmel schon 1908 den Versuch unternommen hat – darin später von George Herbert Mead und dem amerikanischen Interaktionismus gefolgt –, ein anderes Modell ins Spiel zu bringen (Simmel, 1992 [1908], 456–511). Mit der Ausdifferenzierung der modernen Lebenswelt, so Simmel, rücke der Einzelne in den Schnittpunkt zunehmend anderer und andersartiger sozialer Kreise. Die

Privatreligion?

Das Individuum im Schnittpunkt sozialer Kreise

Möglichkeit der Individualisierung wird dadurch eröffnet, dass der Einzelne die Nähe und Ferne zu anderen in jedem dieser sozialen Kreise selber bestimmt. Individualität bezeichnet kein feststehendes Wesen, sondern eine bestimmte koordinierende und reflektierende Aktivität.

Um diese Sachverhalte besser zu verstehen, ist es hilfreich, Erkenntnisse der Psychologie in Rechnung zu stellen, die sich in den letzten Jahren verstärkt der Biografie und der Konstruktion von Identitäten unter pluralen Bedingungen zugewandt hat. Besonders die narrative Struktur von Biografien ist es, die kulturwissenschaftlich von Bedeutung geworden ist. Sie soll im Folgenden mit besonderem Bezug auf einen Extremfall von Biografieerzählung, der Konversionserzählung, erläutert werden. Zunächst jedoch gilt es, in aller Kürze das Verhältnis von Religionswissenschaft und diesem Zweig der Psychologie zu umreißen.

Tiefenpsychologische und psychoanalytische Ansätze

Seit der Herausbildung der Psychologie als wissenschaftliche Disziplin Ende des 19. Jahrhunderts haben sich Psychologen stets auch für die Religion interessiert. Besonders jene Schulen, die sich an Sigmund Freud (1856–1939) und Carl Gustav Jung (1875 bis 1961) anlehnten, entwickelten einflussreiche psychologische Interpretationen des Religiösen (Utsch 1997). Vor allem Jungs Theorie des «kollektiven Unbewussten» und seine Rede von «Archetypen», die über Zeit und Raum hinweg in der Psyche des Menschen wirksam seien, ist von der phänomenologischen Religionswissenschaft sehr stark rezipiert worden (Mircea Eliade, Joseph Campbell u. a.). Gerade die Tatsache aber, dass Tiefenpsychologie und Psychoanalyse aus historischen Sachverhalten transhistorische innerpersönliche Tatbestände machen (s. o. Kapitel III.5), hat einen Konflikt mit der historisch orientierten Religionswissenschaft heraufbeschworen, die notwendig an geschichtlichen Wandlungsprozessen interessiert ist. «Eine ernsthafte Diskussion zwischen Tiefenpsychologen und Historikern, welche an religiösen Phänomenen arbeiten», so Carsten Colpe deshalb, «hat entweder bisher nicht stattgefunden, oder sie war, wenn sie doch einmal versucht wurde, von gegenseitiger Verständnislosigkeit geprägt» (Colpe, 1993, 51).

Historische Psychologie

Waren solche psychologischen Ansätze von empirisch oder sozialwissenschaftlich arbeitenden Psychologen schon immer kritisiert worden, so hat sich in den letzten Jahren aufgrund des Eindringens kulturwissenschaftlicher Relativierungen auch in die

Psychologie ein Gespräch zwischen Religionswissenschaft und Psychologie jenseits von phänomenologischen und enthistorisierenden Ansätzen entwickelt, das für beide Seiten von großem Gewinn ist (Jonte-Pace/Parsons 2001). Zwei Stichworte dafür sind *Historisierung* und *Konstruktivismus*. Was Erstere betrifft, so ist darauf hinzuweisen, dass das Forschungsfeld der Historischen Psychologie zunehmend Aufmerksamkeit erlangt; damit ist nicht nur eine historische Darstellung von Theorien über die Seele gemeint, sondern ein Ansatz, der die Geschichtlichkeit des Seelischen in der europäischen Kultur zum Thema macht (Jüttemann et al. 1991).

Konstruktivistische Ansätze wiederum, die sich besonders aus amerikanischen Therapiekonzepten speisen, sind nicht mehr an der «Wahrheit» seelischer Dispositionen interessiert, sondern daran, wie eine leidvolle Repräsentation der eigenen Person und ihrer Umwelt durch eine weniger leidvolle ersetzt werden kann (Neimeyer/Mahoney 1995). Genannt sei auch das so genannte *Coping* – eine Theorie über die Bewältigung von Anforderungen und die subjektive Einschätzung der eigenen Kompetenzen –, welches direkt anschlussfähig ist an religionssoziologische Handlungstheorien und die *rational choice theory* (Pargament 1997).

Konstruktivismus

Die konstruktivistischen Ansätze weisen eine große Nähe zu kulturwissenschaftlichen Diskussionen auf, indem sie die narrative Struktur von Identität betonen. Es ist dies ein sehr verbreiteter Topos. So kann Jürgen Habermas in seiner Theorie des kommunikativen Handelns sagen, dass die Angehörigen ihre Zugehörigkeit zu einer Lebenswelt «objektivieren» müssen. «Sie können nämlich eine persönliche Identität nur ausbilden, wenn sie erkennen, dass die Sequenz ihrer eigenen Handlungen eine narrativ darstellbare Lebensgeschichte bildet, und eine soziale Identität nur dann, [...] wenn sie in die narrativ darstellbare Geschichte von Kollektiven verstrickt sind» (1981, Bd. 2, 206). Historische Sinnbildung wird hier von den allgemeinen geschichtsphilosophischen Zusammenhängen (s. o. Kapitel III.1) auf die persönliche Ebene der Herstellung von Identität übertragen. Das Individuum bringt Vergangenheit und Gegenwart in eine kohärente und plausible Struktur, wobei die Konstruktion der eigenen Biografie zu einem Sinn stiftenden Modus wird (Straub 1998). Die Herstellung biografischer Identität heißt nicht, dass man sich einfach eine Identität ausdenkt oder zusammenbastelt, wie die Rede von der «Patch-

Die narrative Struktur der Identität

work-Identität» suggeriert; Konstruktion ist ein komplexer Prozess der Organisierung von Erfahrungen, wobei notwendigerweise eine Selektion von Daten und Ereignissen stattfindet, die manches erinnert und a posteriori in eine persönlich evidente Logik bringt, anderes dagegen vergisst. Jene Organisierung von Erfahrung in Zeit mithilfe der Narration ist aus philosophischer Sicht überzeugend von Paul Ricoeur analysiert worden (1988–1991). In seinem neuen Buch widmet er sich besonders dem Vergessen (2000), das in seiner Funktion häufig übersehen worden ist (s. aus anderer Perspektive auch Schacter 1997; Kalaga/Rachwal 1999).

Die Konversionserzählung

Eine Studie, die den Verlauf der Erforschung dieses Phänomens nachzeichnet, kommt zu einem ähnlichen Ergebnis (Knoblauch/Krech/Wohlrab-Sahr, 1998, 7–43). Hatte man sich in den 1960er Jahren, als Übertritte Jugendlicher zu neuen Religionen zum Politikum wurden, auf den Verlauf von Konversionen konzentriert und den Blick dabei auf Ursachen und soziale Kontexte gerichtet, so hat die neuere Forschung den Sachverhalt als Erzählung, als Narration thematisiert (ebd., 20). Thomas Luckmann hatte seine Behauptung, dass Kommunikation generell über Gattungen gesteuert wird, exemplarisch am Fall der Konversionserzählung vorgeführt (Luckmann 1987). Für diese Erzählung nimmt er drei Tendenzen an: eine Zuspitzung des Unterschiedes zwischen richtig und falsch, vorher und nachher; eine Verdichtung der Wende, des Sprunges nach vorausgegangenen schrittweisen Veränderungen; ein Amnesieverbot: das Vorher bleibt erinnert, getilgt wird nur der Sinn des Alten (1987, 44).

Die Konversion stellt eines der am meisten diskutierten Themen der Religionspsychologie dar, und tatsächlich lassen sich an ihr die theoretischen Überlegungen gut verdeutlichen. Der Wechsel von einer Religion zur anderen kann als ein Extrembeispiel für den Wandel von religiösen Identitäten und die Herstellung eines kohärenten biografischen Narrativs betrachtet werden. Seit Beginn der religionspsychologischen Forschung am Ende des 19. Jahrhunderts haben sich Wissenschaftler immer wieder mit diesem Thema beschäftigt.

Voraussetzungen des Konversionsbegriffs

Doch bevor man sich einzelnen Beiträgen zuwendet, sollte man einen Blick auf die Voraussetzungen und Implikationen des Konversionsbegriffs selber werfen. Der Begriff setzt nämlich stillschweigend voraus, dass man nicht zwei Religionen gleichzeitig anhängen kann; man ist entweder Christ oder Muslim, entweder

Buddhistin oder Jüdin, Gläubiger oder Heide. Damit behauptet die Rede von Konversion die Einheit des Bekenntnisses als Normal- oder zumindest Idealfall, demgegenüber multiple Bekenntnisse als (meist minderwertige) Ausnahme betrachtet werden. Ein Blick auf die Empirie zeigt, dass diese Voraussetzung nie wirklich eingelöst worden ist; im Christentum etwa stand von Anfang an die Frage im Raum, ob die Getauften die neue Religion «wirklich» angenommen hätten oder nur einzelne Elemente daraus in ihre alte Religion integriert hätten; Echtheits- und Reinheitsdiskurse sind deshalb untrennbar mit der Konversionsthematik verbunden. Wie Arthur Darby Nock gezeigt hat, hat die Idee in der Antike ihre Wurzeln nicht in der Welt der Religionen, sondern in der philosophischer Schulen. Das Christentum hat sich diese Konzeption zu Eigen gemacht und verbreitet (1965 [1933]).

Diese Diskurse hatten für die Europäische Religionsgeschichte enorme Konsequenzen, denn sie prägten rechtliche und soziale Kategorien der Einheit von Person und Bekenntnis. Das Schema «Eine Person – eine Religion» wurde zum Paradigma, das multiple Rollen und Religionszugehörigkeiten normativ ausschließt. In der Moderne ist das Schema eng mit der Frage nach der Individualität verbunden, wie Michael Sonntag zeigt. Beides gilt es radikal zu historisieren, um solchen Konzepten den Nimbus einer allgemeingültigen Theorie zu nehmen. *Die Einheit von Person und Bekenntnis*

Was wir unter Individualität verstehen, ist das Resultat historischer Prozesse. Es kann in diesen Prozessen nicht als immer schon existent vorausgesetzt werden, wenn man sich nicht der übelsten Anachronismen schuldig machen will. Im Mittelalter existierten *andere* Formen von Individualität als heute (Sonntag, 1999, 16 [Hervorhebung im Original]).

Konversion, Einheit der Person und Individualität sind deshalb Konzepte, denen eine bestimmte, und zwar monotheistisch vorgeprägte, Erklärungsstruktur zu Grunde liegt, die einen kulturgeschichtlichen Ort hat. Das gilt es im Auge zu behalten, will man die spezifische Situation des Individuums in der Moderne verstehen.

Einer der ersten, der sich mit der Religionspsychologie und der Konversionsthematik dezidiert auseinander setzte, war William James (1842–1910). James, der die kulturellen Dimensionen der Religion, also Rituale, Institutionen und soziale Interaktionen, aus seiner Betrachtung ausklammerte und sich ausschließlich auf die Gefühle, Handlungen und Erfahrungen des Individuums konzen- *William James* trierte, schildert in seinem Standardwerk *Die Vielfalt religiöser Erfahrung* (engl. 1901/1902) eine ganze Reihe von «Bekehrungs-» und Konversions-Narrativen, die im 20. Jahrhundert immer wieder diskutiert worden sind. Er nimmt insofern am Einheitsdiskurs der Religionspsychologie teil, als er «die normale Entwicklung des Charakters vor allem in einer einheitlichen Ausrichtung des inneren Selbst» (1997, 192) konzipiert, was notwendig die gespaltene Persönlichkeit als krank und schwach erscheinen lässt. Gemeinsam mit seinen Kollegen Leuba und Starbuck machte sich James sogar Gedanken über die statistische Dauer von Bekehrungen, also die «Rückfallquote» von Gläubigen (James 1997, 272) – ein Versuch, der nur vor dem Hintergrund der Prämisse, Konversion sei notwendig vollständig, überhaupt Sinn macht.

Bekehrung als Neugeburt

Bekehrung als eine der stärksten religiösen Erfahrungen ist für James eine Art Neugeburt – er spricht von den «Zweimalgeborenen» –, ein schrittweiser oder plötzlicher Prozess, «durch den ein bisher gespaltenes und sich schlecht, unterlegen und unglücklich fühlendes Selbst seine Ganzheit erlangt und sich jetzt, stärker gestützt auf religiöse Wirklichkeiten, gut, überlegen und glücklich fühlt» (1997, 209). Während Theologen solche Prozesse als göttliches Gnadenwirken interpretieren, rekurriert James auf zeitgenössische Studien zum Unbewussten der menschlichen Psyche, aus dem plötzlich Emotionen, Bilder und Interpretamente ins Bewusstsein steigen können, besonders wenn äußere Reize dies induzieren. Doch schon seine Rede von «religiösen Wirklichkeiten» deutet an, dass er durchaus mit dem Einwirken transzendenter Realitäten beim Bekehrungserlebnis rechnet. «[W]enigstens in einigen Fällen», so James, kann man die Sache so interpretieren, «wie es der Orthodoxe tut: Kräfte, die das endliche Individuum übersteigen, können auf es einwirken, weil es ein, wie wir es nennen möchten, subliminales menschliches Individuum ist» (1997, 258).

Die Wirkung des Numinosen

Damit benennt William James eine religionspsychologische Position, die im 20. Jahrhundert zu einer einflussreichen Strömung werden sollte. Wenn Rudolf Otto von der Erfahrung des «Numinosen» spricht, Mircea Eliade vom «Einbruch des Heiligen ins Profane» oder wenn C. G. Jung einen Fundus an archetypischen kollektiven Symbolen des Unbewussten propagiert, so folgen sie im Grunde dieser Linie, die das Transzendente ontologisiert und als einflussreiche Macht mit der Lebenswelt des Individuums verbindet. Das narrative Element der religiösen Identität und die Rolle der sozialen Kontexte werden hier ausgeblendet; diese ganz andere Linie soll nun ebenfalls zur Sprache kommen.

Schon der Begriff *Biografie* enthält ein Element von Erzählung. Deshalb liegt es nahe, die narrative Biografie als ein eigenes Genre, einen eigenen Modus zur Herstellung von Identität zu untersuchen. Dies ist in vielen psychologischen und soziologischen Studien getan worden, wobei erneut die Konversion als ein Extremfall religiöser Biografien erschien. Lässt man Menschen davon berichten, wie sie selber den Wechsel von einem religiösen System zu einem anderen erlebt haben, so zeigen sich wiederkehrende Muster, in denen die Konversionserzählung strukturiert ist (Ulmer 1988). Etwas vereinfacht könnte man sagen, dass Biografienarrative um einen zentralen Moment herum gestaltet werden. Diese Momente können besondere Erlebnisse sein wie Unfälle, Krankheiten, Krisen, Verluste oder auch Glücksmomente, doch ebenso kann eine Kette von Ereignissen einen solchen Moment bilden. Entscheidend ist, dass das Leben nun in «vor dem Ereignis» und «nach dem Ereignis» geteilt wird, ähnlich wie Luckmann dies beschrieben hat.

<small>Die Gegenposition: Biografie als Erzählung</small>

Jetzt geschieht in der Regel zweierlei: Erstens erscheint die Konversion als ein Wechsel des Bezugs- und Interpretationssystems, indem vieles, was «vorher» relevant war, nun irrelevant wird und das gesamte Umfeld eine grundlegende Neubewertung erfährt. Daraus ergibt sich zweitens, dass die Zeit «vorher» völlig neu organisiert und gedeutet wird. Scheinbar zufällige Ereignisse bekommen im Nachhinein eine ganz besondere Bedeutung, indem sie logisch auf das «Ereignis» hin zentriert werden. Horst Stenger hat diese Erzählstrukturen am Beispiel von modernen «Esoterikern» untersucht, bei denen der schrittweise Einstieg in ein neues spirituelles Interpretationsschema im Vordergrund steht. So erzählt eine Frau Folgendes:

<small>Die narrative Reorganisation der Vergangenheit</small>

> Und dann, so über die Meditation, ja, also nach dem Mystikseminar, muß ich noch sagen, da gab's eigentlich den ersten Knacks in meiner Ehe, ohne daß es mir bewußt war. [...] *[I]ch merkte also plötzlich, daß mein Leben total die geistige Dimension entbehrt hat sehr* lange, und dann, dann fing also zwischen meinem Mann und mir irgendwie es an zu klaffen allmählich, weil ich mich auch in der Friedensbewegung engagierte und unsere Ehe ist an zwei Sachen gescheitet [sic!] [...] Und dann kam also sehr schnell die Trennung, und ich habe eben dann *angefangen zu meditieren*, das löste zunächst eigentlich nur körperliche Sachen aus, dieses Gerade Sitzen, ich merkte mit einmal wahnsin-

nige Schmerzen in der linken Schulten [sic!], bin dann in der Bewegung in den Schmerz reingegangen und siehe da, das ängstliche Kind und die Mutter steht dahinter und will schlagen. Also es lief sehr viel, über *körperliche Schmerzen* lösten sich Erinnerungen aus an *seelische Sachen*, ne? *Das war eigentlich so der «Anfang des Weges»* (Stenger, 1993, 142 [Hervorhebung im Original]).

Man erkennt hier sehr deutlich, wie bestimmte Erlebnisse im Nachhinein in eine konsequente und kohärente Form gebracht werden, wobei oft strukturierende narrative Elemente benutzt werden wie «Das war der Anfang des Weges», «Das hat mich auf den Weg gebracht» oder «Da hat's Klick gemacht» (Stenger, 1993, 141). Ähnliche Strukturen hat Joachim Süss bei Anhängern der Osho Community feststellen können (Süss/Pitzer-Reyl 1996; ein drittes Beispiel beschreibt Lawless 1991).

Die soziale Bestätigung der Deutung

Neben der narrativen Reorganisation von Vergangenheit, in der Brüche und Widersprüche auf ihre verborgene Bedeutung (und Einheit!) hin befragt werden, ist zur Herstellung religiöser Identität indes noch ein zweites Element notwendig: die soziale Bestätigung der Deutung. Erst wenn es eine Gruppe gibt – im genannten Beispiel das Mystikseminar und die Friedensbewegung –, die die Neubewertung jener Ereignisse teilt und sich über ähnliche Welterklärungsmodelle definiert, kann die biografische Erzählung Plausibilität und Evidenz erlangen. Dasselbe geschieht übrigens auch in der Psychotherapie. Insofern ist es richtig, von der sozialen Konstruktion religiöser Identitäten zu sprechen.

Abschied vom Einheitsmodell

Nach diesen Betrachtungen wollen wir uns erneut der eingangs gestellten Frage zuwenden, ob es sich bei der modernen Situation des Individuums tatsächlich um eine radikale Problematisierung religiöser Identitäten handelt oder nicht. Es zeigt sich, dass man zwei Betrachtungsebenen unterscheiden muss, die man als strukturell-analytische und soziokulturelle Ebene bezeichnen könnte. Was die strukturell-analytische Perspektive betrifft, so führt an der kritischen Erkenntnis kein Weg vorbei, dass wir in der Betrachtung religiöser Identitäten einem christlich-theologischen Einheitsdenken aufgesessen sind, welches das Schema «Eine Person – eine Religion» verabsolutierte und deshalb Brüche, Vielfalt und Mehrsträngigkeit religiöser Anschauungen als unerwünscht betrachtete und letztlich pathologisierte. Das gespaltene Selbst wurde auch für die Psychologie zum problematischen Selbst. Die Notwendigkeit, biografische Brüche und widerstreitende Überzeugungen in ein kohärentes und für den Einzelnen plausibles Narrativ zu bringen,

> *Die diskursive Struktur der Identität*
> Das Problem der Moderne – wenn man überhaupt von einem Problem sprechen möchte – besteht nicht in einer Hybridisierung von Identität, sondern im Zerfall traditioneller Orientierungsmuster und sozialer Integration. Diese Entwicklung lässt sich auch religionshistorisch beschreiben, nämlich in einem zunehmenden Zwang zur Entscheidung, der sich in der Nachfolge der Konfessionalisierungsprozesse des 16. Jahrhunderts bildete. Sowohl die protestantische Fokussierung auf den Glauben des Einzelnen als auch die pietistische Rede von der Bekehrung, der Lebensbeichte und der neuerlichen Entscheidung für die Taufe verstärkte die Annahme, dass sich in der Lebensführung das Heil entscheiden würde.
> Der Blick auf das Individuum droht jedoch den Sachverhalt zu verschleiern, dass Identität kein statischer Zustand ist, den man erreichen kann, sondern ein kreatives prozessuales Geschehen, das zum einen aus der narrativen Strukturierung von Vergangenheit entsteht und das zum anderen aus der Bestätigung durch soziale Kontexte erwächst. Um diesen Prozess religionswissenschaftlich abzubilden und zu verstehen, helfen analytische Instrumente, die eine ungebrochene religiöse Identität als Normal- oder Idealfall voraussetzen, nicht weiter. Stattdessen gilt es eben diese Prozesse in ihrer dialogischen und diskursiven Struktur zu beschreiben, die Gründe für bestimmte Konstruktionen anzugeben und danach zu fragen, wie eine spezifische Plausibilität und Evidenz in der religiösen Biografie hergestellt wird.

ist allerdings kein spezifisches Merkmal der Moderne. Es ist der Normalfall quer durch die Religionsgeschichte, von Josephus Flavius, der im 1. Jahrhundert als Jude seine Unterstützung der römischen Seite bei der Zerstörung Jerusalems legitimieren musste, über christianisierte Afrikaner, die ihre alte Religion mit der neuen in Einklang brachten, bis zu Heinrich Heine, der seine «Unbehaustheit» zwischen Judentum und Christentum in poetischen Narrativen ausdrückte. Wir sollten uns deshalb nicht von Einheitssemantiken in die Irre führen lassen.

Anders sieht es auf der soziokulturellen Betrachtungsebene aus. Auf Grund der nicht zu bestreitenden Ausdifferenzierung von Lebenswelten in der Moderne werden religiöse Identitäten nicht mehr so stark über konventionelle soziale Bindungen erzeugt und gestützt – Familie, Klasse, religiöse Tradition, in die man hineingeboren wird –, sondern über den Kontakt mit vielfältigen, oft auch stark divergierenden Gruppenbezügen. Diesen Vorgang nennt Anthony Giddens *disembedding* («Entbettung», s. Giddens, 1997, 33–43). Die Konstruktion von religiöser Identität und Biografie

Ausdifferenzierung sozialer Bezüge

bedarf der Absicherung und Stützung durch eine Gemeinschaft, welche die Plausibilität der Konstruktion bestätigt. Lebenswelten differenzieren sich aus und verdichten sich zugleich in neuen Konstellationen und Milieus, etwa im esoterischen Milieu, in Jugendkulturen, in therapeutischen Bezügen, in neuen religiösen Gemeinschaften, um nur einige zu nennen. Dem Einzelnen fällt dadurch eine höhere Verantwortung für die Organisierung seiner religiösen Identitäten zu als früher, was jedoch keineswegs mit einem Zerfall religiöser Semantiken einher geht, sondern geradezu mit ihrer Intensivierung und einer persönlichen Entscheidung, die sich allerdings von traditionellen kulturellen Trägern entfernt.

2. Der Glaube an religiöse Gemeinschaftlichkeit

Religion als soziales Band und als unabhängige Macht

Religionen, so wird oft angenommen, begründen in Gesellschaften ein Band, das alle Mitglieder verbindet. Die Forschungen von Émile Durkheim und seiner Schule waren insbesondere auf den Nachweis aus, dass das sogar noch für die arbeitsteilige Gesellschaft gilt. Dafür wurde Frankreich selber das Musterbeispiel, denn hier war durch die französische Revolution der Individualismus zu einem unantastbaren nationalen Kult geworden, für den zu sterben Bürgerpflicht wurde. Kirchliche Symbole wie der Altar wurden in den Dienst des Patriotismus gestellt (Hoffmann-Curtius 1990). Zuerst beobachtet wurde diese Funktion von Religion an der antiken Stadt, die ganz wesentlich durch eine «religiöse Verbrüderung» zustande kam, wie auch Max Weber anmerkte (1923, 276). Doch war dies kein einmaliger Akt. Ihre Bürger haben sich auch später in der Form von privaten Vereinigungen unterhalb der Ebene der Stadt als ganzer immer wieder neu und zu anderen Zwecken verbrüdert, wobei kultische Mahle diese Gemeinschaftlichkeit besiegelten.

Schon aus diesem Grunde wäre die Gleichung: *ein* politischer Verband = *eine* religiöse Gemeinschaft eine ganz irreführende Vorstellung. Religion kann zwar mit den sozialen Einheiten von Familie, Ethnos, Klasse oder Staat zusammenfallen. Die Geschichte der Religionen lässt sich aber nach einem solchen Schema nicht schreiben. Vieles spricht für die Plausibilität des Luhmannschen Modells, wonach Religion ein System darstellt, das unabhängig von Recht, Wirtschaft, Herrschaft, Wissenschaft und Kunst existiert.

Das heißt nicht, dass Religionen keine Wirkung auf diese anderen Lebensordnungen ausüben. Im Gegenteil! Mit den religiösen Sinnerwartungen, so Webers Sicht, werden praktische Verhältnisse zur Welt strukturiert, die das Handeln auch in den anderen Ordnungen begünstigen oder beeinträchtigen können. Diese «Leistung» von Religionen ist wiederum davon abhängig, welche spezifischen theoretischen und praktischen Heilserwartungen einer Klasse oder einer Schicht sie bedienen (s. o. Kapitel III.2). Die religiöse Gemeinschaftlichkeit, die sich auf diesem Wege ergibt, fällt nicht mehr mit dem politischen Verband als ganzem zusammen und zerschneidet oft genug bestehende Loyalitäten in Familie, Ethnos, Klasse oder Staat. Religionen können genauso gut Mächte der Entzweiung sein wie der Verbrüderung. Dass dies nicht nur Theorie ist, zeigt sich an der Geschichte des antiken Christentums.

Seit Walter Bauers wichtiger Studie zum Thema hat sich die Ansicht durchgesetzt, dass im antiken Christentum Rechtgläubigkeit nicht am Anfang, sondern am Ende der Entwicklung stand (Bauer 1964). Bevor die katholische Kirche offiziell von Konstantin anerkannt wurde, herrschte eine Vielfalt vor, von der manches aus späterer Sicht Ketzerei war. Das Studium der Anfänge des Christentums hat sich seitdem von der theologischen Kategorie der Häresie frei gemacht und die Prozesse der Ausdifferenzierung und Aushandlung der Grenzen genauer untersucht. Diese Prozesse lassen sich an einem Gegenstand antiker Religionsgeschichte besonders klar ablesen: der Vergemeinschaftung durch kultische Mahle (Klauck 1986).

Christen und die Ausdifferenzierung religiöser Gemeinschaftlichkeit

Die Geschichte der Ausdifferenzierung beginnt damit, dass hellenistische und römische Herrscher jüdischen Gemeinden das Privileg gaben, entsprechend ihren väterlichen Gesetzen (*patrioi nomoi*) zu leben. Diese Privilegien stellten Juden hellenistischer Städte davon frei, am Sabbat vor Gericht erscheinen oder Militärdienst verrichten zu müssen. Sie gaben ihnen weiterhin das Recht, sich zu versammeln, gemeinsame Mahlzeiten abzuhalten, eine eigene Gerichtsbarkeit zu haben, Geld an den Tempel in Jerusalem abzuführen, spezielle Speisen zu essen und Gesandtschaften zu entsenden. Das reichte, um sich im Rahmen antiker Stadtgemeinschaften als eine eigenständige mächtige Gemeinschaft zu etablieren – ein Umstand, der in einigen hellenistischen Städten unter nichtjüdischen Bewohnern einen heftigen Antijudaismus entfachte.

Die Bedeutung der väterlichen Gesetze	Die Öffentlichkeit der jüdischen väterlichen Gesetze war kein neuer Status. Die Torah war zuvor schon Eigentum nicht der Priester allein, sondern des ganzen Volkes. Nur darum konnte im Deuteronomium der Torah-Gehorsam bestimmend werden für Heil oder Unheil des Volkes Israel insgesamt. So wird auch verständlich, dass hebräische Schriften ins Griechische übersetzt wurden, übrigens noch bevor die hebräische Bibel abschließend kanonisiert worden war. So sollte es jüdischen Laien in der Diaspora ohne Hebräischkenntnisse möglich sein, ein Leben entsprechend Gottes Worten zu führen. Einen gleichen Zweck verfolgte die Namensgebung für jüdische Kinder, die sich erst seit dem 2. Jahrhundert v. u. Z. durchgehend an biblischen Vorbildern orientierte und damit die Erwartung einer religiösen Lebensführung an das Leben des Kindes heftete. Der stärkste Beweis für den Glauben aber war die öffentlich bekundete Bereitschaft, in Zeiten der Verfolgung für die väterlichen Gesetze als Märtyrer («Zeuge») zu sterben.
Verschiedene Kriterien von Reinheit	Als erst in Judäa und dann auch anderorts die Jesusjünger auftraten, machten sie die kultische Gemeinschaftlichkeit zu einem Herd von Konflikten, und zwar sowohl unter Juden als auch unter Nichtjuden. Das Evangelium des Markus berichtet in kurzen situationsbezogenen Sentenzen von Handlungen Jesu, mit denen er Vorschriften über Reinheit oder Sabbat verletzte, woraufhin die Pharisäer ihn zur Rede stellten, was Jesus wiederum mit einem überraschenden Wort konterte. In Mk. 7,1–23 heißt es, dass die Jünger mit unreinen Händen aßen, woraufhin die «Pharisäer und Schriftgelehrten» (ein Stereotyp, das sich schwer bestimmten Gruppen zuordnen lässt) von Jesus wissen wollten, warum seine Jünger gegen die Überlieferung der Alten verstießen. Die polemische Antwort kam prompt: Nicht was in den Menschen hineingeht, verunreinigt ihn, sondern was aus ihm herausgeht. Später erklärt Jesus seinen Jüngern die Bedeutung dieses provokanten Wortes: Reinheit ist keine äußere Kategorie, sondern eine moralische, Unreinheit keine Sache des Bauches, sondern des Herzens.

Scharf wurde der Konflikt mit Juden deshalb, weil die Jünger Jesu in den rituellen Vorschriften keine verbindlichen alten Überlieferungen der Väter sahen, damit die Grenzen der Gemeinschaft anders bestimmten und so die Grundlagen der jüdischen Autonomie im Römischen Reich in Frage stellten (Mk. 7,5 und 7). Wohl sind die Jünger Jesu mit den Pharisäern gemeinsam der Ansicht, die Überlieferung sei ein Prinzip verbindlicher individueller Lebensführung. Gegen diese aber propagierten sie, dass Reinheit kein beobachtbares Phänomen ist. Die Nähe beider Positionen verschärfte den Konflikt. Burton Mack wird Recht haben, wenn er vermutet, dass diese Erzählung ihre rhetorische Funktion der Zeit verdankt, in der sie niedergeschrieben wurde (2000, 85). Damals, in den sechziger Jahren des 1. Jahrhunderts, deuteten Pharisäer und Jünger Jesu die jüdischen Überlieferungen in Lebenspraxis um, gingen dabei aber verschiedene Wege. Christen brachen mit dem Erfordernis äußerer Reinheit und akribischer Gesetzestreue, wie die Pharisäer sie für die alltägliche Lebensführung verlangten. Zugleich aber gaben sie in ihren Erzählungen von den Wundern Jesu zu erkennen, dass sie sich als das neue Gottesvolk verstanden (Mack, 2000, 96). Die Polarisierung der Regel für kultische Gemeinschaftlichkeit hat auch mit unterschiedlichen Trägerschichten zu tun. Trägerschicht der pharisäischen Auffassung waren, so vermutet man, Handwerker und Händler judäischer Städte, der christlichen Auffassung dagegen hellenisierte Juden, von denen einige auch in Judäa lebten (Hengel 1979).

Paulus hatte, als er noch Pharisäer war, die Christengemeinden im Auftrag des Hohepriesters aus Eifer für die «väterlichen Überlieferungen» (Gal. 1,14 und Phil. 3,5 f.) verfolgt (Hengel 1991). Schließlich hatten sie mit der Übertretung der väterlichen Gesetze gegen die römische wie gegen die jüdische Ordnung verstoßen und sich damit strafbar gemacht. Nach seiner Berufung zum Apostel für die Heiden wurde er seinerseits von Aktivisten verfolgt, wie er selber einer gewesen war. Die eigene Erfahrung machte es Paulus möglich, den Konflikt zwischen Pharisäern und Christen auf den Punkt zu bringen: Stolz auf die Gesetzeswerke. «Du magst dich einen Juden nennen und dich auf das Gesetz verlassen und dich Gottes rühmen» (Röm. 2,17). Für Paulus hing das Ansehen eines Menschen – seine Gerechtigkeit vor Gott und vor den Menschen – von etwas anderem ab: vom Glauben an Jesus Christus als dem kommenden Herren. «Ruhm» auf Grund von Gesetzeswerken war damit unvereinbar (Röm. 3,27 f.; 4,2). Er begründete seine radikale Sicht im Galaterbrief mit der kühnen Behauptung, das Gesetz sei erst 430 Jahre nach Gottes Verheißung an Abraham verkündet worden und folglich könne das Heil nicht aus seiner Befolgung, sondern nur aus dem Glauben an die Verheißung kommen (Gal. 3,17f.). Reinheitsgebote beim Essen oder die Beschneidung (Röm. 14,1–6. 13–19; 1. Kor. 7,19; Gal. 6,15) können keine Garantien

Ansehen auf Grund von Gesetzeswerken?

der Zugehörigkeit zum erwählten Volk mehr sein. Darüber kam es zum Konflikt. Petrus hatte in Antiochia mit heidnischen Christen Mahlgemeinschaft gehalten; als aber Anhänger des Jakobus, des Bruders Jesu, aus Jerusalem in die Stadt kamen, beendete er diese abrupt. Er wollte auf die heikle Situation der Brüder in Jerusalem, die unter den Argusaugen der jüdischen und römischen Instanzen operierten, Rücksicht nehmen. Paulus aber konnte in einer solchen Handlungsweise nichts anderes sehen als Heuchelei aus Furcht vor den Juden in Jerusalem (Gal. 2,11–13).

Die Gottlosigkeit der Christen

Ebenso gravierend wurde ein weiterer Konflikt, der mit der Verbreitung christlicher Gemeinden im Römischen Reich ausbrach. Als «Heiden» der christlichen Gemeinde von Korinth beitraten und dennoch weiterhin an ihren traditionellen Kultmahlen teilnehmen wollten – Christus habe sie doch von der dämonischen Macht dieser Götter befreit, meinten sie –, lehnte Paulus das rundweg ab (1. Kor. 8,11 f.; schärfer noch 1. Kor. 10,19 f.). Durch den Kult entstehe eine Gemeinschaft mit den Dämonen (also den paganen Göttern), genauso wie durch den Genuss von Opferfleisch in Jerusalem mit JHWH oder im Herrenmahl mit Jesus Christus (1. Kor. 10,14–22). Eine prinzipielle Ablehnung anderer Kulte war in der Antike unüblich, ja unerhört, weshalb man den Christen «Gottlosigkeit» vorwarf: nicht Leugnung der Existenz der Götter, sondern Verweigerung der den Göttern zustehenden Gaben und Gebete. Diese Vorwürfe wurden nicht nur von römischen Instanzen, sondern auch von Bürgern der betroffenen Städte selber erhoben. Einer der frühesten und einflussreichsten paganen Kritiker am Christentum, der Philosoph Celsus, argumentierte gegen die Christen sogar mit einer regelrechten Kulturtheorie (177/180 u. Z.). Jedes Volk hat seine eigenen väterlichen *nomoi*, darunter die Götterkulte, und solle diese respektieren. Die christliche Weigerung, an den Kultmahlen der eigenen Orte teilzunehmen, ist ein Angriff auf die Grundlagen der Ordnung selber. Christen sind Verräter an den väterlichen Gesetzen (Origenes, *Contra Celsum* II, 1; s. Peterson 1935).

Die Träger christlicher Gemeinden

Wenn man die Frage nach den Trägern der christlichen Religion stellt, kommen vor allem städtische Schichten außerhalb der vollberechtigten Stadtbürger in Frage, darunter viele freigelassene Sklaven. Sie kehrten in aller Regel nicht in ihre ursprünglichen Sozialbeziehungen zurück, sondern bildeten – auch wegen der Pflichten, die sie gegenüber ihren ehemaligen Herren behielten – eine eigene Schicht unter den Stadtbürgern, neben den Freien, den Periöken (freie, grundeigentumsberechtigte, aber politisch rechtlose Bewohner) und den Sklaven. So verbreitet waren die Freigelassenen und ihre Nachkommen, dass Tacitus behaupten konnte: «Wenn man die Freigelassenen aussondern würde, würde sich deutlich ein Mangel an Freigeborenen zeigen» (Annalen XIII 27). Obwohl sie reich und mächtig sein konnten, fehlte es ihnen an entsprechender Anerkennung. W. Meeks spricht in diesem Zusammenhang von «Statusinkonsistenz»: Freigelassene mit Geld und Bildung, aber auch reiche Frauen und wohlhabende Juden konnten in der christlichen Gemeinde ein Ansehen erlangen, das ihnen die bestehende Ordnung vorenthielt (Meeks, 1983, 16–23; ebenso Kyrtatas, 1987, 71). Mit der Verlagerung der politischen Macht vom städtischen Geburtsadel auf den Amtsadel, der sich vielfach aus Freigelassenen rekrutierte, waren Voraussetzungen entstanden, die langfristig dem Christentum mit seiner transnationalen Gemeinschaftlichkeit förderlich waren.

Dass sich Christengemeinden in bestimmten Städten konzentrierten, ist von dem Soziologen Rodney Stark näher untersucht worden. Seine Analyse macht plausibel, dass es die spezifischen Bedingungen in diesen Städten – Armut, Chaos, Angst und Brutalität – waren, die einen Nährboden für diese Gemeinden mit ihren anspruchsvollen Normen von Solidarität mit den Schwachen boten (Stark 1996).

Trotz der immensen Aufregung, die das Auftreten der Kultverweigerer zur Folge hatte, haben die Apologeten des Christentums im 2. Jahrhundert an der Weigerung festgehalten und sie sogar noch öffentlich gerechtfertigt. Als Tertullian, ein römischer Bürger in Karthago, zu Ende des 2. Jahrhunderts der christlichen Gemeinde beitrat, unterließ er es, weiterhin die zu bestimmten Anlässen vorgeschriebene Toga (das offizielle Gewand römischer Bürger) anzulegen, was bei seinen Mitbürgern auf Empörung stieß. Er verlangte grundsätzlich von Christen, kein städtisches Amt zu übernehmen, da die damit verbundenen Aufgaben unweigerlich Berührung mit dem Götzendienst brächten. Zugleich aber verteidigte derselbe Tertullian in einer Apologie Christen öffentlich gegen Anzeigen wegen kultischen Sakrilegs oder politischen Hochverrats. Christen, so Tertullian, haben keinerlei politische Ambitionen; sie bilden eine «Körperschaft», die sich trifft, um zu beten (einschließlich einer Fürbitte für den Kaiser) und um

Die Anerkennung der christlichen Körperschaft

Schriften zu Gehör zu bringen. Es gibt eine gemeinsame Kasse, in die jeder einmal monatlich einen Beitrag einzahlt, der dann bereit steht

für den Unterhalt und das Begräbnis Armer, für Jungen und Mädchen, die kein Geld und keine Eltern mehr haben, und für alt gewordene Diener, ebenso für Schiffbrüchige und für jene, die in Bergwerken oder auf Inseln oder in Gefängnissen – wenn sie dort sind wegen ihrer Zugehörigkeit zur Gemeinschaft Gottes – zu Pfleglingen ihres Bekenntnisses werden (*Apologeticum* 39, 5–6).

Eine solche Gemeinschaft verdiene es, offiziell anerkannt zu werden. Seiner Forderung wurde mehr als hundert Jahre später mit der so genannten Mailänder Vereinbarung 313 u. Z. entsprochen. Aus der offiziell nicht erlaubten Vereinigung wurde eine *religio licita*, mit Theodosius 380 sogar die einzige wahre *religio* des Römischen Reiches (*Codex Theodosianus* 16,1,2).

Bestattungsvereine

Seit dem 1. Jahrhundert v. u. Z. war die Verleihung des Körperschaftsstatus an private Vereinigungen zunehmend strengeren Kriterien unterworfen worden. Eine Ausnahme wurde wahrscheinlich nur gemacht, wenn Einwohner ohne Bürgerrecht sich zu einem *collegium* zusammenschlossen. Wie in Kapitel IV.2 bereits erläutert, haben christliche Gemeinden des 2. und 3. Jahrhunderts diese Rechtsform offensichtlich übernommen, was man aus Tertullians Betonung der christlichen Unterstützung der Mittellosen schließen kann.

Tertullians Beschreibung der Kirche als einer Solidargemeinschaft wird von anderen Quellen bestätigt. Besonders erhellend ist ein Brief von Kaiser Julian «Apostata», vor allem vor dem Hintergrund, dass die antike Stadtgemeinde selber kaum irgendwelche verlässlichen Institutionen für den Schutz Armer und Schwacher ausgebildet hat. Der Nachfahre Konstantins wollte wieder zum Heidentum zurückkehren (deshalb der polemische Beiname «Apostata»), nicht aber ohne eine Reform des Heidentums. Einem kleinasiatischen Oberpriester erklärte er in einem Brief, dass die Christen ihren Erfolg auch ihrer Menschenfreundlichkeit gegenüber Fremden, ihrer Vorsorge für das Begräbnis und ihrem reinen Lebenswandel verdankten; und er forderte ihn auf, dem nachzueifern mit Herbergen für Fremde und mit finanzieller Hilfe für Bedürftige. Es sei doch eine Schande, dass die «Galiläer» (die Christen) neben den eigenen Leuten auch Heiden unterstützten, die Heiden aber von den eigenen Leuten nichts erhielten (Julian Brief 39, hg. und übers. von Bertold K. Weis 1973, 104–109).

Diese Funktion hatte Auswirkungen auf das Verständnis der Christen von ihrer Gemeinschaft. Nicht zufällig finden wir Tertullian unter denjenigen Kirchenvätern, die am energischsten gegen die so genannten Gnostiker kämpften (zur Schwierigkeit des Begriffs s. Williams 1996; Markschies, 2001, 9–35). In einer Schrift mit dem schönen Namen *Scorpiace* («Arznei gegen den Skorpionstich») wandte er sich gegen Valentinianer, die zu seiner Zeit in Karthago die Meinung verbreiteten, dass die Märtyrer grundlos sterben würden. Die einfältigen Seelen wüssten nämlich nicht «wo, wann und vor wem man ein Bekenntnis abzulegen habe» (*Scorpiace* I, 7). Die Valentinianer aber wussten,

<small>Konflikte über die Öffentlichkeit des Bekenntnisses</small>

das geforderte Bekenntnis habe nicht hier, das heißt nicht innerhalb des Umkreises dieser Erde, nicht innerhalb der Frist dieses Lebens und nicht vor gewöhnlichen Menschen zu geschehen. [...] Erst wenn die Seelen aus den Leibern herausgegangen sind und man durch die einzelnen Stockwerke des Himmels hindurch begonnen hat, sie einer Untersuchung hinsichtlich der Aufnahme in das jeweilige Stockwerk und einem Verhör über die geheimen Lehren der Häretiker zu unterziehen, hat das Bekenntnis stattzufinden: vor den wahren Mächten und den wahren Menschen, den Vollkommenen, den Unbeweglichen und Unbescholtenen des Valentinus (*Scorpiace* X, 1).

Wie die Welt aus Unwissenheit entstanden ist und sich der Weltenherrscher nur aus Ignoranz rühmen kann, dass es keinen anderen Gott außer ihm gibt, so ist auch der Pneumatiker in dieser Welt unbekannt und unsichtbar. Der pneumatische Same ist dem Menschen nämlich heimlich in die Seele gesät worden. Erst mit dem Aufstieg der Seele nach oben ändert sich das und der Pneumatiker gibt sich zu erkennen. Diese Konzeption des menschlichen Selbst begründete ein Weltverhältnis, wonach der Gläubige sich nach außen konformistisch verhält, während er nach innen einen Vorbehalt macht. Die Welt ist der Ort der Täuschung, heißt es in einem gnostischen Traktat, der in groben Zügen dem valentianischen Lehrsystem folgt («Exegese der Seele», Nag-Hammadi-Codex II,6,136). Da das gnostische Selbst den dämonischen Mächten dieser Welt überlegen war, brauchte der Gnostiker den Test, dem Christen von den römischen Behörden unterworfen wurden – nämlich diesen Mächten zu opfern –, nicht zu fürchten. Die Auffassung, wonach der Erlöste aus der schmutzigen materiellen Welt in das Reich des Lichtes aufsteigt, hatte gnostische Christen zu einer weltflüchtigen Haltung gebracht. Damit aber sahen sie auch davon ab, eigene Gemeinden zu bilden. Sie blieben in den christ-

<small>Die gnostische Position</small>

> *Der Glaube an die Gemeinschaft*
> Tertullian und andere Kirchenväter distanzierten sich entschieden von christlichen Gruppen, die einen öffentlichen Status ablehnten. Dabei wurden sie vom römischen Recht unterstützt, das mit Begriffen wie *religio, magia, superstitio* und später *haeresis* einen Kriterienkatalog zur Beurteilung von religiösen Gemeinschaften aufgestellt hatte. Wie in Kapitel IV.2 gezeigt, wurden diese rechtlichen Kriterien für legitime Religion Bestandteil der katholischen Theologie und auf diesem Wege der westeuropäischen Rechts- und Religionsgeschichte. Religionsgemeinschaften kann man daher nur angemessen beschreiben, wenn man untersucht, ob und wie die Gemeinschaft selber Gegenstand des Glaubens wurde. Das aber heißt nichts anderes, als der Vorstellung von der richtigen religiösen Ordnung in den Äußerungen der Mitglieder nachzugehen. Nur sie gibt darüber Aufschluss, ob die äußere Form der Gemeinschaft ihren Niederschlag gefunden hat in religiösem Gemeinschaftshandeln.

lichen Gemeinden, warben aber unter deren Mitgliedern für ihre Ideen und setzten sich dabei auch kritisch mit der Kirche auseinander. Sie polemisierten gegen die Kreuzestheologie, das kirchliche Amt, das Kirchenverständnis, gegen die kirchliche Aufweichung von Askese, gegen das Martyrium, gegen die Sakramentspolitik (Koschorke 1978). Ihre religiöse Gemeinschaft bestand aus zwei Kreisen: den Vollkommenen und daneben den einfachen Kirchengläubigen, die zu ihrer Erlösung die Vollkommenen benötigen (Koschorke, 1978, 220–228). Für Tertullian war diese Lehre ein unerträglicher Abfall. Wahrer Glaube sucht die Öffentlichkeit und das Martyrium.

Beispiel Islam

Die von uns beschriebenen Divergenzen und Brüche bei der Herausbildung des Christentums haben insofern einen paradigmatischen Charakter, als sie Prinzipien der Verzweigung angeben, die auch in den anderen abrahamitischen Religionen vorkommen. Die gnostische Konzeption einer Verheimlichung religiöser Identität ist im Islam eine Handlungsoption geworden. So wurde den Schiiten geradezu vorgeschrieben, ihre Identität nur unter bestimmten Bedingungen preiszugeben. In einer Welt der Lüge muss die Wahrheit verborgen gehalten werden. Verheimlichung ist ein religiöses Gebot (Kippenberg 1993). Bei der Herausbildung der modernen islamischen Bruderschaften treffen wir ebenfalls auf Bekanntes: Durch Waisenhäuser, Schulen, Universitäten, Krankenhäuser und andere soziale Dienste soll ein islamisches Milieu entstehen. Martin Riesebrodt hat dafür plädiert, sich nicht der

Annahme von Ulrich Beck zu verschreiben, Kulturmilieus würden im Prozess der Ausweitung des Kapitalismus dahinschmelzen und einer Individualisierung weichen. So richtig es ist, dass sich in Deutschland bestimmte traditionelle Milieus auflösten, so richtig ist es auch, dass neue Kulturmilieus entstehen, z. B. von Arbeitsmigranten (2000, 75). Ein Blick auf die islamische Welt bestätigt diesen Einwand. In einer kapitalistischen Welt, die nicht auch für die soziale Sicherheit ihrer Bewohner sorgt, springen weltweit Religionsgemeinschaften ein und machen die Solidarität zu einer Sache des Glaubens. Es ist eine unangemessene Verkürzung, wenn man meint, die Pflicht zum *jihad*, so wie sie von der islamischen Bruderschaft gesehen wird, sei ein verkappter Aufruf zur Gewalt. Tatsächlich verlagert sie eine kollektive Pflicht, die von den modernen Staaten nicht mehr wahrgenommen wird, auf den Einzelnen, dessen Pflicht es nun wird, islamische Handlungsvorschriften in einer paganen Welt umzusetzen. Dass sich große und mächtige Kulturmilieus entwickeln, zeigt nur, dass Individualisierung ihre Grenzen hat.

3. Ausgrenzungen des «gefährlichen Anderen»: Der Fall der Magie

In der Soziologie und der Psychologie stellt es heutzutage fast schon einen Allgemeinplatz dar, die Herstellung von (religiöser) Identität als das Ergebnis eines vielschichtigen, im Dialog mit anderen entstehenden und immer wieder in Frage gestellten Prozesses aufzufassen. Da man sich in weiten Teilen der Religionswissenschaft jedoch traditionell stärker auf normierte Texte und mehr oder weniger fest gefügte Gemeinschaften konzentriert hat als auf die Lebenswirklichkeiten der Angehörigen jener Gemeinschaften, geriet das Prozessuale bei der Herstellung kollektiver und individueller Identitäten allzu häufig aus dem Blick. Erst mit der kulturwissenschaftlichen Neuorientierung der Disziplin setzte sich zunehmend die Erkenntnis durch, dass man Gruppenbildungsprozesse nicht ohne einen Rückgriff auf geschichtliche Narration, geteilte Erinnerungen oder auch das Ausgrenzen und Konstruieren des «Anderen», also jener Menschen und Gruppen, die nicht dazu gehören sollen, erklären kann (Straub 1998; Assmann/Friese 1999). Die Herstellung individueller religiöser Identität haben wir

Die Herstellung von Gruppenidentität

> *Soziale Schließung als kommunikativer Prozess*
> Religiöse Gemeinschaften unterliegen dem Prinzip «sozialer Schließung», bei der Max Weber eine gegenseitige Bedingtheit der Prozesse konstatiert: «‹Reguliertheit› und ‹Geschlossenheit› nach außen sind [...] relative Begriffe» (Weber, 1976, 24). Die Relativität – also Bezogenheit – der Begriffe zeigt sich in der Herstellung identitätstauglicher Evidenzen; zu beachten ist, dass es hier nicht (unbedingt) um empirisch oder wissenschaftlich nachweisbare Tatsachen geht, sondern um fiktive Konstruktionen, die in kommunikativen Aushandlungsprozessen erst geschaffen werden. Es handelt sich also um dynamische und in ständiger Veränderung und dialogischer Referenz sich entfaltende Bewegungen, die zwischen Vergewisserung, Infragestellung, Abgrenzung und Normatisierungsbemühungen hin- und herpendeln.

bereits in Kapitel V.1 behandelt, wobei der durch Konversion begründete biografische Bruch im Zentrum stand. Hier dagegen soll ein Typus der gemeinschaftlichen Ausgrenzung erörtert werden, der auch die wissenschaftliche Theoriebildung maßgeblich beeinflusst hat: die Magie.

Die Bedeutung von Narrativen: Das Markusevangelium

Neuerdings hat man verstärkt die identitätsstiftende Funktion von Erzählungen erkannt. Burton Mack untersuchte in diesem Sinne das Markusevangelium, das in den sechziger Jahren des 1. Jahrhunderts, also deutlich nach den Ereignissen, aufgeschrieben wurde. Dabei brach er mit der Idee, die Evangelien seien ein Fenster in die vergangene Welt des Jesus von Nazareth. Vielmehr weist er nach, dass die Erzählstoffe im Lichte sich verschärfender Auseinandersetzungen zwischen Anhängern Jesu und den so genannten Pharisäern geformt wurden (einer Gruppierung, die jenseits christlicher Schriften kaum klar zu greifen ist). Auch wenn sie historisch also nur bedingt verlässlich sind, stellen sie doch eine einzigartige Quelle für die Hintergründe dar, die in jenen Jahren zur Trennung christlicher Gemeinden von jüdischen Synagogen führten. Bei seiner Erzählung des Leidens Jesu griff Markus das Motiv des leidenden Gerechten auf, dem Gott Gerechtigkeit widerfahren lässt. Diese Deutung von Kreuzigung und Auferstehung verarbeitete Erfahrungen und Erwartungen jenes Jahrzehnts (Mack, 2000, 207–221). Historische Sinnbildung ist kein Privileg des Historikers, sondern bestimmt die Quellen selber bereits, wie Hayden White immer wieder betont hat (s. Kapitel III.1). Isoliert man das Bild, das Christen sich von den Juden machten, erkennt man, dass mit der Gruppenbildung auch ein Antijudaismus einherging. Ein Stereotyp ist für eine Gruppenbildung ebenso nötig wie es die Gefahr einer Dämonisierung des Anderen in sich birgt.

Bei der Abfassung der Evangelien hat noch ein weiteres Problem eine Rolle gespielt. Jonathan Z. Smith hat es durch einen Vergleich des Markusevangeliums mit der Biografie eines anderen heiligen Mannes identifiziert. Das Markusevangelium und die Biografie über Apollonius von Tyana (1. Jahrhundert u. Z.), die Philostrat zu Beginn des 3. Jahrhunderts u. Z. verfasst hat, haben etwas gemeinsam: Sie treten nämlich beide dem Verdacht entgegen, die Wunder ihrer Protagonisten seien durch den Gebrauch von Magie zu Stande gekommen. Wie verbreitet tatsächlich die Vorstellung war, Jesus sei ein Magier, hat Morton Smith dargelegt (1981), und Ramsey MacMullen hat den Glauben an die Befähigung der Missionare zur Wunderheilung als mitentscheidend bei der Christianisierung des Römischen Reiches bezeichnet (1984). Die Werke von Markus und Philostrat sind für J. Z. Smith unter diesem Gesichtspunkt verwandte literarische Gattungen; beide sehen in den Wundertaten ihrer Protagonisten den Beweis für deren übernatürliche Begabung, nehmen sie zugleich aber gegen den Vorwurf der Magie in Schutz, da es sich um mehr als nur Wundertäter handle (1978). Wenn Jesus einem Blinden in die Augen spuckt, dann seine Hände auf sie legt und dieser daraufhin wieder sehen kann (Mk. 8,22–26), oder wenn Apollonius von Tyana ein totes Mädchen berührt, dabei etwas sagt und sie wieder zum Leben erweckt (Philostrat, *Vita Apollonii* VI, 45), dann sind dies Erzählungen, die in der Antike vielfach vorkommen und die je nach Gesichtspunkt als Wunder oder Magie beurteilt wurden.

Der Zweifel, den wir Heutige an der Glaubwürdigkeit dieser Erzählungen hegen, spielte offenbar in der Antike nur eine geringe Rolle. Muss man also annehmen, dass solche Vorgänge fraglos geglaubt wurden und nur die Deutung als Wunder oder Magie umstritten war? Es gibt eine interessante Ausführung bei Plinius dem Älteren, die hier weiterhilft. Plinius geht in seiner *Naturgeschichte* erst auf die Wirkungen von Kräutern ein und dann auf Heilmittel, die der Mensch selber hergestellt hat. Dazwischen aber kommt er auf den Fall zu sprechen, der uns interessiert. Er stellt nämlich eine – wie er selber sagt – überaus wichtige und immer ungewisse Frage: «Ob Worte (*verba*) und Beschwörungsformeln (*carmina*) etwas bewirken?» Seine Antwort darauf lautet: Wenn es so wäre, dass sie etwas bewirkten, müsste man das dem Menschen zuschreiben.

Denn die weisesten Männer hätten individuell den Glauben daran abgelehnt. Die Öffentlichkeit aber glaube sehr wohl, dass sie etwas bewirken, auch wenn es sich direkter Erfahrbarkeit entziehe (*Naturalis historia* 28, 10).

<small>Kultureller Glaube und persönliche Überzeugung</small>

Plinius geht also davon aus, dass auf individueller Ebene Fragen bleiben, nicht aber offiziell. In den Begriffen der Ethnologie gesprochen: *cultural belief* und *personal belief* treten auseinander. M. E. Spiro hat einen solchen Fall an den Zeugungsvorstellungen der Trobriander geschildert. Für die mutterrechtlichen Trobriander geht Schwangerschaft nicht auf sexuelle Aktivitäten zurück, sondern auf das Wirken von Geistern. Da die Trobriander bei den Tieren jedoch den natürlichen Zusammenhang sehr wohl kennen, muss man annehmen, dass ein kultureller Glauben nicht dann verschwindet, wenn die persönlichen Überzeugungen ihm nicht folgen. Auch Plinius beschreibt einen kulturellen Glauben, an dem individuell Zweifel bestehen.

<small>Worte, die etwas bewirken</small>

Plinius nennt Gründe, warum man offiziell nicht umhin kann, eine «Macht der Beschwörungsformeln» (*vis carminum*) anzuerkennen. Bekanntlich habe ein Opfer ohne Gebet (*precatio*) keine Wirkung (28, 10). Götter werden von Worten bewegt. Die Ereignisse von 830 Jahren römischer Geschichte sprächen eine deutliche Sprache (28, 12). Schließlich habe auch das Zwölftafelgesetz Zaubersprüche gegen Eigentum und guten Ruf des Nachbarn unter Strafe gestellt. Es gäbe niemanden, der nicht fürchte, von Fluchtafeln gebunden zu werden (28, 19). John L. Austin, Autor des berühmten *How to do things with words* (s. o. Kapitel II), wäre sicher erfreut, davon zu hören, liefert Plinius doch schlagende Beispiele für das, was Austin die performative Funktion von Äußerungen nannte und was Stanley J. Tambiah (1990, 58) für eine Neubestimmung der Kategorie der Magie heranzog: Worte, die etwas bewirken.

<small>Der Prozess gegen Apuleius</small>

Man kommt dem Thema der Magie noch ein Stück näher, wenn man die Praxis heimlicher Rituale heranzieht. In dieser Angelegenheit ist der Prozess gegen Apuleius aufschlussreich (155/158 u. Z.). Wegen seiner standeswidrigen Heirat mit einer wohlhabenden älteren Frau wurde er der Magie bezichtigt. In der Verhandlung wurde ihm vorgeworfen, er sei bei nächtlichen Kulthandlungen (*nocturna sacra*) beobachtet worden (Apuleius, *Apologia* 57, 2), was Apuleius nach Kräften zu widerlegen suchte. Wenn der Ankläger verlange, fünfzehn Sklaven sollten als Tatzeugen gehört werden, dann breche die Anklage in sich zusammen. Denn entweder sei es nicht geheim und damit auch nicht verboten, was er tat – oder es sei geheim, dann aber könnten unmöglich fünfzehn Sklaven dabei gewesen sein (ebd. 47, 1–3). Apuleius ganze Widerlegung setzt voraus, dass es ein objektivierbares Kriterium für den Nachweis unerlaubter Rituale, also magischer Handlungen, gibt. Magie sind, so muss man folgern, rituelle Handlungen, die vor der Öffentlichkeit bewusst verborgen ausgeführt werden.

Die Gleichsetzung von «ungesetzlich» mit «geheim» kam aus dem römischen Versammlungsrecht. Seit der Affäre um die Bacchanalien waren heimliche Zusammenkünfte untersagt, nur öffentliche bzw. angemeldete Versammlungen unproblematisch. Auch Vereinigungen (*collegia*), die nicht durch ein *senatus consultum* legitimiert worden waren, mussten sich öffentlich zu erkennen geben und durften nicht im Geheimen zusammentreten. Hier lag eine der Gründe für die staatliche Repression früher christlicher Gemeinden. Man kann eine ähnliche Logik in kaiserlichen Edikten des beginnenden 1. Jahrhunderts u. Z. erkennen. Sie verboten es, Wahrsager privat, das heißt unter vier Augen, zu konsultieren. Nur das, was öffentlich mit Zeugen geschah, konnte Anspruch auf Rechtmäßigkeit erheben. Eine Wiederholung dieser Maßnahme gab es unter Konstantin, dreihundert Jahre später. Konstantin richtete gleich zu Beginn seiner Regierung seinen Bannstrahl gegen Wahrsager. Wenn sie aber dennoch ihrer Tätigkeit nachgehen wollten, dürfte das nur öffentlich geschehen. «Wir verbieten die Ausübung des vergangenen Götzendienstes jedoch nicht, wenn sie am helllichten Tag geschieht» (Codex Theodosianus 9,16,2).

Öffentliche und geheime Rituale

In Griechenland war alles das Magie, was nicht zur Polisreligion gehörte. In diesem Sinne repräsentierte Magie eine eigene Überlieferung mit eigenen Göttern und Handlungen (Graf 1996) bzw. mit bekannten Göttern, deren Verhalten jedoch nicht wie in der Literatur distanziert aristokratisch war, sondern aggressiv plebejisch (Betz, 1992, XLV). Doch konnte im Prinzip jede Überlieferung Quelle von Magie werden. Viele der magischen rituellen Handlungen unterschieden sich inhaltlich überhaupt nicht von den offiziellen Ritualen. Bezeichnungen, die für den öffentlichen Kult verwendet wurden, wurden auch für magische Handlungen gebraucht, beispielsweise *sacrificium*. So erklärt sich auch der Sachverhalt, dass sogar Gebete magisch und damit ungesetzlich sein konnten. So wurde Apuleius vorgeworfen: «Du hast stille Gebete (*tacitas*

Magie als das Fehlen von Öffentlichkeit

preces) in einem Tempel an die Götter gerichtet; also bist du ein Magier» (*Apologia* 54, 4). Und Augustin unterschied nach dem gleichen Kriterium *preces magicae* von *preces licitae* (*De civitate Dei* 8, 19). Das Kriterium war die An- oder Abwesenheit von Öffentlichkeit. Geschahen religiöse Handlungen öffentlich, waren sie rechtmäßig; geschahen sie im Verborgenen, waren sie ungesetzlich. Hier ist Magie ganz wesentlich nur eine Voraussetzung rituellen Handelns: ihre Nicht-Öffentlichkeit.

<small>Enthüllung des Geheimen als Mittel gegen dessen Macht</small>

Weil magische Handlungen im Geheimen passierten, mussten sie ans Licht gebracht und unschädlich gemacht werden. Als der Rhetor Libanius an Migräne erkrankte und unbegreiflicherweise seine viel bewunderte Kunst des Redens verlor, hatte er einen Traum, der auf Zaubersprüche und die Feindschaft eines Zauberers deutete. Freunde rieten ihm, verdächtige Personen strafrechtlich verfolgen zu lassen. Jedoch entschied er sich anders und nahm seine Zuflucht zu Gebeten. Eines Tages wurde in seinem Vorlesungsraum ein Chamäleon gefunden. Es war schon lange tot, sein Kopf lag zwischen den Hinterbeinen, ein Vorderbein fehlte und das andere schloss seinen Mund zum Schweigen. Auch nach dieser – wie er sagt – Offenbarung nannte er keinen Schuldigen. Aber die gegnerische Partei wurde von Panik ergriffen und stoppte die Angriffe. Es war ein Glücksfall, dass das, was so tief vergraben war, nun vor aller Augen lag (*Oratio* 1, 244–250). Die Enthüllung hatte dem geheimen Objekt seine Macht des Bindens genommen (eine vorzügliche Zusammenstellung aller solcher Bindeflüche und Fluchtafeln hat John Gager 1992 veröffentlicht).

<small>Eine Nachwirkung des Prozesses</small>

Der Prozess gegen Apuleius wegen *crimen magiae* blieb noch lange in Erinnerung. So sah Augustin in dem Prozess einen Beweis dafür, dass Christen das Magieverbot zwar nicht eingeführt, wohl aber mit ihm Ernst gemacht hätten. Apuleius habe sich in seiner Verteidigungsrede zu den Ansichten Platos bekannt, «dass zwischen Göttern und Menschen gewisse göttliche Kräfte existieren, die nach ihrer Natur und ihrem Rang in der Mitte stehen und dass sie all die Weissagungen und Wunder der Magier zu Stande bringen» (*Apologia* 43, 1). Mit diesen Worten habe er seine Schuld eingestanden (*De civitate Dei* 8, 19). Es sei falsch gewesen, ihn freizusprechen.

<small>Die Vielfalt magischer Diskursfelder</small>

Diese doch sehr unterschiedlichen Verwendungen des Magie-Begriffes und die diversen konkreten Manifestationen von Magie in der Antike machen eines deutlich: Es gab in jener Zeit eine Vielfalt von Diskursfeldern, die unter dem generalisierenden Oberbegriff «Magie» nur sehr künstlich zusammengehalten werden. Die Unterschiede zwischen der philosophisch reflektierten Magie eines Apuleius und der «alltagstauglichen» Magie, wie sie in Amuletten oder so genannten Beschwörungsschalen zum Ausdruck kommt, sind bislang noch überhaupt nicht angemessen systematisiert worden. Doch trotz der teilweise enormen Unterschiede ist ein Faktum nicht von der Hand zu weisen: Magie ist keine eigene Klasse von Glaubensanschauungen oder Ritualen. Wie auf kaum einem anderen Forschungsfeld haben sich im Zusammenhang mit der Magie in den letzten zwei Jahrzehnten neue wissenschaftliche Positionen durchgesetzt (Meyer/Mirecki 1995; Graf 1996; Schäfer/Kippenberg 1997). Immer deutlicher stellte sich dabei heraus, dass man Magie keineswegs der «Religion» dichotomisch (d. h. als Gegensatz) gegenüberstellen darf, sondern es sich um eine rituelle Praxis handelt, die eng mit Liturgie, Theologie, Medizin und Philosophie verzahnt ist. J. Z. Smith verdanken wir die erhellende Bemerkung, dass die antiken magischen Papyri die umfangreichste Quelle antiker Ritualtexte und Gebete überhaupt sei (1995, 21). Nur so wird darüber hinaus verständlich, dass auch genuin christliche und jüdische Glaubensanschauungen und Handlungen in magische transformiert werden konnten, wie neuere Textsammlungen und Texteditionen eindrucksvoll demonstrieren (Meyer/Smith 1994; Schäfer/Shaked 1994/1997). Dass diese Texte so lange ignoriert wurden, hängt mit einem völlig verkehrten Vorverständnis von Magie zusammen.

Die philosophischen Modelle, die Apuleius zur Verfügung standen, können als neuplatonische und stoische Konzeptionalisierungen des Kosmos aufgefasst werden, die im selben Diskursfeld angesiedelt waren wie die paganen Beiträge Plotins und Porphyrius', die jüdischen Philos von Alexandria, die Theologie des Mithraskultes oder die Gnosis des Theodotus. Antike «Magie» ist nichts anderes als eine elaborierte Theologie, welche die philosophischen Überzeugungen der Zeit in ein Gesamtkonzept von Natur- und Weltdeutung integrierte. Deshalb ist Jan Assmann Recht zu geben, wenn er für den ägyptischen Kontext festhält:

Magie als elaborierte Theologie

> All diese verschiedenen Diskurse sind unterschiedliche Anwendungen derselben Theologie. Darüber hinaus ist dieses Gotteskonzept eng verbunden mit der Theologie der stoischen oder neuplatonischen Philosophie. Der Gott der Philosophen und der Gott der Magier sind ein und derselbe. Wir haben es also

nicht mit einem spezifischen magischen Konzept zu tun. Im Gegenteil: Wir haben es mit der magischen Anwendung einer allgemeinen pantheistischen Theologie zu tun (Assmann, 1997, 18).

Magie als Bewältigung von Lebensproblemen

Mit den Amuletten, Beschwörungsritualen und magischen Rezepten betreten wir ein anderes Diskursfeld. Es hat mit der Bewältigung von Lebensproblemen zu tun, denen sich antike Biografien, und zwar unabhängig von ihrem religiösen Bekenntnis, gegenübersahen. Ob es sich um Fragen der Gesundheit, der vorbeugenden Medizin, der Erlangung von Reichtümern oder der Absicherung persönlicher Beziehungen handelte – stets wurde der rituelle Umgang mit kosmischen bzw. göttlichen Kräften gesucht. Dies konnte auch aus unlauteren Absichten geschehen. Eine Untersuchung der Quellen zur griechischen Liebesmagie hat gezeigt, dass die kosmischen Kräfte, die in der Magie angesprochen werden, auch Mächte im Menschen selber sind. Wer auf diese Einfluss nimmt, kann einen anderen Mann oder eine andere Frau manipulieren (Faraone 1999). Mit einem Bild von H. D. Betz: Die Einzelnen hängen wie Marionetten an den Fäden kosmischer Mächte (1992, xlvii). So bekräftigen diese Quellen die Erkenntnis von E. R. Dodds (1970), dass in der griechischen und hellenistischen Antike der Mensch nicht als selbstbestimmtes rationales Individuum gesehen wurde, sondern eher als eine Herberge, in der auch fremde Mächte wohnen.

Die Grenzen verlaufen nicht zwischen den Religionen

Auffallend ist, dass die erhaltenen Dokumente keineswegs eindeutig zu erkennen geben, ob die rituellen Handlungen von Christen, Juden oder Anhängern anderer Kulte durchgeführt wurden (von Stuckrad 2002). Im Gegenteil: Anstatt theologische Reflexionen über die Kohärenz des eigenen Handelns anzustellen, griff man auf jene magischen Namen zurück, die sich über konfessionelle Grenzen hinweg als wirkmächtig erwiesen haben, also JHWH, Adonaj, Jesus oder Aphrodite. Neben der Verwendung von Namen deuten auch Schriftbelege auf bestimmte religiöse Traditionen hin. Auf die Frage, ob man hier zum Beispiel jüdische Texte eindeutig zuordnen kann, antwortet Hans Dieter Betz deshalb ganz lapidar: «Was sie jüdisch macht, sind die Schriftzitate» (Betz, 1997, 59). Innerhalb eines einzigen Diskursfeldes treffen wir mithin auf Zeugnisse verschiedener Religionen.

> Der Dämon bleibt im Grunde derselbe in allen untersuchten Fluchsprüchen; er wechselt lediglich den Namen, wenn er von einem religiösen Kontext in den anderen übergeht; das Erscheinungsbild wie auch die Aktivität bleibt dieselbe.

Sowohl im Judentum als auch im Christentum wird die Gottheit in monotheistischen Begriffen wahrgenommen (Betz, 1997, 63).

Hatte also auf der individuellen und lebensweltlichen Ebene die Trennung zwischen «Magie» und «Religion» keineswegs eine zentrale Bedeutung, so wurde diese Trennung in dem Moment bedeutsam, wo es um Gruppenidentitäten und um öffentliche Anerkennung von Gemeinschaften ging. Die Herausbildung der spätantiken christlichen Meinungen über Magie kann man demnach auch als eine innerchristliche Bewegung beschreiben, in der jene Rituale, die einen klaren Gemeinschaftsbezug hatten (etwa das Abendmahl) von solchen rhetorisch abgesetzt wurden, die mit ihrer individuellen Handlungsperspektive gemeinschaftliche Integrität zu untergraben schienen. Christen gingen allerdings in einem Punkt weiter als ihre römischen Vorgänger, denn

Die rhetorische Zuspitzung in christlichen Gemeinschaften

[a]b sofort waren Dämonen und ihre Vertreter «juridifiziert». Ebendieser Vorgang ist es, der das Recht des 4. Jahrhunderts vom römischen Recht früherer Zeiten unterscheidet: Die Kommunikation über Recht und Unrecht hat nicht nur die Magier erfaßt, sie hat die Welt in Freunde und Feinde geteilt, hat erstere nicht nur als recht*gläubige*, sondern auch recht*mäßige* Zeitgenossen definiert, letztere hingegen nicht nur als gefährliche, sondern auch unrechtmäßige Existenzen verdammt (Fögen, 1993, 252 [Hervorhebung im Original]).

Diese Unterscheidung hatte für die europäische Religions- und Rechtsgeschichte eine fundamentale Wirkung. Das weiterlaufende Magieverbot schrieb nämlich die alte pagane Götterwelt im Modus der Verdammung als Dämonen, Rituale als Magie fest, wie die Studien von Valerie Flint gezeigt haben (1991, 87–126; 1999). Es ist für heutige Christen ein nur schwer nachvollziehbarer Glaube, dass Jesus Christus die heidnischen Götter unterworfen habe und seine Überlegenheit sich vor allem im Kampf gegen Dämonen erweise. So ist die Tatsache, die J. Z. Smith schon in den Evangelien beobachtet hat – dass nämlich Jesus Christus seine Macht über die Dämonen demonstriert –, die paradoxe Voraussetzung dafür geworden, dass die pagane Religionswelt auch noch in den Zeiten der christlichen Staatsreligion weiterexistierte.

Paganismus wird im Modus unterworfener Mächte fortgeschrieben

Wie einflussreich die antike theologische Ausgrenzung der Magie geblieben ist, erkennt man nicht zuletzt daran, dass bis in jüngste Zeit auch die wissenschaftliche Beschreibung des Sachverhaltes von einer systematischen Trennung zwischen Magie und Religion ausging, und zwar sowohl in ethnologischer Begriffsbildung (Kippenberg/Luchesi, 1995, 9–51) als auch im theologi-

Von der Theologie in die Wissenschaftssprache

schen Jargon. Wenn man «Wunder» von «Zauberei», «Gebet» von «magischem Zwang» unterscheidet oder die Magie aus der Religion ausgrenzt, so ist darin weniger eine wissenschaftliche Erfassung religionsgeschichtlicher Sachverhalte zu sehen als der Versuch einer Stiftung von gemeinschaftlicher Identität durch Konstruktion des «Anderen», die gleichsam subkutan in die Wissenschaftssprache übergegangen ist.

4. Apokalyptik: Die Zuspitzung der Konflikte

«Wenn für den Liberalismus des 19. Jahrhunderts das Wort
von Troeltsch gelten konnte:
‹Das eschatologische Bureau ist meist geschlossen›,
so macht dieses im Gegenteil seit der Jahrhundertwende Überstunden.»

(Hans Urs von Balthasar, 1958, 403)

Ein folgenschweres Missverständnis

Der englische Historiker Peter Burke hat 1978 in einer viel gelesenen Studie über die europäische Volkskultur der Frühen Neuzeit die Grenze zwischen Mittelalter und Neuzeit entlang der Religionsgeschichte gezogen. «Vor nicht allzu langer Zeit bemerkte ein Kenner der Materie, dass das Mittelalter in Wahrheit erst dann sein Ende fand, als intelligente und gebildete Menschen aufhörten, Prophezeiungen ernst zu nehmen». Auch den Zeitpunkt wusste er zu nennen. «Um 1800 war es für Gebildete fast genauso natürlich, sich über Prophezeiungen lustig zu machen, wie es dreihundert Jahre vorher selbstverständlich gewesen war, sie ernst zu nehmen» (Burke, 1981, 287 f.). Damit sprach Burke aus, was andere stillschweigend für so selbstverständlich hielten, dass es ihr politisches Denken und Handeln bestimmte. Als sich im selben Jahr 1978 in Iran eine Revolution gegen die «verwestlichte» Herrschaft des Schahs und für eine islamische Ordnung formierte, hatten die Entscheidungsträger im Weißen Haus die größten Schwierigkeiten, den Vorgang zu begreifen. Gary Sick, Mitglied im Nationalen Sicherheitsrat von Jimmy Carter, bemerkte dazu rückblickend:

Zwischen Khomeinis islamischer, theokratischer Revolution und der westlichen Tradition säkularisierender Revolutionen gab es Widersprüche. Die Spannung zwischen dem Weltlichen und dem Religiösen war ein wichtiger Faktor, der dazu beitrug, dass es sowohl Iranern als auch Westlern nicht gelang, die Revolution in ihren frühen Phasen zu erkennen und ihren tatsächlichen Verlauf sowie ihr etwaiges Ergebnis zu ermessen. Wir sind alle Gefangene unserer eigenen kulturellen Annahmen, mehr als wir zuzugeben bereit sind. [...] Khomeinis Aufruf, einen religiösen Philosophenkönig, den welayat-e faqih, einzusetzen, und die klerikale Leitung aller politischer Institutionen in Übereinstimmung mit dem religiösen Gesetz vorzunehmen, war so unerwartet, so fremd allen politischen Gewohnheiten, dass dies weniger als eine Überraschung denn als eine Verunsicherung erfahren wurde [...]. Die Vorstellung, dass eine Volksrevolution zu einem theokratischen Staat führen würde, schien ebenso unwahrscheinlich wie absurd (Marty/Appleby, 1991, 842 Anm. 3).

Inzwischen hat man erkannt, dass diese Annahme falsch war. David S. Katz und Richard Popkin beendeten 1998 ihre Studie zur messianischen Revolution vom Mittelalter bis heute mit den Worten: «Wir müssen Männer wie Joachim von Fiore [ca. 1130–1202] und Hal Lindsay [geb. 1929] als gleichrangig sehen und die dauerhafte Existenz einer Tradition messianischer Revolution im Westen vom Mittelalter bis in unsere Zeit anerkennen.» Auch wenn die Aussage Peter L. Bergers möglicherweise übertrieben ist, wonach die Säkularisierung in den Köpfen westlich gebildeter Akademiker und Intellektueller existiert und nur dort (1999, 10), muss man ihm Recht geben, dass von einem Verschwinden des Prophetieglaubens in der Moderne keine Rede sein kann. Zwar waren akute Erwartungen des Gottesreiches nach den europäischen Glaubenskriegen des 16. und 17. Jahrhunderts wegen der von ihnen ausgehenden Gewalttaten in Misskredit geraten, doch rief der Vernunftglauben auf der anderen Seite selber eine Neubelebung dieser Erwartungen hervor. Das blutige Ende der französischen Revolution schien vielen ein schlagender Beweis dafür zu sein, dass es Menschen nicht gelingen könne, aus eigenen Kräften einen Fortschritt zum Besseren zu Stande zu bringen. Dass im Verlauf der Revolution der Kalender geändert und das Christentum durch einen «heidnischen» Kultus der Vernunft ersetzt worden war, hielten Christen für eine Hybris, für die eine heilsgeschichtliche Deutung leicht zu finden war. Trafen nicht die Worte von Daniel 7,25 darauf zu: «Er (der letzte König) wird Reden wider den Höchsten führen [...] und Zeiten und Gesetz ändern» (Sandeen, 1970, 6)?

Es gab noch weitere Triebkräfte dieser Renaissance heilsgeschichtlicher Erwartungen. Zur Zeit der ersten Industrialisierungswelle Englands (1790–1850) wurde die anglikanische Staatskirche zahlenmäßig von protestantischen Sekten mit glühenden Endzeithoffnungen überholt (Hobsbawm, 1971, 161–190).

Die Fortdauer des Prophetieglaubens

Zunahme religiöser Endzeiterwartungen im 19. Jahrhundert

Der Methodismus verbreitete sich unter Arbeitern als ein «Chiliasmus der Verzweiflung», stellte der marxistische Historiker Edward P. Thompson fest (1987, Bd. 1, 404–431). Auch in Deutschland nahmen im 19. Jahrhundert religiöse Endzeiterwartungen an Zahl der Anhänger und an Bedeutung zu, auch hier besonders in den Industrierevieren. Lange Zeit rivalisierten Sekten und die kommunistische Bewegung um die Deutung der Krise, die die Industrialisierung über die Menschen brachte. Lucian Hölscher (1989) erkannte dabei eine Rivalität zwischen den religiösen und sozialistischen Konzeptionen «Weltgericht» und «Weltrevolution». Nicht zufällig begannen im selben Zeitraum Religionshistoriker, die Bedeutung der Apokalyptik für das antike Judentum und Christentum zu erkennen (Auffarth, 2002, 210–252).

Prämillenarismus und Postmillenarismus

Langfristig sollte unter den religiösen Geschichtsdeutungen die Auffassung von John Nelson Darby (1800 bis 1882) die stärkste Wirkung entfalten. Er lehrte, Gott habe nach der Kreuzigung und der Auferstehung Jesu die weitere Erfüllung der biblischen Prophezeiungen erst einmal angehalten. Diese Periode aber neige sich jetzt dem Ende zu, die endzeitliche Uhr werde demnächst wieder schlagen. Die Endzeit beginne mit einer Wiederkehr des Herrn, der Entrückung der Gerechten (1. Thess. 4,17), wonach die große Drangsal beginne (Mt. 24,21). Der Antichrist trete die Weltherrschaft an, bevor er vernichtet wird. Da Darby die Wiederkunft Jesu *vor* den Beginn des Tausendjährigen Reiches stellte, sprach man von *Prämillenarismus*. Dem standen *Postmillenarier* gegenüber, die einen unmerklichen Übergang ins Reich Gottes annahmen und erst am Ende der Zeit das Erscheinen des Herrn erwarteten.

Unterschiedliche Handlungskompetenzen

Als sich in den ersten Jahrzehnten des 20. Jahrhunderts in den USA Christen im Lager der «Fundamentalisten» sammelten, erklärten sie Glaubenssätze, die von liberalen Theologen wegen ihrer Anstößigkeit kritisiert bzw. umgedeutet wurden, für verbindliche Grundlagen (*fundamentals*): die Irrtumslosigkeit der Schrift, die jungfräuliche Geburt Jesu, sein Sühnopfer, seine körperliche Auferstehung und seine Wunder. Was die Gemeinden des fundamentalistischen Lagers aber beseelte, war etwas anderes. Sie standen überwiegend in der Tradition der prämillenarischen Geschichtsdeutung von Darby, wie E. R. Sandeen herausgefunden hat. Während für die liberalen Gegner die Geschichte einen allmählichen Fortschritt zum Gottesreich erkennen ließ und Beteiligung an der Sozialreform die Forderung des Tages war, erschien den Anhängern des Prämillenarismus eine Verbesserung der bestehenden Welt ausgeschlossen. Die Geschichte kulminiere notwendig in einer Herrschaft des Bösen, die nur mit Gewalt beendet werden könne. Die Differenz zwischen beiden Lagern war in der Praxis folgenreich, da beide Versionen von Millenarismus verschiedene Handlungskompetenzen begründeten. Aus der Sicht der Fundamentalisten konnte nur durch eine strikte Loyalität zu den «überholten» christlichen Normen und ein aktives Eintreten für diese in der Öffentlichkeit der Glauben unter Beweis gestellten werden. Eine Verschärfung der Spannung mit der Moral der modernen Gesellschaft war das Gebot der Stunde.

Der protestantische Fundamentalismus wurde in den USA im 20. Jahrhundert populär. Es bestätigt sich die Auffassung Max Webers, dass die Exklusivität einer Sekte deren Volkstümlichkeit nicht ausschließe. «Gerade, weil der religiöse Typus dort [in den USA] faktisch der Sektentypus ist, ist die Religion dort Volkssache», erklärte er während einer Diskussion auf dem ersten Deutschen Soziologentag 1910 in Frankfurt (Weber, 1924, 468 f.). Zwei amerikanische Religionssoziologen, Roger Finke und Rodney Stark, haben Jahrzehnte später an Hand der Entwicklung von Mitgliederzahlen amerikanischer christlicher Denominationen von 1776–1990 vorgerechnet, dass exklusive Sekten, die an die Lebensführung ihrer Mitglieder hohe Ansprüche stellten, in den USA im Laufe der Zeit mehr Mitglieder gewonnen haben als liberale Gemeinden. Diese Beobachtung wurde ein Grundstein für die so genannte *rational choice theory of religion* (s. o. S. 129–131). «Religiöse Organisationen sind in dem Grade stärker, wie sie ihren Mitgliedern beträchtlichen Aufwand in Gestalt von Opfern und sogar Stigma auferlegen», folgerten die Autoren (Finke/Stark, 1992, 238).

Die Volkstümlichkeit exklusiver Gemeinschaften

Jedoch war dies kaum der einzige Grund für die Popularität von Sekten. Vielmehr hing diese auch mit einem Schub von Heilserwartung zusammen, der sich aus der Dynamik des sozialen Wandels zur Industriegesellschaft speiste. Martin Riesebrodt hat dargestellt, dass der soziale Wandel in den USA die religiös begründete Lebensführung des weißen Mittelstandes untergrub. Dieser sah sich vor die Wahl gestellt, entweder die Chancen der Modernisierung zu ergreifen – und die herkömmliche patriarchale Moral zu Gunsten eines Individualismus zu opfern – oder aber die traditionelle Moral gegen die Maximen von Modernisierung zu verteidi-

Sozialer Wandel als nahende Endzeit

gen. Während liberale Protestanten die Chancen der Modernisierung ergriffen, deuteten Fundamentalisten den sozialen Wandel als nahende Endzeit und konnten so ihre traditionelle Sozialmoral gegen abweichende dominante Normenerwartungen härten. Fundamentalisten sind daher selbstbewusste Bewohner der Moderne. Jedoch lehnen sie es ab, deren Dynamik zur Maxime eigener Lebensführung zu machen und widersetzen sich dem Ansinnen, ein Leben als autonomes Individuum unbeschränkt von allen Traditionen zu führen.

Die Wirkung der prämillenarischen Geschichtsauffassung

Am deutlichsten wird der Riss im protestantischen Lager, wenn man die aus den Geschichtsauffassungen sich ergebenden unterschiedlichen Handlungskompetenzen ins Auge fasst. Liberale Protestanten rechneten mit einem allmählichen Übergang zur perfekten Gesellschaft des Gottesreiches – ein Prozess, der durch den Kampf der Gläubigen gegen das soziale Unrecht in der Welt vorangebracht werden könne. Fundamentalisten, die mit der Wiederkunft Jesu vor dem Beginn des Gottesreiches rechneten, hielten eine Verbesserung der bestehenden Welt für unmöglich. Die Geschichte werde in einer Katastrophe enden. Jedoch motivierte diese Auffassung sie nicht zu einem Rückzug aus der verkommenen Welt. Im Gegenteil! Sie forderten offensiv und öffentlich eine Moralreform. Die prämillenarische Geschichtsauffassung hat weit über die fundamentalistischen Zirkel hinaus Wirkung gehabt, wie Paul Boyer in seinem Buch über den Prophetieglauben in den USA gezeigt hat. Ein Kronzeuge ist das Buch von Hal Lindsey und Carole C. Carlson *The Late Great Planet Earth* (1970). Es deutet die drohende nukleare Katastrophe aus den biblischen Prophezeiungen und hat es bis 1990 auf 28 Millionen (!) verkaufte Exemplare gebracht. Damit hat dieses Buch erheblich zur Popularisierung des prämillenarischen Geschichtsdenkens beigetragen (Boyer, 1992, 5).

Der Zeitpunkt des Jüngsten Gerichts

Dass die heilsgeschichtliche Verortung der Gegenwart unterschiedliche Handlungsoptionen bereitstellen kann, erkennt man auch, wenn man die Frage nach dem Zeitpunkt des Jüngsten Gerichts stellt. Im Englischen unterscheidet man dabei *pretribulationists*, *posttribulationists* und – das ist hier wichtig – *midtribulationists*. Während die erste Gruppe davon ausgeht, dass die Gerechten *vor* dem siebenjährigen Gericht entrückt werden, die zweite wiederum sich am Ende der Prüfungszeit wähnt, sehen die *midtribulationists* ihre eigene Zeit als die des Gerichtes. Diese Gruppe wird etwa von den Davidianern vertreten, die das militärische Vorgehen des FBI gegen ihr Gelände in Waco mit «Babylon» identifizierten; dass Babylon in den letzten Tagen das messianische Lamm, nämlich David Koresh, bedrängen würde, war die Triebfeder für das Handeln der Gemeinschaft (Robbins/Palmer, 1997, 11 f. und 273).

Was besagt dies alles für die Geschichte der Religionen in der Zeit der Moderne? Zur Klärung dieser Frage sollen zwei Wege eingeschlagen werden. Einer führt über eine philosophische Kontroverse, ein anderer über ein Beispiel zur politischen Auswirkung des Prämillenarismus. Karl Löwith (1897–1973), der sich kritisch mit eschatologischen Denkformen in der Geschichtsphilosophie auseinander gesetzt hat und damit insbesondere auch ideologische Versuche einer «Vollendung der Geschichte» im Visier hatte, argumentierte in seiner Schrift *Weltgeschichte und Heilsgeschehen. Die theologischen Voraussetzungen der Geschichtsphilosophie* 1953, dass sich ein säkularer Fortschrittsglaube an die Stelle der christlichen Endzeiterwartung gesetzt habe. Die moderne Geschichtsphilosophie des «Kommunistischen Manifests» sei, so Löwith, dem biblischen Glauben an eine Erfüllung entsprungen und habe das eschatologische Vorbild säkularisiert. Hans Blumenberg (1920 bis 1996) hat dem entgegen gehalten, der Glaube an Fortschritt habe seine Grundlage in der Erweiterung der Naturbeherrschung; anders die biblische Heilserwartung, die im generellen Sinn-Defizit menschlicher Existenz wurzele, das im Laufe der Geschichte nicht kleiner geworden sei. Beide Auffassungen seien selbstständig und könnten einander nicht ersetzen (Blumenberg, 1966, 22–25; zur Diskussion s. Wallace 1981).

Die Löwith-Blumenberg-Debatte

Der Sachverhalt sei nun noch an einem Beispiel illustriert, das aus dem Prämillenarismus stammt. Als in der zweiten Hälfte des 19. Jahrhunderts zahllose Juden aus Russland fliehen mussten, waren amerikanische Protestanten – und nicht Juden – die ersten, die in einer Petition an den Präsidenten der USA 1891 auf das Problem öffentlich hinwiesen und um eine Lösung baten: noch sechs Jahre vor dem 1. Zionistenkongress in Basel (1897). Sie wiesen auf die unhaltbare Lage der zwei Millionen verarmten Juden hin, die in Europa keine Bleibe finden könnten. Warum ihnen nicht, statt sie nach Amerika zu holen, Palästina zurückgeben? Gott habe es ihnen doch einst als unveräußerliches Land gegeben. Schon hätten sich dort Juden wieder niedergelassen.

Protestantischer Prämillenarismus und der Zionismus

> *Die Verdoppelung des Zukunftsbegriffs*
> Der Historiker Lucian Hölscher hat die Kontroverse um einen wichtigen Gesichtspunkt bereichert. Mit dem Aufkommen von Wissenschaft und damit der Fähigkeit, Naturprozesse zu erklären und zu kontrollieren, sei die Zukunft zum ersten Mal in der Geschichte der Menschheit in den Bereich des Machbaren gerückt. «Die kommende Zeit wurde immer weniger als Endzeit der Menschheit vor dem göttlichen Weltgericht, immer stärker dagegen als offener Erwartungszeitraum vorgestellt, der der Entfaltung der menschlichen Bedürfnisse und Fähigkeiten diente. Die Zukunft verlor, einmal als der noch ausstehende Teil der Geschichte entdeckt, zunehmend ihren numinosen Charakter.» Eine «Verdoppelung des Zukunftsbegriffes» habe stattgefunden, wobei der christliche Zukunftsbegriff seinerseits Züge angenommen habe, die er im Mittelalter so noch nicht besessen habe (1989, 23; 32–34; 1999, 19–27). Diese Studien, philosophisch und historisch, klären die Resistenz und Struktur der heilsgeschichtlichen Zukunftserwartung im Zeitalter der Moderne.

Es wird erzählt – so geht es in der Petition weiter –, dass Regenfälle zunehmen und es viele Indizien dafür gibt, dass das Land seine alte Fruchtbarkeit wiedergewinnt. [...] Über 1700 Jahre haben sie geduldig auf diese Gelegenheit gewartet. Sie sind anderswo keine Bauern geworden, da sie glauben, sie seien nur Fremde unter den Völkern, bis sie nach Palästina zurückkehrten und ihr Land erneut bestellten. Wir glauben, es ist die richtige Zeit für alle Nationen und besonders die christlichen in Europa, Israel gegenüber Freundlichkeit zu zeigen. Eine Million Vertriebener appellieren mit ihrem schrecklichen Leiden an unsere Sympathie, Gerechtigkeit und Menschlichkeit. Lasst uns ihnen jetzt das Land wiedergeben, aus dem sie so grausam von unseren römischen Vorfahren vertrieben worden waren (Ariel, 1991, 70–72).

Die Wiederherstellung Israels

Als protestantische Petition ist das Dokument erstaunlich. In einer Zeit, in der der Zionismus oft ohne religiöse Begründung das nationale Recht der Juden auf einen eigenen Staat verlangte, deuteten Protestanten diese Forderung und die daraus folgende jüdische Besiedlung Palästinas als das nahende Ende des Exils und den Beginn einer Heilszeit. Das Rätsel löst sich, wenn man den theologischen Hintergrund des Inaugurators der Petition, William E. Blackstone, betrachtet. Er sah in seinem 1878 veröffentlichten Buch *Jesus Is Coming* in der gegenwärtigen Geschichte den Beginn einer neuen Zeit. Die fünfte Epoche der Weltgeschichte sei mit der Kreuzigung Jesu zu Ende gegangen, die sechste und letzte werde demnächst beginnen und mit dem Kommen Jesu Christi enden. Alle Prophezeiungen, die noch nicht erfüllt worden seien, würden dann in Erfüllung gehen. Dazu gehöre auch die Wiederherstellung Israels, wie

Paulus sie im Römerbrief als Geheimnis kundgetan hatte: Über Israel werde teilweise eine Verstockung kommen, bis die Vollzahl der Heiden erreicht sei; alsdann werde auch Israel gerettet werden (11,25–27). Doch stehe Israel nach der Wiederherstellung eine Zeit schwerer Züchtigungen und Leiden bevor. Am Ende der Zeit werde der Antichrist erscheinen und sich zum Herrscher des jüdischen Staates machen. Der Schrecken ende erst mit der Schlacht von Armageddon in Palästina (Apk. 16,16). Die Mächte des Bösen würden vernichtet und das Tausendjährige Reich würde beginnen (Apk. 20) (Ariel, 1991, 55–69).

Die protestantische Petition verdankte sich dieser Geschichtsauffassung. Die Amerikaner als Nachfahren der Römer – man denke nur an «Senat» und «Capitol» – müssten die Zeichen der Zeit erkennen und entsprechend handeln. Gott habe den USA eine Rolle zugedacht ähnlich der des persischen Königs Kyros, der den Juden bei ihrer Rückkehr aus dem babylonischen Exil nach Palästina geholfen hatte und deshalb in Jes. 45,1 als «Gesalbter [*maschiach*] des Herrn» bezeichnet wird. Blackstone fand sogar eine biblische Prophezeiung, die die besondere Rolle der USA vorausgesagt habe. Als der Prophet Jesaja von dem «Land des Flügelgeschwirrs» sprach, das Gaben zu Zion bringen werde (Jes. 18,1. 7), habe er damit – eingedenk des Seeadlers auf dem US-Wappen – nur die USA meinen können (Ariel, 1991, 92 f.; s. zum Kontext auch o. Kapitel IV.1).

Die USA in der Rolle des Kyros

Alle politischen Ereignisse rund um die Gründung Israels haben bei amerikanischen Protestanten besondere Erregung hervorgerufen, wie P. Boyer zeigt: von der Balfour-Erklärung 1917, die den Juden Palästina als Heimat in Aussicht stellte, über die Proklamation des Staates Israel am 14. Mai 1948 bis zur Einnahme der Altstadt Jerusalems durch die israelische Armee am 8. Juni 1967 und der Besetzung der Westbank. Als einen der nächsten Schritte erwarten sie die Wiederherstellung des Jüdischen Tempels. Zuvor werde der islamische Felsendom zerstört.

Religionsgeschichte und Außenpolitik

Neuerdings haben Historiker erkannt, dass auch die Außenbeziehungen von Staaten von kulturellen Faktoren mit bestimmt werden (Iriye 1991; Lehmkuhl 2001). Dies könnte hier ebenfalls zutreffen. Die unverbrüchliche Treue der Außenpolitik der USA gegenüber Israel passt ebenso zum Prämillenarismus wie umgekehrt die Dämonisierung Saddam Husseins. Dessen Plan, das alte Babylon wiederaufzubauen – Saddam identifiziert sich explizit mit

König Nebukadnezar – lieferte entsprechenden Stoff. Denn wenn laut Offenbarung, Kapitel 18, Babylon am Ende der Geschichte endgültig vernichtet wird, muss es dann nicht erst wiederaufgebaut worden sein (Boyer, 1992, 326–331; Fuller, 1995, 160)? Natürlich stehen Religionsgeschichte und Außenpolitik nicht in einem kausalen Verhältnis. Jedoch wird man die Möglichkeit wohl ernst nehmen müssen, dass der Prämillenarismus auf die außenpolitischen Präferenzen der USA Wirkung ausübt und kraft seiner Handlungsimperative zur Verschärfung von Gegensätzen beiträgt.

Die kupierte Apokalypse

Ganz unbekannt ist das den Europäern nicht. Auch in europäischen politischen Aussagen gibt es eine apokalyptische Rhetorik, wenn man etwa von der Apokalypse eines Atomkrieges spricht. Es handelt sich um eine «kupierte» Apokalypse. Nur die erste Hälfte der herkömmlichen apokalyptischen Vision bleibt übrig, die Errichtung der neuen und vollkommenen Welt, die früher dem Untergang Sinn und Ziel verlieh, hat sich verflüchtigt (Vondung, 1988, 11 f.). Die «Verdoppelung» der Zukunft in Fortschritt und Heilsgeschichte (s. Kasten S. 170) und deren unterschiedliche Beziehungen zueinander sind Grundmerkmale moderner Kultur.

5. Gewalt: Rituelle Tötungsszenarien

Zwei Studien zum Thema Religion und Gewalt

Es war zufällig in ein und demselben Jahr, nämlich 1972, dass zwei Studien erschienen, die ein altes Thema neu aufgriffen: Religion und Gewalt. Beide Studien gingen der Beziehung zwischen diesen Größen an verschiedenen Gegenständen nach: Behandelte Walter Burkert altgriechische Riten der Tötung des Opfertieres, interessierte sich René Girard für das Motiv des Sündbocks, dessen Tötung die Gesellschaft von Aggressionen reinigt. Rückblickend konstatiert Burkert: «Belege und Interpretationen in beiden Büchern sind teilweise vergleichbar, suchen doch beide unter den bestehenden Institutionen ein verdecktes ‹Verbrechen› aufzuspüren» (1997, 341). Heilige Handlungen wie die Tötung eines Opfertieres sind zugleich von den Göttern angeordnet und unter normalen Alltagsbedingungen verboten.

In der Mitte der Religion blutige Gewalt

Beide Bücher erregten Aufsehen, denn anstatt Gewalthandlungen dem religiösen Bereich zu entziehen und – wie bei grausamen Verbrechen üblich – allenfalls von «Missbrauch» der (eigentlich friedfertigen) Religion zu sprechen, versetzten diese Autoren die

Gewalthandlung ins Zentrum des Heiligen. «Gerade in der Mitte der Religion droht faszinierend blutige Gewalt», schreibt Burkert, um am Beispiel des griechischen Opfers genüsslich fortzufahren:

[D]ies ist der Akt der Frömmigkeit: Blutvergießen, Schlachten – und Essen. [...] Nicht im frommen Lebenswandel, nicht in Gebet, Gesang und Tanz allein wird der Gott am mächtigsten erlebt, sondern im tödlichen Axthieb, im verrinnenden Blut und im Verbrennen der Schenkelstücke. [...] Grunderlebnis des «Heiligen» ist die Opfertötung. Der homo religiosus agiert und wird sich seiner selbst bewußt als homo necans (Burkert, 1997, 8 f.).

In der Folgezeit entspann sich eine reiche Debatte über die Bedeutung von Gewalt in der Entstehung von Religionen und im kulturellen Prozess insgesamt. Zunehmend wurde erkannt, dass Gewalt nicht die «andere Seite» der Religion ist, sondern in vielen Fällen gewalttätige Handlungen ihre Legitimität zuallererst aus der Religion beziehen. Nicht nur für Girard, Burkert und – um einen dritten Theoretiker zu nennen – Jonathan Z. Smith (Hamerton-Kelly 1987) gewann dabei die Untersuchung von *Ritualen* eine besondere Bedeutung. Rituale haben, im Unterschied zu einfachen Handlungen, eine «verortende Funktion», wie Smith herausstellt (Smith 1987); sie ordnen die Handelnden in ein räumliches und zeitliches Referenzsystem ein und laden das äußere Geschehen dadurch mit Bedeutung auf. Rituale müssen dabei keineswegs einem festgefügten Schema folgen; neuere spieltheoretische Ansätze weisen gerade auf die Freiheit der Form hin, die immer wieder neue Ausdrucksweisen und Bedeutungen im Kontext des Gesamtgeschehens generiert (Sawyer 1997; Köpping 1997; Handelman 1998). Allen Ritualen gemein ist jedoch die Sichtbarkeit des Handelns, also eine Form von Öffentlichkeit, die heute gern unter dem Stichwort «Performanz» behandelt wird (Bell 1998; Wirth 2002).

Ritual und Performanz

Die Untersuchung von Ritualen hat eine lange Vorgeschichte. Schon um 1900 sah man eine wichtige Funktion von Ritualen in der Statusveränderung, die sie mit sich bringen können. Arnold van Gennep (1873–1957) zufolge führen Rituale – im Unterschied zu Zeremonien, die eine von ihnen unabhängige Statusveränderung besiegeln – Statusveränderungen selber herbei (1986 [1909]). Rituale konstituieren die Phasen des menschlichen Lebenszyklus. Geburt, Initiation, Heirat und Bestattung bilden Übergangsstellen, die das Individuum durchqueren muss, um von einem Status in den anderen Status zu gelangen. Neben solchen individuellen Übergängen gibt es auch kollektive wie den Übergang von einer

Statusveränderungen im Ritual

Jahreszeit zur anderen, die gleichfalls von «Übergangsriten» bewerkstelligt werden.

Katharsis Ein besonderer Fall sind kollektive jahreszeitliche Riten, in deren Verlauf die bestehende Ordnung auf den Kopf gestellt wird. Eine klassische Studie hierzu hat der britische Ethnologe Max Gluckman verfasst: *Rituale der Rebellion in Südost-Afrika* (1978 [1953]). Bei den Zulu übernahmen Frauen in einem Frühlingsritual die Rolle von Männern, während die Männer sich in dieser Zeit vor der Gewalt der Frauen versteckten. Von dem Ritual erhofften sich alle Beteiligten eine reiche Ernte. In einem weiteren Ritual am Ende der Erntezeit wurde der König von seinen Untertanen gedemütigt. Gluckman blieb den Erklärungen gegenüber, die die Zulu selber gaben, skeptisch. Seinem ethnologischen Auge entging nicht, dass bei den Zulu auch sonst soziale Konflikte zwischen Männern und Frauen, König und Untertanen schwelten. Hier setzte seine Deutung an. Die aufgestauten Aggressionen der Frauen bzw. der Untertanen würden sich in dem Ritual entladen. Angeregt dazu hatte ihn die Idee des Aristoteles, dass im Theater Athens die Tragödie Mitleid und Furcht bei den Zuschauern hervorrufe, was eine Reinigung (*katharsis*) von Leidenschaften bewirke (*Poetik* 1449 b 21–1456 b 15). Auch im Falle der Zulu würde eine solche rituelle Entladung des Unmuts und der Wut der Gesellschaft ihre Stabilität geben. Nichts läge ferner als soziale Revolution. Was wie Umsturz aussieht, hat die Funktion der Konservierung der bestehenden Ordnung.

Der rituelle Prozess: Victor Turner Es blieb nicht bei dieser Deutung. Wichtig für eine andere Konstruktion derartiger Rituale sollte die Beobachtung van Genneps werden, dass den verschiedenen Übergangsriten ein gleiches Strukturschema zu Grunde liege. Beim Übergang vom einen zum anderen Zustand gebe es drei Schritte: eine definitive Trennung vom alten Status, eine Schwellen- bzw. Umwandlungsphase, die den Einzuweihenden in einen sozial amorphen Zustand versetzt, und schließlich die Phase seiner Integration in den neuen Status (1986 [1909], 181–186). Von dieser Konstruktion angeregt trug der englische Ethnologe Victor Turner (1920–1983) eine neue Deutung vor. In seinem grundlegenden Buch *Das Ritual. Struktur und Anti-Struktur* (1989 [1969]) legte er – wie Peter Bräunlein treffend sagt – über die Zwischenphase der Umwandlung «das ethnologische Vergrößerungsglas» (1997, 333). Bereits bei van Gennep hieß es, diese Phase könne eine gewisse Autonomie besitzen (1986 [1909], 183). Turner entwickelte eine reichhaltige Terminologie für den Schwellenzustand. Jene Zwischenphase löse bestehende Hierarchien und Status auf und bewirke bei den kollektiven Übergangsritualen eine undifferenzierte nicht-hierarchische Gemeinschaftlichkeit aller Beteiligten. Riten der «Statusumkehrung» – diesen Begriff setzte er jetzt an die Stelle von «Rebellion» – inszenierten Gemeinschaftlichkeit, von ihm *Communitas* genannt. Schon die Terminologie zeigt, dass Turner damit weiter reichende Annahmen verband. Das «Leben» sei «eine Art dialektischer Prozess», «der die sukzessive Erfahrung von Oben und Unten, von Communitas und Struktur, von Homogenität und Differenzierung, Gleichheit und Ungleichheit beinhaltet» (1989, 97). Da er den rituellen Prozess (so übrigens treffender der englische Titel des Buches) als einen Ort sah, an dem das soziale Drama gespielt wird, entdeckte er dasselbe Drehbuch auch außerhalb des Rituals in zahlreichen anderen sozialen und kulturellen Erscheinungen auch der Moderne. Ein geradezu schlagendes Beispiel für die Leistungsfähigkeit von Turners Konzept aber war die Revolution in Iran 1978/79, an der wir das Modell nun veranschaulichen möchten.

Die Schiiten gedenken jährlich des gewaltsamen Todes, den ihr Imam Husain samt seinen Mitstreitern (*mojahedin*) 680 u. Z. am 10. Muharram in der Stadt Kerbala erlitten hatte. Damals hatte Yazid – vorangegangen war der Tod seines Vaters, des Kalifen Muʿawiya – Husain umbringen lassen, um das Kalifat, das Husain in den Augen der Schiiten zustand, selber anzutreten. Schon wenige Jahre später hielten Schiiten an diesem Tage Trauerfeiern ab und geißelten sich dafür, dass sie ihren Imam im Stich gelassen hatten. Aus persischen Quellen und europäischen Reiseberichten über dieses kollektive Ritual wissen wir, dass Schiiten seit dem 17. Jahrhundert in Iran jährlich am 10. Muharram (der Ashura-Tag) in Straßenumzügen und Passionsspielen die Schlacht von Kerbala in Szene setzten. Sie geißelten sich blutig und imitierten Gefechte, um ihre Trauer über den Sieg der ungerechten Ordnung auszudrücken – einer Ordnung, die erst mit dem Auftreten des Mahdi am Ende der Zeiten zu Ende gehen wird.

Mitten im Aufstand wütender iranischer Massen gegen das Schahregime (Ende 1978 und Anfang 1979), das sich wegen seiner erzwungenen Modernisierung tief verhasst gemacht hatte, verbreiteten Presseagenturen Fotos von Demonstrationen (s. Abbildungen 3 und 4). Die Reporter übermittelten ihren Heimatredaktionen die

Das schiitische Ashura-Fest

Demonstration oder Passionsspiel

Bilder mit erläuternden Untertiteln. Zu einem am 24. Dezember 1978 versandten Foto heißt es: «Demonstranten zeigen – wie sie sagen – ein Stück Kleidung, das von einer der 13 von Truppen am 24. 12. – wie berichtet – erschossenen Personen getragen worden war.» Ein anderes Foto vom 31. Januar 1979 wurde mit diesen Worten kommentiert: «Ein Demonstrant zeigt blutige Hände, nachdem Armeetruppen am 31. 1. am Abend der Rückkehr von Ayatollah Khomeini nach 15-jährigem Exil das Feuer auf Massen eröffneten, die gegen eine massive Militärdemonstration in der Teheraner Innenstadt protestierten.» Schaut man genauer hin, stutzt man. Die Pressefotos zeigen Handlungen, die für Demonstrationen nicht gerade typisch sind, wohl aber für Ashura-Umzüge und Passionsspiele. Im Passionsspiel (*taʿziyya*) kommt wiederholt ein Leichentuch vor, welches der Märtyrer anzieht anstelle des Hochzeitskleides, das er eigentlich zu tragen beabsichtigte. «Das Leichentuch wird zum Ehrenkleid des Hochzeitsfestes», heißt es dann. Dies macht das Foto besser verständlich, denn durch das Zeigen der blutbespritzten Kleidung erklären die Demonstranten den Toten zu einem Mitkämpfer von Husain. Nicht anders steht es mit dem zweiten Foto. Der Brauch, sich die Hände mit Henna rot zu färben, gehört in den Kreis der Hochzeitsbräuche, war aber ebenfalls im Passionsspiel umgemünzt worden. So heißt es: «Für die Märtyrer ist das Henna der Lebensfreude das Blut.» Der Tod im Kampf ist die Lebenserfüllung schlechthin und tritt als etwas Besseres an die Stelle der Hochzeit. Auch hier machen die Demonstranten mit dem Zeigen der blutigen Hände ihre Gefallenen zu Kämpfern Husains, zugleich wird ihnen der Kampf gegen die Armee des Schahs zur Inszenierung der Schlacht von Kerbala.

<small>Die Hochschätzung des Sterbens</small>

Ein amerikanischer Ethnologe, der in den 1970er Jahren den schiitischen Klerus in Iran untersuchte, hat den Übergang von traditionellen religiösen Disputen zur Revolution in einem faszinierenden Buch geschildert (Fischer 1980). Wie alt die Hochschätzung des Sterbens im Kampf für die gerechte Ordnung ist, zeigt eine Geschichte, die ein islamischer Historiker des Mittelalters überliefert. Der Gouverneur von Mosul sei von acht Assassinen niedergestochen worden. Dann fährt er in seinem Bericht fort:

Alle, die ihn überfielen, wurden getötet – mit Ausnahme eines Jünglings aus Kafr Nasih im Distrikt von Asas nördlich von Aleppo, der unverletzt entkam. Er hatte eine schon betagte Mutter, die, als sie hörte, dass Bursuqi ermordet und alle seine Attentäter, also auch ihr Sohn, getötet worden seien, voller Freude

5. GEWALT 177

Abbildung 3: Auf dem Pressefoto vom 24. 12. 1978 zeigen Demonstranten gegen das Schah-Regime die blutige Kleidung eines von der Armee Erschossenen. Die Handlung ist aus dem Passionsspiel bekannt, das jährlich zur Erinnerung an den Tod von Imam Husain und seiner Mitkämpfer in Kerbala aufgeführt wird. Durch das Zeigen des Leichentuches erklären die Demonstranten den Toten zu einem Mitkämpfer Husains.

Abbildung 4: Auf dem Pressefoto vom 31. 1. 1979 zeigt ein Demonstrant blutige Hände. Der Brauch, sich die Hände mit Henna rot zu färben, gehört in den Kreis der Hochzeitsbräuche, war aber im Passionsspiel umgedeutet worden. Die Demonstranten erklären durch die Übernahme dieser Symbolik die Gefallenen zu Märtyrern und den Kampf gegen die Armee des Schahs zur Neuinszenierung der Schlacht von Kerbala.

ihre Augenlider schminkte und ihrem Glück laut Ausdruck gab. Als ihr Sohn aber einige Tage später unversehrt zurück kam, wurde sie betrübt, raufte sich die Haare und schwärzte ihr Gesicht (Lewis, 1989, 144).

Mehr als Katharsis

Diese Ashura-Inszenierung ließ sich mit Max Gluckmans Annahme einer kathartischen Entladung des Unmuts, die die bestehende Ordnung konserviere und zu einer Revolution außer Stande sei, nicht reimen. Die Gläubigen begnügen sich nicht mit einer Entladung ihrer Wut über die ungerechte Welt, sondern drehen mit Gewalt die Ordnung um. Eher schon hat Victor Turner Recht, dass hier ein Drama inszeniert wird, das die Mächtigen demütigt und die Gedemütigten ermächtigt. Allerdings muss man in die Deutung von Victor Turner noch ein weiteres Element einfügen: die befristete Suspendierung der Rechtsordnung. Wenn im traditionellen Ritual in Iran bei den Straßenkämpfen Menschen ums Leben kamen, wurde keinem Beteiligten der Prozess gemacht. Auf ähnliche Sachverhalte hat 1963 Edward Norbeck in einer Aufarbeitung afrikanischer Materialien aufmerksam gemacht, die zu einer anderen Beurteilung kam als Max Gluckman. Die *rituals of conflict* (so seine Bezeichnung) dramatisierten bestehende soziale Konflikte zwischen Männern und Frauen sowie zwischen Mächtigen und Untertanen. Dabei suspendierten sie befristet die geltende Rechtsordnung, weshalb Straftaten in dieser Zeit an der Tagesordnung waren.

Der Umschlag vom Quietismus zum Aktivismus

Zurück zu den Ashura-Ritualen. In der tradierten Form riefen sich die Gläubigen die Ereignisse von einst in Erinnerung und übernahmen die Rolle derer, die Husain im Stich gelassen hatten. In den Tagen des Umsturzes in Iran 1978/1979 war ihnen diese Rolle nicht mehr ausreichend. Jetzt wollten viele Mitstreiter von Husain sein, bereit zum Sterben im Kampf für die gerechte Sache. Um die Antriebskräfte des Rituals von Quietismus auf Aktivismus, von Leiden auf Kampf umzupolen, musste allerdings die Deutung von Ungerechtigkeit aktualisiert werden. Zwei iranische Intellektuelle hatten diese Politisierung der Schia mit ihrem Wirken mitangeschoben – nicht nur in Iran, sondern bald danach auch im Libanon. Der persische Schriftsteller Jalal Al-e Ahmad (1923–1969) hatte in einem viel gelesenen Werk mit dem Titel *gharb-zadegî* (West-Vergiftung bzw. -Infektion) den Zustand seines Landes als schwer krank diagnostiziert: *gharb* ist der Westen, *zadegî* die Vergiftung bzw. die Infektion eines Organismus. Der Schriftsteller spielte bei seiner Wortschöpfung mit zwei unterschiedlichen Metaphern: Die Verwestlichung ist nicht nur Gift, sondern auch Infektion eines bereits geschwächten Organismus. Eine Industrialisierung westlichen Typs, finanziert mit dem einheimischen Öl, war gepaart mit einer Verachtung der einheimischen populären Kultur. Der Sozialkörper bedürfe einer Stärkung, die ihn gegen Infektion immun macht: der einheimischen Religion, der Schia. In vielen seiner Novellen präsentierte Al-e Ahmad die Schia als Teil der genuinen persischen Lebenswelt.

Nicht weniger wichtig wurde Ali Shariʿati (1933–1977), Sohn eines Geistlichen und ein Verehrer Al-e Ahmads. Er studierte in Paris und lernte dort Frantz Fanons Schrift *Die Verdammten dieser Erde* kennen. Er war von ihr so begeistert, dass er sie ins Persische übersetzte. Fanon predigte Gewalt als Mittel der Befreiung. Gewalt bedürfe in der «manichäischen» Situation der kolonialen Welt keinerlei Begründung. Die Völker der Dritten Welt müssten die Kolonialherren töten und nicht einfach nur vertreiben, gelänge es ihnen doch nur so, sich auch innerlich von der Abhängigkeit von ihnen zu befreien. Die Tötung allein ist die wirklich befreiende Handlung. Sie wirkt «entgiftend» und «befreit den Kolonisierten von seinem Minderwertigkeitskomplex» (Fanon, 1969,72). Ali Shariʿati verband diese Gewaltverherrlichung mit Neudeutungen der frühen Schia. Dass diese zu Beginn revolutionär war und erst später quietistisch wurde, hatte er von westlichen Islamwissenschaftlern gelernt (Rahnema, 2000, 120–23). Für Ali Shariʿati hieß das, dass die genuine Schia aktiv für die gerechte Ordnung eintrat, bevor sie zu einer Religion der folgenlosen Trauer degenerierte. Daraus machte Shariʿati die Forderung, dass an die Stelle der schwarzen Schia wieder die rote treten solle, an die Stelle von Leiden der Kampf.

<aside>Von der schwarzen Schia zur roten Schia</aside>

Die iranischen Schiiten haben mit dieser Aktualisierung eines heiligen Rituals bald Nachfolger unter den Glaubensbrüdern im Libanon gefunden. Der Libanon der Jahre 1983–1986 war Schauplatz eines Einmarsches Israels und in Reaktion darauf einer atemberaubenden Serie religiöser Gewalttaten. Besonders verheerend waren Bombenanschläge auf die Kasernen der amerikanischen und französischen Friedenstruppen im Herbst 1983 mit zahlreichen Toten und Verletzten. Die Aktionen gingen auf das Konto einer Splittergruppe der Hisbollah: *al-jihad al-islami*. Von einer wirklichen Organisation wird man allerdings kaum sprechen können; die einzelnen Glieder operierten unabhängig voneinander,

<aside>Die Wirkungen im Libanon</aside>

nur lose verknüpft über Personen im Hintergrund. Man hat deshalb auch von einer Telefonorganisation gesprochen.

Das Problem der Rechtfertigung des Suizids

Auf jeden Fall nahm die «Gruppe» für sich in Anspruch, islamisches Recht durchzusetzen, was von den westlichen Medien für bare Münze genommen wurde. Bei einer solchen Deutung blieb jedoch ein Widerspruch unerkannt, der für die Beurteilung der Abläufe wichtig werden sollte. Die Aktionen der Gruppe wurden vom islamischen Recht nämlich nicht ohne weiteres gedeckt. Das galt ebenso für die Tötung und Geiselnahme Unschuldiger wie für die Selbsttötung. Wer im Islam Suizid begeht, verliert nach überwiegender Meinung der Geistlichen das Heil und geht direkt in die Hölle; überzeugte Muslime mussten also schwerste Skrupel bei derartigen Kampfformen bekommen. Ein Geistlicher der Hisbollah hat dies in einem Interview mit der persischen Zeitung *Kayhan* zugegeben: «Der islamische Kämpfer braucht Antwort auf viele Fragen. […] Ist Widerstand gegen die Besetzung religiöse Pflicht? Wie steht es mit der Frage des Selbstmartyriums?» (Kramer, 1993, 549). Einige Kämpfer wollten von Ayatollah Fadlallah, dem führenden Geistlichen der Schiiten im Libanon, eine verbindliche Rechtsauskunft (*fatwa*) darüber haben. Fadlallah lehnte dies ab, nahm aber in allgemeinen Worten Stellung zum Thema. Was ist denn der Unterschied, so fragte er rhetorisch in einer Rede aus dem Jahre 1984, zwischen jemandem, der stirbt, nachdem er zehn andere getötet hat, und jemandem, der stirbt, während er sie tötet? Damit stellte er den Tod im Kampf der Selbsttötung gleich. Es gab glaubhafte Gerüchte, er hätte den Angreifern auf die Kasernen am Vorabend ihrer Mission im Geheimen einen Segen erteilt. Der niedere Klerus indes bezog in dieser Frage eine deutlichere Position: «Wir glauben, dass diejenigen, die Selbstmordoperationen gegen den Feind ausgeführt haben, tatsächlich im Paradies sind», erklärte der Direktor eines Islaminstitutes in Tyros (Kramer, 1990, 54).

Nicht jeder kann ein Märtyrer werden

Man kann an dieser Episode erkennen, dass die Zustimmung anderer zur religiösen Umdeutung einer solchen Handlung zwingend notwendig ist. Im Libanon der 1980er Jahre mussten mindestens ein Sprengstoffexperte und ein Geistlicher das Vorhaben unterstützen. Nicht jeder, der sein Leben im Kampf gegen die Ungläubigen geben wollte, konnte das auch. Frauen war dieser Weg, zumindest im Libanon der 1980er Jahre, nicht gestattet (im überlieferten Rechtsverständnis des Islam übrigens auch nicht). Männern war er nur dann erlaubt, wenn sie noch nicht verheiratet waren, doch schon alt genug, um für ihre Handlungen verantwortlich zu sein. «Angesichts des frühen Heiratsalters in der libanesischen schiitischen Gemeinschaft, bildete das eine schmale Marge für das Lebensalter möglicher Kandidaten», schreibt Kramer (1991, 40). Die Selbsttötung nimmt die Züge eines Opfers für die Gemeinschaft an.

Wenn man die Vorgänge in dieser Weise analysiert, erkennt man, dass erst anerkannte Rechtfertigungen aus einer Handlung wie Selbstmord ein Martyrium machten, noch allgemeiner gesprochen: Erst die soziale Kontextualisierung einer Handlung generiert ihre spezifische Bedeutung. Bemerkenswert offen sprach das Husain al-Musawi, ein Laie unter den Hisbollah-Führern, aus:

Die Bedeutung der sozialen und kommunikativen Kontexte

> Wenn es in diesem Sinne unsere Propaganda nicht gegeben hätte, hätte die Öffentlichkeit ihre Aktionen als kriminell verurteilt. Wir haben der Öffentlichkeit begreiflich zu machen versucht, dass ihre Handlungen dem Wesen von *jihad* entsprachen, von den Unterdrückten gegen den Unterdrücker angestrengt (Kramer, 1990, 142 f.).

Öffentlichkeit ist von größtem Belang. Die Tat will mit Absicht öffentliches Entsetzen hervorrufen. Als *Terror*-Aktion im ursprünglichen Sinne des Wortes will sie schockieren. «Von oben» legitimiert und begangen im Namen von Gerechtigkeit und Tugend, will eine solche «heilige Handlung» öffentlich provozieren: entweder Anerkennung oder Ablehnung (Waldmann, 1998, 10–14). Diese kommunikative Komponente unterscheidet das «religiöse Verbrechen» sowohl von «gemeinen Verbrechen» als auch von «militärischen Aktionen».

Das Abebben der Welle der Selbsttötungsaktionen im Libanon nach 1986 verdankte sich dem gleichen Prinzip. Ayatollah Fadlallah hatte den Suizidoperationen nur im Geheimen zugestimmt. Daher konnte er später, als die Anschläge einen erkennbaren Nutzen verloren hatten, öffentlich eine andere Position einnehmen: «Wir glauben, Selbstmordoperationen sollten nur ausgeführt werden, wenn sie eine politische oder militärische Veränderung bringen im Verhältnis zu dem Leiden, das ein Mensch erfährt, wenn er aus seinem Körper eine Bombe macht» (Kramer, 1990, 148). Diese Bedingung war nicht mehr erfüllt. So wie eine gemeinsame Anerkennung aus einer kriminellen eine religiöse Handlung machen kann, so kann auch umgekehrt aus einem Selbstmarty-

Ayatollah Fadlallah ändert seine Meinung

> *Die Definition der Situation*
> Aus soziologischen Erklärungsmodellen wissen wir, dass zu jedem Handeln eine bestimmte Definition der Situation gehört, die sich keinesfalls zwangsläufig aus der Situation selber ergibt. Wenn Menschen eine Situation als real definieren, dann ist sie das auch, besagt das so genannte Thomas-Theorem. Die Aufgabe der wissenschaftlichen Analyse besteht darin, die spezifische «Situationslogik» zu erkennen und ihre Parameter systematisch aufeinander zu beziehen (Esser 1996 und 1999). Geht man so an religiöse Gewalttaten heran, zeigt sich, dass sich für viele dieser Akteure die Welt in einem kosmischen Krieg befindet. Christen sehen es als ihre heilige Pflicht an, mit Gewalt gegen Kliniken und Gynäkologen vorzugehen, die ungeborenes Leben töten. Christen reinigen in Serbien das Land von den Abtrünnigen, die in der Zeit des Osmanischen Reiches einst vom Christentum zum Islam abgefallen sind. Ein Jude tötet einen Ministerpräsidenten, der das von Gott gegebene heilige Land als Tauschobjekt für einen Frieden mit den Palästinensern weggeben will. – Die spektakulären Einzelaktionen heben den Vorhang vor religiösen Diskursen, nicht nur vor einem pathologischen Fall von religiösem Fanatismus. Die Wortführer derartiger religiöser Weltbilder können gebildete Akademiker sein, die einer konsistenten Logik folgen. Dies haben die soliden Studien des Fundamentalismus-Projektes der Universität Chicago gezeigt (deutsche Kurzfassung Marty/Appleby 1996).

rium wieder ein verwerflicher Selbstmord werden. Nach dem Anschlag auf das World Trade Center am 11. September 2001 wurde Fadlallah in einem Interview gefragt, ob die Attentäter als Märtyrer gestorben seien. Seine Antwort war: «Nein, sie sind nicht im Dschihad, dem ‹Heiligen Krieg›, gefallen. Sie sind schlicht Selbstmörder. Die Ursachen für Untaten müssen wir in persönlichen Motiven suchen, nicht in religiösen Überzeugungen, die [die] Täter vorgeben» (Der Spiegel 42 [2001]). Freilich müssen solche Äußerungen vorsichtig bewertet werden, denn es gehört zu schiitischen Glaubenssätzen, dass in einer Welt der Lüge die Wahrheit geheim gehalten werden muss. Da dies auch die bewusste Täuschung mit einschließt, müssten wir zur Prüfung der Aussage Fadlallahs besser Bescheid wissen über die internen Diskussionen des schiitischen Kulturmilieus.

Religiöse Diskurse statt pathologischem Fanatismus

In einer neuen Studie hat Mark Juergensmeyer (2000) diese und weitere Fälle religiöser Gewalt aufgearbeitet, wobei er den Blick auch auf christliche und jüdische Handlungen richtet. Stets sind die Einzeltaten eingebettet in Glaubensanschauungen, wonach die Welt nur äußerlich und scheinbar im Frieden lebt.

Angesichts dieser Beobachtungen wird man sich kaum mit einer Neufassung der Theorie rituellen Handelns begnügen können. Man wird auch den Religionsbegriff überdenken müssen. Autonomie der Religion muss nicht notwendigerweise als ein Erleben des Heiligen konstruiert werden. Sie kann auch anders gefasst werden: als das Prinzip einer Entzweiung von Norm und Realität. Für die moderne Welt ist typisch, fand Max Weber, dass die Prinzipien subjektiver Lebensführung nicht (mehr) in Übereinstimmung stehen müssen mit den faktisch geltenden Gesellschaftsordnungen von Recht, Herrschaft und Wirtschaft. Aus soziologischer Sicht hat Niklas Luhmann ähnlich argumentiert, und auch der Philosoph Hans Blumenberg schließt sich einer solchen Deutungslinie an, wenn er die Leistung von Religion als «Distanzierung von einer übermächtigen Wirklichkeit» beschreibt (Blumenberg, 1979, 15; s. auch die Beiträge in Wetz/Timm 1999). Religionen können in diesem Sinne nicht allein eine eigenständige Macht in der Moderne sein, sie können auch Gewalthandlungen begründen. Im Zusammenhang dieser Distanzierungsleistung lässt sich sowohl Victor Turners Einsicht in die Konfliktpotenziale von Ritualen als auch die Deutung des Opfers durch Walter Burkert und René Girard für Erscheinungen aktueller Religion fruchtbar machen.

Religion als Prinzip der Entzweiung von Norm und Realität

Zusammenfassung

Es ist eine unter deutschen Religionssoziologen weit verbreitete Überzeugung geworden, dass Religionen in der Moderne ihren Ort gewechselt hätten und nur noch im Vorgang der Individualisierung anzutreffen seien. «Aus einer institutionell vorgegebenen Form wird eine diffuse, instabile, subjektivierte Form der Religion», resümiert Detlef Pollack den Forschungsstand (Pollack, 1999, 57). Die Gegenstände des vorangehenden Kapitels bestätigen und korrigieren diese Auffassung. Es stimmt, dass in einer versachlichten, entzauberten Lebenswelt der Einzelne seine Identität nur über die Anerkennung von Weltbildern und Werten erlangt, die sich von ökonomischen oder politischen Interessen unterscheiden. Dem Individuum kommt dabei eine höhere Verantwortung für sein eigenes Leben und seine weltanschauliche Orientierung zu, als dies in früheren Jahrhunderten der Fall war. Ob ein solcher Prozess aber tatsächlich zum Verschwinden strukturierter religiöser Gemeinschaftlichkeit geführt hat – die ja nicht nur in Kirchen existiert, sondern auch in anderen Formen wie z. B. Kulturmilieus (Riesebrodt) –, ist hingegen zu fragen. An so grundlegenden Tatbeständen wie der Konversion, dem Glauben an die religiöse Gemeinschaft, Ausgrenzungsprozessen, apokalyptischen Deutungen der Geschichte sowie der religiösen Gewalt zeigt sich eine Präsenz von religiöser Gemeinschaftlichkeit in der Moderne, die nur im gemeinschaftlichen Handeln Geltung erlangt.

Religiöse Praxis und kommunikatives Handeln bilden die Schnittstelle zwischen Individuen und Gemeinschaften. Die Fähigkeit religiöser Traditionen, eine Positionierung von Menschen in Raum und Zeit vorzunehmen, zeigt sich in der Herstellung von Gruppenidentitäten durch interne und externe Abgrenzungsprozesse sowie in der rituellen Umsetzung und Beschwörung dieser Identitäten.

VI. Wichtige Adressen

1. Studienorte und Institutionen

An über 20 deutschen Universitäten ist die Religionswissenschaft als eigener Studiengang vertreten. Die folgende Übersicht beschränkt sich auf die Nennung der Studienorte und -institutionen sowie auf einen Hinweis, in welchem fachlichen Kontext die Religionswissenschaft jeweils angesiedelt ist (philosophische, kulturwissenschaftliche oder theologische Fakultäten). Ausführliche Informationen findet man in *Religionswissenschaft: Forschung und Lehre an den Hochschulen in Deutschland. Eine Dokumentation*, hrsg. von der Deutschen Vereinigung für Religionsgeschichte (Einführung: Hans G. Kippenberg und Burkhard Gladigow; Dokumentation: Steffen Rink), Marburg 2001. Aktualisierungen sind am besten im Internet abzurufen (entweder über die Server der Universitäten oder über www.dvrg.de bzw. www.religionswissenschaft.de).

Der Zugriff auf die hier angegebenen Internetadressen erfolgte am 17. 10. 2002.

Universität Bayreuth
  Lehrstuhl für Religionswissenschaft, Kulturwissenschaftliche Fakultät
  www.uni-bayreuth.de/departments/religionswissenschaft
  Professur für religiöse Sozialisation und Erwachsenenbildung,
  Kulturwissenschaftliche Fakultät
  www.uni-bayreuth.de/departments/rel_sozialisation
  Institut zur Erforschung der religiösen Gegenwartskultur,
  Kulturwissenschaftliche Fakultät
  www.uni-bayreuth.de/departments/irg
Freie Universität Berlin
  Institut für Religionswissenschaft, Fachbereich Geschichts- und
  Kulturwissenschaften
  www.userpage.fu-berlin.de/~relwiss/
  Institut für Evangelische Theologie mit dem Fachgebiet
  Religionsgeschichte, Fachbereich Geschichts- und Kulturwissenschaften
  www.fu-berlin.de/ev-theologie
Humboldt-Universität zu Berlin
  Seminar für Religions- und Missionswissenschaft sowie Ökumenik,
  Theologische Fakultät
  www2.hu-berlin.de/rmoe
Ruhr-Universität Bochum
  Theologie der Religionsgeschichte, Evangelisch-Theologische Fakultät
  www.ruhr-uni-bochum.de/ev-theol/faecher.htm

Rheinische Friedrich-Wilhelms-Universität Bonn
Religionswissenschaftliches Seminar, Philosophische Fakultät
www.uni-bonn.de/religionswissenschaft
Universität Bremen
Studiengang Religionswissenschaft/Religionspädagogik, Fachbereich 9:
Kulturwissenschaften
www.institute.uni-bremen.de/~religion
Universität Erfurt
Lehrbereich Religionswissenschaft, Philosophische Fakultät
Islamwissenschaft; Judaistik; Orthodoxes Christentum; Evangelische
Theologie und Kulturgeschichte des Christentums; Kulturgeschichte
Europäischer Polytheismen (Vergleichende Religionswissenschaft)
www.uni-erfurt.de/fakultaet/philosoph/
Max-Weber-Kolleg für kultur- und sozialwissenschaftliche Studien
www.uni-erfurt.de/maxwe
Friedrich-Alexander-Universität Erlangen–Nürnberg
Lehrstuhl für Missions- und Religionswissenschaft,
Institut für Praktische Theologie
www.theologie.uni-erlangen.de/lsmw/lsmw.htm
Johann-Wolfgang-Goethe-Universität Frankfurt
Religionswissenschaft und Religionsgeschichte,
Fachbereich Ev. bzw. Kath. Theologie
www.uni-frankfurt.de/zsb/stud_ang.htm
www.evtheol.uni-frankfurt.de
Albert-Ludwigs-Universität Freiburg
Arbeitsbereich Religionsgeschichte, Theologische Fakultät
www.theol.uni-freiburg.de/ab/rg.htm
Georg-August-Universität Göttingen
Fachbereich Theologie
www.gwdg.de/~utvt/ger/theolfakulall_rel_ge.htm
Ernst-Moritz-Arndt-Universität Greifswald
Praktische Theologie mit dem Schwerpunkt Religionspädagogik,
Theologische Fakultät
www.uni-greifswald.de/~theol/ohlenacher/lehrstuhl-pt-rp_theolog.htm
Universität Hannover
Seminar für Religionswissenschaft, Fachbereich Geschichte, Philosophie
und Sozialwissenschaften
www.religionen.de oder www.rewi.uni-hannover.de
Ruprecht-Karls-Universität Heidelberg
Institut für Religionswissenschaft, Fakultät für Orientalistik und
Altertumswissenschaft
www.religionswissenschaft.uni-heidelberg.de
Religionsgeschichte und Missionswissenschaft,
Wissenschaftlich-theologisches Seminar, Theologische Fakultät
www.theologie.uni-hd.de/rm/index.html
Friedrich-Schiller-Universität Jena
Lehrstuhl für Religionswissenschaft, Theologische Fakultät
www.uni-jena.de

Universität Leipzig
Religionswissenschaftliches Institut, Fakultät für Geschichte,
Kunst- und Orientwissenschaften
www.uni-leipzig.de/~religion
Johannes-Gutenberg-Universität Mainz
Seminar für Religions- und Missionswissenschaften und Judaistik,
Fachbereich Evangelische Theologie
www.uni-mainz.de/FB/evtheol/FB02.html#Seminare
Institut für Abendländische Religionsgeschichte,
Fachbereich Geschichtswissenschaft
www.uni-mainz.de/FB/Geschichte/Religion/welcome.htm
Seminar für Religionswissenschaft des Hellenismus, Fachbereich Philologie
III
Philosophicum
www.uni-mainz.de/FB/Philologie-III/relhell/
Philipps-Universität Marburg
Fachgebiet Religionswissenschaft,
Fachbereich Gesellschaftswissenschaften und Philosophie
www.uni-marburg.de/religionswissenschaft
Fachgebiet Religionsgeschichte, Fachbereich Ev. Theologie
www.uni-marburg.de/theologie
Religionskundliche Sammlung
www.uni-marburg.de/relsamm
Ludwig-Maximilians-Universität München
Institut für Missions- und Religionswissenschaft,
Evangelisch-Theologische Fakultät
Seminar für Religionswissenschaft und Philosophie der Religionen Europas
www.lrz-muenchen.de/~relwiss/
Westfälische Wilhelms-Universität Münster
Seminar für Allgemeine Religionswissenschaft,
Katholisch-Theologische Fakultät
wwwfb02.uni-muenster.de/fb02/allgrews
Universität Potsdam
Professur für Religionswissenschaft, Philosophische Fakultät I
www.uni-potsdam.de/u/religion/index.htm
Universität Rostock
Theologische Fakultät, Fachgebiet Religionsgeschichte –
Religion und Gesellschaft
www.theologie.uni-rostock.de/professoren.htm
Eberhard-Karls-Universität Tübingen
Abt. für Religionswissenschaft, Fakultät für Kulturwissenschaft
www.uni-tuebingen.de/religwiss/
Bayerische Julius-Maximilian-Universität Würzburg
Lehrstuhl für Religionsgeschichte, Philosophische Fakultät III
www.uni-wuerzburg.de/religionsgeschichte

2. Internet

Das Internet ist in den letzten Jahren zum führenden Instrument geworden, sowohl was die wissenschaftliche Recherche anbelangt als auch im Hinblick auf die Eigendarstellung von Religionsgemeinschaften. In vielen Fällen gelangt man mithilfe einer guten Suchmaschine für Dateien und Bilder (etwa «Google» [www.google.de]) am schnellsten an die gewünschten Informationen. Es gibt allerdings auch gezielte Hilfen für die religionswissenschaftliche Recherche, die im Folgenden genannt werden; diese empfehlen sich insbesondere dann, wenn man zu einem bestimmten Thema gebündelte Informationen sucht.

Aktualisierte Linklisten sind über die einschlägigen Adressen abzurufen, so etwa www.religionswissenschaft.de.

Recherchehilfen für die Religionswissenschaft

- Comparative Religion: Academic Info (umfangreiche wissenschaftliche Links)
  www.academicinfo.net/relindex.html
- Facets of Religion: Eine virtuelle Bibliothek der Religionen (umfangreich)
  www.snowcrest.net/dougbnt/religion.html
- Finding God in Cyberspace (Religionswissenschaftliche Ressourcen im Internet)
  http://facultyweb.fontbonne.edu/~jgresham/fgic
- Religionswissenschaftlicher Medien- und Informationsdienst REMID
  www.remid.de, s. auch www.religion-online.info

Wichtige Organisationen

- International Association for the History of Religions I.A.H.R.
  www.iahr.dk
- European Association for the Study of Religions EurAssoc bzw. EASR
  www.restena.lu/eurassoc
  www.easr.de
- Deutsche Vereinigung für Religionsgeschichte DVRG
  www.dvrg.de
- Schweizerische Gesellschaft für Religionswissenschaft SGR
  www.sgr-sssr.ch
- American Academy of Religion AAR
  www.aarweb.org
- North American Association for the Study of Religion NAASR
  http://people.ucsc.edu/~rehbock

Online-Zeitschriften

- Annual Review of Anthropology
  http://anthro.annualreviews.org

- Anthropos
  www.anthropos-journal.de
- Bayreuther Beiträge zur Religionsforschung
  www.uni-bayreuth.de/departments/bbrf
- Diskus. The On-Line Disc Journal of International Religious Studies
  www.uni-marburg.de/religionswissenschaft/journal/diskus
- Esoterica: The Journal of Esoteric Studies
  www.esoteric.msu.edu
- Journal of the American Academy of Religion
  www3.oup.co.uk/jaarel
- Journal of Religion & Society
  www.creighton.edu/jrs
- Journal of Southern Religion
  http://jsr.as.wvu.edu
- Marburg Journal of Religion
  www.uni-marburg.de/religionswissenschaft/journal/mjr
- Nova Religio
  http://novareligio.com/nova
- Religion – Staat – Gesellschaft. Zeitschrift für Glaubensformen und Weltanschauungen
  www.religion-staat-gesellschaft.de
- Science of Religion
  www.uni-marburg.de/religionswissenschaft/journal/sor
- Spirita Online
  www.diagonal-verlag.de/espirita.htm
- Zeitschrift für Religionswissenschaft
  www.zfr-online.de

VII. Nachschlagewerke und Hilfsmittel

In diesem Kapitel soll es darum gehen, die wichtigsten Einführungen, Nachschlagewerke und Zeitschriften der Religionswissenschaft vorzustellen. Leitend bei der Auswahl ist die Relevanz der einzelnen Medien sowie ihre breite Ausrichtung; das heißt zugleich, dass ältere Beiträge und Fachorgane für speziellere Themengebiete ausgeklammert bleiben.

1. Einführungen

Peter Antes (Hg.): Die Religionen der Gegenwart, München 1996
  Der Band gibt einen ersten Überblick über die Geschichte und die gegenwärtige Situation der größten Religionen der Welt. Klar als Einführung konzipiert, müssen sich die Beiträge auf vereinfachende Darstellungen beschränken, liefern jedoch mit der Nennung einschlägiger Literatur weiterführende Hinweise.
Mark C. Taylor (Hg.): Critical Terms for Religious Studies, Chicago/London 1998
  Eine wertvolle Sammlung von 22 Beiträgen zu den wichtigsten Begriffen der Religionswissenschaft unter kulturwissenschaftlichen Vorzeichen, einfach alphabetisch geordnet von «Belief» bis «Writing». Zwar vermisst man methodische Instrumente wie «Geschichte» oder «Ritual», dennoch gehören etliche der Beiträge zum Besten, was man als Einführung lesen kann. Erwähnenswert z. B. J. Z. Smith, «Religion, Religions, Religious»; G. Benavides, «Modernity», oder M. Taussig, «Transgression».
Willi Braun & Russell T. McCutcheon (Hg.): Guide to the Study of Religion, London/New York 2000
  Es handelt sich hier um eine Einführung auf dem neuesten Stand der Diskussion, wie sie besonders in Nordamerika geführt wird. Das Bestechende an den 31 Beiträgen ist die selbstreflexive und problemorientierte Behandlung der Themen. Auch wenn die Autoren keine einheitliche Begrifflichkeit verwenden und der Band durch eine Definition der Religion als «Glaube an spirituelle Entitäten» unnötig verengt wird, findet man hier wertvolle Informationen und gute Literaturhinweise.
Peter Antes, Armin W. Geertz & Randi Warne (Hg.): New Approaches to the Study of Religion, Berlin/New York 2002
  Der Band gibt einen guten Einblick in die aktuelle Methodendiskussion der Religionswissenschaft; dabei werden nicht nur neue methodische Ansätze vorgestellt, sondern auch neue Forschungsfelder (etwa die Geschichte der westlichen Esoterik), die ihrerseits die Anpassung der Instrumente erforderlich machen.

Klaus Hock: Einführung in die Religionswissenschaft, Darmstadt 2002
Diese Einführung gibt einen Überblick über die unterschiedlichen religionswissenschaftlichen Erklärungsansätze und setzt sich insbesondere mit Fragen der Phänomenologie, der Definition von «Religion» und der Abgrenzung der Disziplin von der Theologie auseinander.

2. Nachschlagewerke

Kurt Galling (Hg.): Die Religion in Geschichte und Gegenwart. Handwörterbuch für Theologie und Religionswissenschaft, 3., völlig neu bearbeitete Auflage, 7 Bände, Tübingen 1962-1986
Umfangreiches Nachschlagewerk nicht nur für theologische Perspektiven.

Hans Dieter Betz, Don S. Browning, Bernd Janowski und Eberhard Jüngel (Hg.): Religion in Geschichte und Gegenwart. Handwörterbuch für Theologie und Religionswissenschaft, 4., völlig neu bearbeitete Auflage. Tübingen 1998 ff.
Von den insgesamt acht Bänden sind bis 2002 fünf erschienen (A-M.). Verglichen mit der *Theologischen Realenzyklopädie* (TRE), die bis jetzt 34 Bände zählt (Ende 2002), ist die RGG religionswissenschaftlich ergiebiger und behandelt – trotz ihres geringeren Umfanges – eine sehr viel größere Zahl an Stichworten, was sie zu einem erstklassigen Instrument punktgenauer Orientierung im Detail samt der Erschließung der entsprechenden Literatur macht.

Mircea Eliade (Hg.): The Encyclopedia of Religion, 16 Bde., New York 1995
Ein Standardwerk der Religionswissenschaft, dessen Einträge sich mehrheitlich der phänomenologischen Methode Mircea Eliades verpflichtet fühlen.

Hubert Cancik et al. (Hg.): Handbuch religionswissenschaftlicher Grundbegriffe, 5 Bände, Stuttgart 1988-2001
Religionswissenschaftliches Standardwerk, das sich reflektierend mit den theoretischen Kategorien und ihrer Geschichte auseinander setzt.

Jonathan Z. Smith & William Scott Green (Hg.): The HarperCollins Dictionary of Religion, San Francisco 1995
Eines der besten Nachschlagewerke, wenn man eine schnelle Information braucht und den neuesten Stand der Diskussion sucht. Ein Nachteil des Lexikons ist das Fehlen von Literaturangaben.

Christoph Auffarth, Jutta Bernard & Hubert Mohr (Hg.): Metzler Lexikon Religion. Gegenwart – Alltag – Medien, 4 Bde., Stuttgart/Weimar 1999-2002
Ein modern konzipiertes Lexikon mit vielen Abbildungen, das besonderen Wert auf kulturwissenschaftliche Fragestellungen und die Einbeziehung neuer Medien legt. Der 4. Band bietet ausführliche Literatur, Zeittafeln, Filmmaterial, Internetangaben u. a. m. zu den einzelnen Einträgen.

Christoph Auffarth, Hans G. Kippenberg & Axel Michaels (Hg.): Wörterbuch der Religionen, Stuttgart 2004
Durch eine völlige Neufassung des inzwischen veralteten (von Alfred Bertholet verfassten) «Kröner Wörterbuch der Religionen» wird hier der Versuch unternommen, ein religionswissenschaftlich reflektiertes Nachschla-

gewerk zu schaffen, das sowohl eine umfassende historische und systematische Information als auch neueste Literatur bereit hält.

3. Zeitschriften

Zu den vielen Online-Zeitschriften, die über das Internet erreichbar sind, s. o. Kapitel VI

History of Religions, The University of Chicago Press
Die Zeitschrift wurde von Mircea Eliade mit Kollegen der University of Chicago gegründet. Sie veröffentlicht Studien zu religiösen Phänomenen innerhalb einer Tradition oder aber vergleichend in mehreren Traditionen, wobei die Resultate anderer religionswissenschaftlicher Teildisziplinen integriert werden.

Journal of the American Academy of Religion JAAR, Oxford University Press
Die *American Academy of Religion* AAR ist weltweit der größte Fachverband für Religionswissenschaft; die Auflage dieser Zeitschrift liegt deshalb bei etwa 10 000. Damit gehört JAAR zu den wichtigsten Organen der Disziplin.

Method & Theory in the Study of Religion MTSR, E. J. Brill, Leiden
Eine überaus wichtige Zeitschrift, die sich der Diskussion von methodischen Fragen der Religionswissenschaft widmet. MTSR wird getragen von der *North American Association for the Study of Religion* NAASR und der *International Association for the History of Religions* I.A.H.R.

Numen, E. J. Brill, Leiden
Numen ist die offizielle Zeitschrift der *International Association for the History of Religions* I.A.H.R. und gehört zu den wichtigsten Publikationsorganen der Religionswissenschaft.

Religion. An International Journal, Academic Press, London
Die sehr empfehlenswerte Zeitschrift, die von Robert A. Segal, Lancaster University (GB), und Ivan Strenski, University of California, Riverside (USA), herausgegeben wird, veröffentlicht empirische Studien und methodologische Abhandlungen.

Religious Studies Review RSR, published by the American Theological Library Association
Getragen von einem Zusammenschluss theologischer und religionswissenschaftlicher Fachorganisationen – unter dem Titel *Council on the Study of Religion* –, bietet diese Zeitschrift einen hervorragenden Überblick über aktuelle Neuerscheinungen und Diskussionen. RSR enthält sowohl Rezensionsartikel zu einzelnen Themen als auch (und vor allem) Kurzrezensionen von Neuerscheinungen.

The Journal of Religion, The University of Chicago Press
Die von der Divinity School der University of Chicago herausgegebene Zeitschrift ist wichtig wegen ihrer vielen und ausführlichen Buchbesprechungen.

Zeitschrift für Religionswissenschaft ZfR, diagonal-Verlag, Marburg
Die ZfR repräsentiert die deutsche Religionswissenschaft mit ihrem Fachverband, der *Deutschen Vereinigung für Religionsgeschichte* DVRG.

VIII. Literaturverzeichnis

I. Einleitung

Baumann, Gerd: The Multicultural Riddle. Rethinking National, Ethnic, and Religious Identities, London 1999.
Burkert, Walter: Kulte des Altertums. Biologische Grundlagen der Religion, München 1998.
Byrne, Peter: The Study of Religion in Britain, in: Molendijk/Pels 1998, 45–65.
Davidson, Donald: Was ist dem Bewußtsein gegenwärtig? In: ders.: Der Mythos des Subjektiven. Philosophische Essays, Stuttgart 1993, 16–39.
Deutscher Bundestag: Endbericht der Enquete-Kommission «Sogenannte Sekten und Psychogruppen», Deutscher Bundestag, Drucksache 13/10950 vom 9. 6. 1998.
Flood, Gavin: Beyond Phenomenology. Rethinking the Study of Religion, London/New York 1999.
Geertz, Clifford: Religiöse Entwicklungen im Islam. Beobachtet in Marokko und Indonesien (1968), übersetzt von Brigitte Luchesi, Frankfurt a. M. 1988.
Harnack, Adolf von: Die Aufgabe der theologischen Fakultäten und die allgemeine Religionsgeschichte. Rede zur Gedächtnisfeier des Stifters der Berliner Universität König Friedrich Wilhelm II, in der Aula derselben am 3. August 1901 gehalten, in: ders.: Reden und Aufsätze, Bd. 2, Gießen ²1906, 159–178.
Hofmann, Werner: Die Moderne im Rückspiegel. Hauptwege der Kunstgeschichte, München 1998.
Hübner, Kurt: Glaube und Denken. Dimensionen der Wirklichkeit, Tübingen 2001.
Huntington, Samuel P.: Der Kampf der Kulturen. (The Clash of Civilizations.) Die Neugestaltung der Weltpolitik im 21. Jahrhundert, München/Wien 1996.
Jordan, Louis Henry: Comparative Religion: Its Genesis and Growth (1905), Nachdruck Atlanta 1986.
Lackner, Michael/Werner, Michael: Der ‹cultural turn› in den Humanwissenschaften. Schriftenreihe «Suchprozesse für innovative Fragestellungen in der Wissenschaft», Heft 2, Bad Homburg 1996.
Luhmann, Niklas: Religion als Kommunikation, in: Tyrell, Hartmann/Krech, Volkhard/Knoblauch, Hubert (Hg.): Religion als Kommunikation, Würzburg 1998, 135–145.
– Gesellschaftsstruktur und Semantik. Studien zur Wissenssoziologie der modernen Gesellschaft, Bd. 3, Frankfurt 1993.
Mann, Thomas: Über mich selbst. Autobiographische Schriften, Frankfurt a. M. 1983.

Molendijk, Arie L.: Transforming Theology: The Institutionalization of the Science of Religion in the Netherlands, in: Molendijk/Pels 1998, 67–95.
Molendijk, Arie L./Pels, Peter (Hg.): Religion in the Making. The Emergence of the Sciences of Religion, Leiden 1998.
Nietzsche, Friedrich: Zur Genealogie der Moral. Eine Streitschrift, in: Sämtliche Werke, kritische Studienausgabe in 15 Bänden, hg. von Colli, Giorgio/Montinari, Mazzino, Berlin/New York 1999, Bd. 5, 245–412.
Poulat, Émile: Liberté, Laïcité. La guerre des deux France et le principe de la modernité, Paris 1987.
Riesebrodt, Martin: Die Rückkehr der Religionen. Fundamentalismus und der «Kampf der Kulturen», München 2000.
Rorty, Richard: Der Spiegel der Natur. Eine Kritik der Philosophie, Frankfurt a. M. ²1984.
Searle, John R.: Sprechakte. Ein sprachphilosophischer Essay (1969), Frankfurt a. M. 1979.
Smith, Jonathan Z.: Map Is Not Territory. Studies in the History of Religions (¹1978), Chicago/London 1993.
Troeltsch, Ernst: Die Bedeutung des Protestantismus für die Entstehung der modernen Welt, München/Berlin 1911.
Ullrich, Rüdiger: Diskursfelder. Eine Analyse der Handlungs- und Spannungsfelder ethnologischer Tätigkeit, dargestellt am Beispiel der strukturalen Analyse von Claude Lévi-Strauss, Göttingen 1992.
Weber, Max: Gesammelte Aufsätze zur Wissenschaftslehre, Tübingen ³1968.

II. Kulturgeschichte der Religionswissenschaft

Asad, Talal: Genealogies of Religion. Discipline and Reasons of Power in Christianity and Islam, Baltimore/London 1993.
Baubérot, Jean: Deux institutions de science des religions en France: la section des sciences religieuses de l'École Pratique des Hautes Etudes (EPHE), le groupe de sociologie des religions, in: Molendijk/Pels 1998 (siehe I), 55–66.
Benavides, Gustavo: Modernity, in: Taylor, Mark C. (Hg.): Critical Terms for Religious Studies, Chicago/London 1998, 186–204.
Berman, Marshall: All That is Solid Melts into Air. The Experience of Modernity, New York 1982.
Bosch, Lourens van den: Friedrich Max Müller. A Life Devoted to the Humanities, Leiden 2002.
Burkert, Walter: Homo Necans. Interpretationen altgriechischer Opferriten und Mythen (1972), Berlin/New York ²1997.
Carrithers, Michael/Collins, Steven/Lukes, Steven (Hg.): The Category of the Person. Anthropology, Philosophy, History, Cambridge 1985.
Darwin, Charles: Die Abstammung des Menschen (²1874), Wiesbaden 1992.
Dilthey, Wilhelm: Der Aufbau der geschichtlichen Welt in den Geisteswissenschaften (1910; 1927 kritisch hg. von B. Groethuysen), Frankfurt a. M. 1981.
– Das Problem der Religion (1911); GS Bd. 6; Leipzig/Berlin 1924, 288–305.

Eliade, Mircea: Der Verbotene Wald (1955), Frankfurt a. M. 1993.
- Kosmos und Geschichte. Der Mythos der ewigen Wiederkehr (1949), Frankfurt a. M. 1984.
Fournier, Marcel: Marcel Mauss, Paris 1994.
Geertz, Clifford: Religion als kulturelles System (1966), in: ders.: Dichte Beschreibung. Beiträge zum Verstehen kultureller Systeme, Frankfurt a. M. 1983, 44–95.
- Dichte Beschreibung (1973), in: ders. 1983, 7–43.
- «Aus der Perspektive des Eingeborenen». Zum Problem des ethnologischen Verstehens (1977), in: ders. 1983, 289–309.
Girard, René: Das Heilige und die Gewalt (1972), Zürich 1987.
Gumbrecht, Hans Ulrich: Modern, Modernität, Moderne, in: Brunner, Otto/Conze, Werner/Koselleck, Reinhart (Hg.): Geschichtliche Grundbegriffe. Historisches Lexikon zur politisch-sozialen Sprache in Deutschland, Bd. 4, Stuttgart 1978, 93–131.
Hanegraaff, Wouter J.: New Age Religion and Western Culture. Esotericism in the Mirror of Secular Thought, Leiden etc. 1996.
Heelas, Paul/Lash, Scott/Morris, Paul (Hg.): Detraditionalization. Critical Reflections on Authority and Identity, Oxford 1996.
Hegel, Georg Wilhelm Friedrich: Werke, auf der Grundlage der Werke von 1832–1845 neu edierte Ausgabe, 20 Bde., Frankfurt a. M. 1986.
Herder, Johann Gottfried: Ideen zur Philosophie der Geschichte der Menschheit (1784/85), in: Sämtliche Werke, hg. von B. Suphan, Bd. 13 (1887), Hildesheim 1967.
Hölscher, Lucian: Die Entdeckung der Zukunft, Frankfurt a. M. 1999.
Humboldt, Wilhelm von: Natur der Sprache überhaupt (1824–1826), in: Hans Helmut Christmann (Hg.): Sprachwissenschaft des 19. Jahrhunderts, Darmstadt 1977.
Hume, David: The Natural History of Religion (1757), Oxford 1993; dt. Übers.: Die Naturgeschichte der Religion, Hamburg 1984.
Jauß, Hans Robert: Literarische Tradition und gegenwärtiges Bewußtsein der Modernität, in: ders.: Literaturgeschichte als Provokation, Frankfurt a. M. ^{5}1974, 11–66.
Kant, Immanuel: Kritik der reinen Vernunft (1781), Hamburg 1956.
- Zum Ewigen Frieden (1795), Werkausgabe Bd. XI, Frankfurt a. M. 1977.
- Der Streit der Fakultäten (1798), Werkausgabe Bd. XI, Frankfurt a. M. 1977.
Kippenberg, Hans G.: Die Entdeckung der Religionsgeschichte. Religionswissenschaft und Moderne, München 1997.
Lichtblau, Klaus: Kulturkrise und Soziologie um die Jahrhundertwende. Zur Genealogie der Kultursoziologie in Deutschland, Frankfurt a. M. 1996.
Merton, Robert K.: Manifest and Latent Functions (1948), in: ders.: Social Theory and Social Structure, New York/London 1968, 73–138.
Müller, Friedrich Max: Introduction to the Science of Religion, London 1873, dt. Übersetzung: Einleitung in die vergleichende Religionswissenschaft, Straßburg 1874.
Oexle, Otto Gerhard: Max Weber – Geschichte als Problemgeschichte, in:

ders. (Hg.): Das Problem der Problemgeschichte 1880–1932, Göttingen 2001, 9–37.

Otto, Rudolf: Das Heilige. Über das Irrationale in der Idee des Göttlichen und sein Verhältnis zum Rationalen (1917), München 1987.

Poulat, Émile: Liberté, Laïcité. La guerre des deux France et le principe de la modernité, Paris 1987.

Schleiermacher, Friedrich: Über die Religion. Reden an die Gebildeten unter ihren Verächtern (1799), hg. von Rudolf Otto (1899), Göttingen ⁷1991; neu hg. von G. Meckenstock, Berlin/New York 1999.

Schwab, Raymond: The Oriental Renaissance: Europe's Discovery of India and the East, 1680–1880 (1950), New York 1984 (Vorwort von Edward W. Said).

Shapin, Steven: Die wissenschaftliche Revolution, Frankfurt a. M. 1998.

Skorupski, John: Symbol and Theory. A Philosophical Study of Theories of Religion in Social Anthropology, Cambridge 1976.

Smith, Jonathan Z.: Map Is Not Territory. Studies in the History of Religions (¹1978), Chicago/London 1993.

Strenski, Ivan: Four Theories of Myth in the Twentieth-Century History. Cassirer, Eliade, Lévi-Strauss and Malinowski, Iowa 1987.

Stuckrad, Kocku von: Schamanismus und Esoterik. Kultur- und wissenschaftsgeschichtliche Betrachtungen, Leuven 2003.

Tambiah, Stanley: Eine performative Theorie des Rituals, in: Wirth, Uwe (Hg.): Performanz. Zwischen Sprachphilosophie und Kulturwissenschaften, Frankfurt a. M. 2002, 210–242.

Trepp, Anne-Charlott/Lehmann, Hartmut (Hg.): Antike Weisheit und kulturelle Praxis. Hermetismus in der Frühen Neuzeit, Göttingen 2001.

Turner, Bryan S.: Theories of Modernity and Postmodernity, London 1990.

Turner, Victor: Das Ritual. Struktur und Antistruktur (1969), Frankfurt a. M. 1989.

Tylor, Edward Burnett: Primitive Culture. Researches into the Development of Mythology, Philosophy, Religion, Art, and Custom, 2 Bde, London 1871; Nachdruck: The Origin of Culture (Bd. 1); Religion in Primitive Culture (Bd. 2), New York 1958; dt. Übers.: Die Anfänge der Cultur: Untersuchungen über die Entwicklung der Mythologie, Philosophie, Religion, Kunst und Sitte, 2 Bde., Leipzig 1873.

Weber, Max: Die «Objektivität» sozialwissenschaftlicher und sozialpolitischer Erkenntnis (1904), in: ders.: Gesammelte Aufsätze zur Wissenschaftslehre, Tübingen ⁷1988, 146–214.

– Wirtschaft und Gesellschaft, Bd. 2: Religiöse Gemeinschaften, Max Weber Gesamtausgabe I/22-2, hg. von Hans G. Kippenberg in Zusammenarbeit mit Petra Schilm unter Mitwirkung von Jutta Niemeier, Tübingen 2001.

III. Theoretische Perspektiven

Flood, Gavin: Beyond Phenomenology. Rethinking the Study of Religion, London/New York 1999.

Luhmann, Niklas: Die Religion der Gesellschaft, Frankfurt a. M. 2000.

III.1. *Religionshistorische Sinnbildung:*
Wie der Hinduismus zur Weltreligion gemacht wurde

Batchelor, Steven: The Awakening of the West. The Encounter of Buddhism and Western Culture, London 1994.

Bishop, Peter: Dreams of Power. Tibetan Buddhism and the Western Imagination, London 1992.

Bremmer, Jan N.: «Religion», «Ritual» and the Opposition «Sacred vs. Profane»: Notes Towards a Terminological «Genealogy», in: Graf, Fritz (Hg.): Ansichten griechischer Rituale. Festschrift für Walter Burkert, Stuttgart/Leipzig 1998, 9–32.

Davies, Charlotte Aull: Reflexive Ethnography. A Guide to Researching Selves and Others, London/New York 1999.

Droysen, Johann Gustav: Grundriss der Historik (^{3}1882), in: Historik. Vorlesungen über Enzyklopädie und Methodologie der Geschichte, hg. von R. Hübner, München ^{6}1971, 317–366.

Eliade, Mircea: Indisches Tagebuch. Reisenotizen 1928–1931, München 1996.

Fitzgerald, Timothy: The Ideology of Religious Studies, Oxford/New York 2000.

Flood, Gavin: Beyond Phenomenology. Rethinking the Study of Religion, London/New York 1999.

Gandhi, Mahatma: Mein Leben, hg. von C. F. Andrews (engl. Orig. 1930), Frankfurt a. M. 1993.

Geertz, Clifford: Die künstlichen Wilden. Der Anthropologe als Schriftsteller (engl. Orig. 1988), Frankfurt a. M. 1993.

Halifax, Joan: The Fruitful Darkness. Reconnecting With the Body of the Earth, San Francisco 1994.

Hallisey, Charles: Roads Taken and Not Taken in the Study of Theravāda Buddhism, in: Lopez Jr., Donald (Hg.): Curators of the Buddha. The Study of Buddhism Under Colonialism, Chicago 1995, 31–62.

Haußig, Hans-Michael: Der Religionsbegriff in den Religionen. Studien zum Selbst- und Religionsverständnis in Hinduismus, Buddhismus, Judentum und Islam, Berlin/Bodenheim 1999.

King, Richard: Orientalism and Religion. Post-Colonial Theory, India and the Mystic East, London/New York 1999.

Koselleck, Reinhart: Vergangene Zukunft. Zur Semantik geschichtlicher Zeiten (^{1}1989), Frankfurt a. M. 1995.

Leuba, James H.: A Psychological Study of Religion, New York 1912.

Luhmann, Niklas: Die Religion der Gesellschaft, Frankfurt a. M. 2000.

Müller, Friedrich Max: Indien und seine weltgeschichtliche Bedeutung, Leipzig 1884.

– Natural Religion. The Gifford Lectures delivered before the University of Glasgow, London 1889.

– Life and Letters, vol. II, London 1902.

Oldenberg, Hermann: Die indische Religion, in: Hinneberg, Paul (Hg.): Die orientalischen Religionen (Die Kultur der Gegenwart. Ihre Entwicklung und ihre Ziele. Teil 1, Abt. 3, 1). Berlin/Leipzig 1906, 51–73.

Ricoeur, Paul: Literaturtheorie und Geschichtsschreibung (1994), in: Nagl-

Docekal, Herta (Hg.): Der Sinn des Historischen. Geschichtsphilosophische Debatten, Frankfurt a. M. 1996, 107–125.

Rüsen, Jörn: Was heißt: Sinn der Geschichte? (Mit einem Ausblick auf Vernunft und Widersinn), in: Müller, Klaus E./Rüsen, Jörn (Hg.): Historische Sinnbildung. Problemstellungen, Zeitkonzepte, Wahrnehmungshorizonte, Darstellungsstrategien, Reinbek 1997, 17–47.

Said, Edward W.: Orientalismus, Frankfurt a. M./Berlin/Wien 1981.

Smith, Jonathan Z.: Imagining Religion. From Babylon to Jonestown, Chicago/London 1982.

– Religion, Religions, Religious, in: Taylor, Mark C. (Hg.): Critical Terms for Religious Studies, Chicago/London 1998, 269–284.

Spickard, James V./Landres, J. Shawn/McGuire, Meredith B. (Hg.): Personal Knowledge and Beyond. Reshaping the Ethnography of Religion, New York 2002.

Stauth, Georg: Islam und westlicher Rationalismus. Der Beitrag des Orientalismus zur Entstehung der Soziologie, Frankfurt a. M. 1993.

Stietencron, Heinrich von: Der Hinduismus, München 2001.

van der Veer, Peter: Imperial Encounters, Princeton & Oxford 2001.

Vivekananda: The Complete Works of Swâmi Vivekânanda, Kalkutta ^{13}1970.

White, Hayden: Auch Klio dichtet oder Die Fiktion des Faktischen. Studien zur Tropologie des historischen Diskurses, Stuttgart 1991.

– Figural Realism: Studies in the Mimesis Effect, Baltimore 1999.

III.2. Handlungsrationalität:
Die Geltungsgründe religiösen Handelns

Davidson, Donald: Handlung und Ereignis, Frankfurt a. M. 1990.

– Subjective, Intersubjective, Objective, Oxford 2001.

Douglas, Mary: Edward Evans-Pritchard, Harmondsworth 1980.

Durkheim, Émile: Über soziale Arbeitsteilung. Studie über die Organisation höherer Gesellschaften (1893; 2. A. 1902), Frankfurt a. M. 1988.

– Die Regeln der soziologischen Methode (1895), Frankfurt a. M. 1984.

– Der Individualismus und die Intellektuellen (1898), in: Bertram, Hans (Hg.): Gesellschaftlicher Zwang und moralische Autonomie, Frankfurt a. M. 1986, 54–70.

– Die elementaren Formen des religiösen Lebens (1912), Frankfurt a. M. 1981.

– Journal Sociologique. Introduction et notes de Jean Duvignaud, Paris 1969.

Evans-Pritchard, Edward E.: Hexerei, Orakel und Magie bei den Zande (1937); von Eva Gillies gekürzte englische Ausgabe 1976, dt. Übersetzung von Brigitte Luchesi, Frankfurt a. M. 1978.

– Social Anthropology, London 1951.

Geertz, Clifford: Anti-Antirelativismus (1984), in: Konersmann, Ralf (Hg.): Kulturphilosophie, Leipzig 1996, 253–291.

Gellner, Ernest: Der neue Idealismus – Ursache und Sinn in den Sozialwissenschaften (1968), in: Albert, Hans (Hg.): Theorie und Realität, Tübingen ^{2}1972, 87–112.

Hollis, Martin/Lukes, Steven (Hg.): Rationality and Relativism, Oxford 1982.
James, William: Die Vielfalt religiöser Erfahrung. Eine Studie über die menschliche Natur, hg. und mit einem Nachwort versehen von Eilert Herms, Olten 1979; neue Ausgabe: Übersetzt von Eilert Herms und Christian Stahlhut. Mit einem Vorwort von Peter Sloterdijk, Frankfurt a. M. 1997.
Kaufmann, Walter: Nietzsche. Philosoph – Psychologe – Antichrist, Darmstadt 1988.
Latour, Bruno/Woolgar, Steve: Laboratory Life. The Social Construction of Scientific Facts, Beverly Hills 1979.
Menand, Louis: The Metaphysical Club. A Story of Ideas in America, New York 2001.
Needham, Rodney: Polythetic Classification: Convergence and Consequences, in: Man 10 (1975), 349–369.
Penner, Hans H.: Why Does Semantics Matter?, in: Frankenberry, Nancy K./Penner, Hans H. (Hg.): Language, Truth, and Religious Belief: Studies in Twentieth-Century Theory and Method in Religion, Atlanta 1999, 473–506.
Pufendorf, Samuel: Über die Pflicht des Menschen und des Bürgers nach dem Gesetz der Natur (1673), Frankfurt a. M. 1994.
Rousseau, Jean-Jacques: Émile oder Von der Erziehung (1762). Düsseldorf/Zürich 1997.
Rudwick, M. J. S.: The Great Devonian Controversy. The Shaping of Scientific Knowledge among Gentlemanly Specialists, Chicago 1986.
Schluchter, Wolfgang: Religion und Lebensführung, Bd. 1: Studien zu Max Webers Kultur- und Werttheorie; Bd. 2: Studien zu Max Webers Religions- und Herrschaftssoziologie, Frankfurt a. M. 1988.
Schnädelbach, Herbert (Hg.): Rationalität. Philosophische Beiträge, Frankfurt a. M. 1984.
Weber, Max: Über einige Kategorien der verstehenden Soziologie (1913), in: Gesammelte Aufsätze zur Wissenschaftslehre, Tübingen 1968, 427–474.
– Die protestantische Ethik und der Geist des Kapitalismus (1904/05), hg. von Lichtblau, Klaus/Weiß, Johannes, Bodenheim 1993.
– Wirtschaft und Gesellschaft, Bd. 2: Religiöse Gemeinschaften (MWG I/22-2), hg. von Hans G. Kippenberg in Zusammenarbeit mit Petra Schilm unter Mitwirkung von Jutta Niemeier, Tübingen 2002.
Winch, Peter: Was heißt ‹eine primitive Gesellschaft verstehen›? (1964), in: Kippenberg, Hans G./Luchesi, Brigitte (Hg.): Magie. Die sozialwissenschaftliche Kontroverse über das Verstehen fremden Denkens. Frankfurt a. M. 1987, 73–119.
Wittgenstein, Ludwig: Philosophische Untersuchungen, in: Werkausgabe Bd. 1, Frankfurt a. M. 1984, 225–580.

III.3. Kolonialismus: Völker ohne Religion?

Bhabha, Homi: The Location of Culture, London 1994.
Bitterli, Urs: Die ‹Wilden› und die ‹Zivilisierten›. Grundzüge einer Geistes- und Kulturgeschichte der europäisch-überseeischen Begegnung, München ²1991.

Brunotte, Ulrike: Das Ritual als Medium ‹göttlicher Gemeinschaft›. Die Entdeckung des Sozialen bei Robertson Smith und Jane Ellen Harrison, in: Fischer-Lichte, Erika/Horn, Christian/Umathum, Sandra/Warstat, Matthias (Hg.): Wahrnehmung und Medialität, Tübingen/Basel 2001, 85 bis 102.

Chidester, David: Savage Systems. Colonialism and Comparative Religion in Southern Africa, Charlottesville/London 1996.

– Colonialism, in: Braun, Willi/McCutcheon, Russell T. (Hg.): Guide to the Study of Religion, London/New York 2000, 423–437.

– Indigenous Traditions, Alien Abductions: Creolized and Globalized Memory in South Africa. Paper Presented to the Annual Meeting of the American Academy of Religion, Denver, November 17–20, 2001.

Darwin, Charles: Die Abstammung des Menschen (^{2}1874), Wiesbaden 1992.

Fabian, Johannes: Time and the Other. How Anthropology Makes Its Object, New York 1983.

– Im Tropenfieber. Wissenschaft und Wahn in der Erforschung Zentralafrikas, München 2001.

Flood, Gavin: Beyond Phenomenology. Rethinking the Study of Religion, London/New York 1999.

Frazer, James George: The Golden Bough. A Study in Magic and Religion, abridged edition (1922), London 1963; dt. Übers.: Der goldene Zweig. Das Geheimnis von Glauben und Sitten der Völker, Reinbek 1989.

Haddon, Alfred C.: Magic and Fetishism, London 1906.

Hutton, Ronald: The Triumph of the Moon. A History of Modern Pagan Witchcraft, Oxford/New York 1999.

Kohl, Karl-Heinz: Abwehr und Verlangen. Zur Geschichte der Ethnologie, Frankfurt/New York 1987.

Masuzawa, Tomoko: In Search of Dreamtime. The Quest for the Origin of Religion, Chicago/London 1993.

McCutcheon, Russell T.: Manufacturing Religion. The Discourse on Sui Generis Religion and the Politics of Nostalgia, New York/Oxford 1997.

Müller, Friedrich Max: Introduction to the Science of Religion: Four Lectures Delivered at the Royal Institution with Two Essays of False Analogies, and the Philosophy of Mythology, London 1873.

– The Question of Right between England and the Transvaal: Letters by the Right Hon. F. Max Müller with Rejoinders by Professor Theodore Mommsen, London 1900.

Obeyesekere, Gananath: The Work of Culture. Symbolic Transformation in Psychoanalysis and Anthropology (The Lewis Henry Morgan Lectures 1982), Chicago/London 1990.

Platvoet, Jan G.: The Religions of Africa in their Historical Order, in: Platvoet, Jan/Cox, James/Olupona, Jacob (Hg.): The Study of Religions in Africa. Past, Present and Prospects, Cambridge 1996, 46–102.

Pratt, Mary Louise: Scratches on the Face of the Country; or, What Mr. Barrow Saw in the Land of the Bushmen, in: Gates Jr., Henry Louis (Hg.): «Race», Writing and Difference, Chicago/London 1985, 135–162.

Taussig, Michael: Shamanism, Colonialism, and the Wild Man. A Study of Terror and Healing, Chicago/London 1987.

Tenbruck, Friedrich H.: Die Religion im Maelstrom der Reflexion, in: Religion und Kultur. Sonderheft der Kölner Zeitschrift für Soziologie und Sozialpsychologie 33 (1993), hg. von Jörg Bergmann et al., 31 bis 67.
Tylor, Edward Burnett: Primitive Culture. Researches into the Development of Mythology, Philosophy, Religion, Art, and Custom, 2 Bde., London 1871; Nachdruck: The Origin of Culture (Bd. 1); Religion in Primitive Culture (Bd. 2), New York 1958.
Wolf, Eric: Europe and the People without History, Berkeley 1982.

III.4. Faszinierende Unvernunft: Schamanen im Westen

Adler, Hans: Die Prägnanz des Dunklen. Gnoseologie – Ästhetik – Geschichtsphilosophie bei Johann Gottfried Herder, Hamburg 1990.
Benavides, Gustavo: Modernity, in: Taylor, Mark C. (Hg.): Critical Terms for Religious Studies, Chicago/London 1998, 186–204.
Daston, Lorraine: Wunder, Beweise und Tatsachen. Zur Geschichte der Rationalität, Frankfurt a. M. 2001.
Eliade, Mircea: Schamanismus und archaische Ekstasetechnik, Frankfurt a. M. ^{6}1989 (frz. Original 1951).
Fabian, Johannes: Im Tropenfieber. Wissenschaft und Wahn in der Erforschung Zentralafrikas, München 2001.
Faivre, Antoine: Esoterik im Überblick. Geheime Geschichte des abendländischen Denkens, Freiburg 2001.
Flaherty, Gloria: Shamanism and the Eighteenth Century, Princeton 1992.
Gladigow, Burkhard: Pantheismus als «Religion» von Naturwissenschaftlern, in: Antes, Peter/Pahnke, Donate (Hg.): Die Religion von Oberschichten: Religion – Profession – Intellektualismus, Marburg 1989, 219–239.
Groh, Ruth/Groh, Dieter: Zur Entstehung und Funktion der Kompensationsthese, in: dies.: Weltbild und Naturaneignung. Zur Kulturgeschichte der Natur, Frankfurt a. M. 1991, 150–170.
Hanegraaff, Wouter J.: New Age Religion and Western Culture. Esotericism in the Mirror of Secular Thought, Leiden 1996.
Horkheimer, Max/Adorno, Theodor W.: Dialektik der Aufklärung. Philosophische Fragmente, Amsterdam 1947.
Hutton, Ronald: The Triumph of the Moon. A History of Modern Pagan Witchcraft, Oxford/New York 1999.
– Shamans. Siberian Spirituality and the Western Imagination, London/New York 2001.
Katharina II. von Russland: Der sibirische Schaman. Ein Lustspiel, in: dies.: Drey Lustspiele wider Schwärmerey und Aberglauben, Berlin/Stettin 1788, 209–347.
Kohl, Karl-Heinz: Abwehr und Verlangen. Zur Geschichte der Ethnologie, Frankfurt a. M./New York 1987.
Koselleck, Reinhart: Kritik und Krise. Eine Studie zur Pathogenese der bürgerlichen Welt (1959), Frankfurt a. M. 1979.
Marquard, Odo: Über die Unvermeidlichkeit der Geisteswissenschaften, in: ders.: Apologie des Zufälligen, Stuttgart 1986, 98–116.

- Transzendentaler Idealismus – Romantische Naturphilosophie – Psychoanalyse (ursprünglich Habilitationsschrift von 1963), Köln 1987.
Neugebauer-Wölk, Monika (Hg.): Aufklärung und Esoterik, Hamburg 1999.
Schmidt-Biggemann, Wilhelm: Philosophia perennis. Historische Umrisse abendländischer Spiritualität in Antike, Mittelalter und Früher Neuzeit. Frankfurt a. M. 1998.
Stuckrad, Kocku von: Schamanismus und Esoterik. Kultur- und wissenschaftsgeschichtliche Betrachtungen, Leuven 2003.
Trepp, Anne-Charlott/Lehmann, Hartmut (Hg.): Antike Weisheit und kulturelle Praxis. Hermetismus in der Frühen Neuzeit, Göttingen 2001.
Turner, Victor: Vom Ritual zum Theater. Der Ernst des menschlichen Spiels, Frankfurt a. M. 1989.
Walsh, Roger N.: Der Geist des Schamanismus, Olten 1992.
Weber, Max: Gesammelte Aufsätze zur Religionssoziologie (1920), Tübingen ^{9}1988.
- Wissenschaft als Beruf. Politik als Beruf (MWG I/17), hg. von Wolfgang Schluchter, Tübingen 1992.
- Religiöse Gemeinschaften (MWG I/22-2), hg. von Hans G. Kippenberg in Zusammenarbeit mit Petra Schilm unter Mitwirkung von Jutta Niemeier, Tübingen 2001.

III.5. Geschlechterperspektiven: Auf der Suche nach der Muttergottheit

Ardener, Edwin: Belief and the Problem of Women. And the «Problem» Revisited, in: Ardener, Shirley (Hg.): Perceiving Women, London 1975, 1–28.
Bachofen, Johann Jakob: Das Mutterrecht. Eine Untersuchung über die Gynaikokratie der alten Welt nach ihrer religiösen und rechtlichen Natur (1861), eine Auswahl, hg. von Hans-Jürgen Heinrichs, Frankfurt a. M. 1975.
- Mutterrecht und Urreligion. Mit einer Einleitung «Bachofen-Lektüre heute», hg. von Hans G. Kippenberg, Stuttgart ^{6}1984.
Baumgardt, Ursula: König Drosselbart und die widerspenstige Königstochter. C. G. Jungs Frauenbild – eine Kritik, München/Zürich 1993.
Bäumler, Alfred: Das mythische Weltalter. Bachofens romantische Deutung des Altertums, München 1965.
Bock, Gisela: Geschichte, Frauengeschichte, Geschlechtergeschichte, in: Geschichte und Gesellschaft 14 (1988), 364–391.
Burrow, John W: Evolution and Society. A Study in Victorian Social Theory, Cambridge 1966.
Chambers, Edmund K.: The Medieval Stage, Oxford 1903.
Ellwood, Robert: The Politics of Myth. A Study of C. G. Jung, Mircea Eliade, and Joseph Campbell, Albany 1999.
Engels, Friedrich: Der Ursprung der Familie, des Privateigentums und des Staates, Berlin 1970.
Evans, Arthur J.: The Palace of Minos, 5 Bde., London 1921–1935.
Gladigow, Burkhard: Polytheismus. Akzente, Perspektiven und Optionen der Forschung. Zeitschrift für Religionswissenschaft 5 (1997), 59–77.

Graves, Robert: The White Goddess. A Historical Grammar of Poetic Myth (1948), London ⁵1971; dt. Ausgabe: Die Weiße Göttin. Sprache des Mythos, Reinbek 1985.

Hakl, Hans Thomas: Der verborgene Geist von Eranos. Unbekannte Begegnungen von Wissenschaft und Esoterik. Eine alternative Geistesgeschichte des 20. Jahrhunderts, Bretten 2001.

Harrison, Jane Ellen: Prolegomena to the Study of Greek Religion, Cambridge 1903.

Hauser-Schäublin, Brigitta/Röttger-Rössler, B. (Hg.): Differenz und Geschlecht. Neue Ansätze in der ethnologischen Forschung, Berlin 1997.

Heinrichs, Hans-Jürgen: Materialien zu Bachofens ‹Das Mutterrecht›, Frankfurt a. M. 1975.

Helck, Wolfgang: Betrachtungen zur großen Göttin und den ihr verbundenen Gottheiten, München 1971.

Hey, Barbara: Women's History und Poststrukturalismus. Zum Wandel der Frauen- und Geschlechtergeschichte in den USA, Pfaffenweiler 1995.

Hildebrandt, Hans-Jürgen: Johann Jakob Bachofen. Die Primär- und Sekundärliteratur. Mit einem Anhang zum gegenwärtigen Stand der Matriarchatsfrage, Aachen 1988.

Hodgen, Margaret T.: The Doctrine of Survivals. A Chapter in the History of Scientific Method in the Study of Man (1936), London 1977.

Hurwitz, Siegmund: Lilith. Die erste Eva. Eine Studie über dunkle Aspekte des Weiblichen, Zürich ²1983.

Hutton, Ronald: The Triumph of the Moon. A History of Modern Pagan Witchcraft, Oxford/London 1999.

Jung, Carl Gustav: Wandlungen und Symbole der Libido. Beiträge zur Entwicklungsgeschichte des Denkens (1912), München 1991.

Kippenberg, Hans G.: Die vorderasiatischen Erlösungsreligionen in ihrem Zusammenhang mit der antiken Stadtherrschaft. Heidelberger Max Weber-Vorlesungen 1988, Frankfurt a. M. 1991.

Klages, Ludwig: Vom kosmogonischen Eros, Jena ³1930.

– Bachofen als Erneuerer des symbolischen Denkens, in: Corolla L. Curtius, Stuttgart 1937, 177–179.

Lanwerd, Susanne: Mythos, Mutterrecht und Magie. Zur Geschichte religionswissenschaftlicher Begriffe, Berlin 1993.

Lerner, Gerda: Die Entstehung des Patriarchats, Frankfurt a. M./New York 1995.

Murray, Margaret: The Witch Cult in Western Europe, Oxford 1921.

Noll, Richard: The Jung Cult. Origins of a Charismatic Movement, New York 1994.

Pettazzoni, Raffaele: Der Allwissende Gott. Zur Geschichte der Gottesidee, Frankfurt a. M. 1960.

Pietikäinen, Petteri: C. G. Jung and the Psychology of Symbolic Forms, Helsinki 1999.

Preston, James L. (Hg.): Mother Worship. Theme and Variations, Chapel Hill 1982.

Sandy, P. R.: Female Status in the Public Domain, in: Rosaldo, M. Z./Lamphere, L. (Hg.): Women, Culture and Society, Stanford 1974, 189–206.

Schlesier, Renate: Kulte, Mythen und Gelehrte. Anthropologie der Antike seit 1800, Frankfurt a. M. 1994.
Scott, Joan W.: Gender and the Politics of History, New York 1988.
Trumann, Andrea: Feministische Theorie. Frauenbewegung und weibliche Subjektbildung im Spätkapitalismus, Stuttgart 2002.
Ucko, Peter J.: Anthropomorphic Figurines of Predynastic Egypt and Neolithic Crete with Comparative Material from the Prehistoric Near East and Mainland Greece, Royal Anthropological Institute Occasional Paper 1968.
Wagner-Hasel, Beate (Hg.): Matriarchatstheorien der Altertumswissenschaft, Darmstadt 1992.
Wasserstrom, Steven M.: Religion after Religion: Gershom Scholem, Mircea Eliade and Henry Corbin at Eranos, Princeton 1999.
Wesel, Uwe: Der Mythos vom Matriarchat, Frankfurt a. M. 1980.
Winter, Urs: Frau und Göttin. Exegetische und ikonographische Studien zum weiblichen Gottesbild im Alten Israel und in dessen Umwelt, Freiburg/Göttingen 1983.
Winterhager-Schmid, Luise (Hg.): Konstruktionen des Weiblichen. Ein Reader, Weinheim 1998.
Wuketits, Franz M.: Evolutionstheorien. Historische Voraussetzungen, Positionen, Kritik, Darmstadt 1988.
Zinser, Hartmut: Der Mythos des Mutterrechts. Verhandlungen von drei aktuellen Theorien des Geschlechterkampfes, Frankfurt a. M. 1981.

Zusammenfassung

Durkheim, Émile: Die elementaren Formen des religiösen Lebens (1912), Frankfurt a. M. 1981.
van der Leeuw, Gerardus: Phänomenologie der Religion, Tübingen ⁴1977.
Otto, Rudolf: Das Heilige. Über das Irrationale in der Idee des Göttlichen und sein Verhältnis zum Rationalen (1917), Neuausgabe München 1987.
Strenski, Ivan: Four Theories of Myth in Twentieth-Century History. Cassirer, Eliade, Lévi-Strauss, and Malinowski, Iowa City 1987.

IV. Öffentliche Arenen

Luhmann, Niklas: Religion als Kommunikation, in: Tyrell, Hartmann/Krech, Volkhard/Knoblauch, Hubert (Hg.): Religion als Kommunikation, Würzburg 1998, 135–145.
Troeltsch, Ernst: Die Bedeutung des Protestantismus für die Entstehung der modernen Welt, München/Berlin 1911.

IV.1. Zivilreligion: Die USA als Heilsprojekt

Albanese, Catherine L.: Nature Religion in America. From the Algonkian Indians to the New Age, Chicago/London 1990.
Baudrillard, Jean: Amerika, München 1987.
Bellah, Robert N.: Civil Religion in America (1967), in: ders.: Beyond Belief.

Essays on Religion in a Post-Traditional World, New York 1970, 168–189; dt. Übersetzung: Kleger, Heinz/Müller, Alois (Hg.): Religion des Bürgers. Zivilreligion in Amerika und Europa, München 1986, 19–41.

Billington, James H.: The Intelligentsia and the Religion of Humanity, in: American Historical Review 65 (1960), 807–821.

Brunotte, Ulrike: Puritanismus und Pioniergeist. Die Faszination der Wildnis im frühen Neu-England, Berlin/New York 2000.

Bush, George W.: Krieg gegen den Terror – Rede von Präsident George W. Bush vor dem amerikanischen Kongreß am 20. September 2001 (Auszüge), in: Blätter für deutsche und internationale Politik 11 (2001), 1398–1400.

Hase, Thomas: Zivilreligion. Religionswissenschaftliche Überlegungen zu einem theoretischen Konzept am Beispiel der USA, Würzburg 2001.

Henry, Maureen: The Intoxication of Power. An Analysis of Civil Religion in Relation to Ideology, Dordrecht etc. 1979.

Kondylis, Panajotis: Planetarische Politik nach dem Kalten Krieg. Berlin 1992.

Meyer, Jeffrey F.: Myth in Stone. Religious Dimensions of Washington, Berkeley etc. 2001.

Nash, Roderick: Wilderness and the American Mind, New Haven/London ³1982.

Oelschlaeger, Max: The Idea of Wilderness. From Prehistory to the Age of Ecology, New Haven/London 1991.

Pufendorf, Samuel: Über die Pflicht des Menschen und des Bürgers nach dem Gesetz der Natur (1673), Frankfurt a. M. 1994.

Schieder, Rolf: Civil Religion. Die religiöse Dimension der politischen Kultur, Gütersloh 1987.

Tocqueville, Alexis Clerel de: Über die Demokratie in Amerika (1835), ausgewählt und hg. von J. P. Meyer, Stuttgart 1985.

Vögele, Wolfgang: Zivilreligion in der Bundesrepublik Deutschland, Gütersloh 1994.

IV.2. Legitimität: Rechtskonflikte um Religionen

Anthony, Dick/Robbins, Thomas: Religious Totalism, Exemplary Dualism, and the Waco Tragedy, in: Robbins, Thomas/Palmer, Susan J. (Hg.): Millennium, Messiahs, and Mayhem. Contemporary Apocalyptic Movements, New York/London 1997, 261–284.

Bhaba, Homi: Die Verortung der Kultur, Tübingen 2000.

Böckenförde, Ernst-Wolfgang: Die Entstehung des Staates als Vorgang der Säkularisation, in: ders.: Staat – Gesellschaft – Freiheit. Studien zur Staatstheorie und zum Verfassungsrecht, Frankfurt 1976, 42–64.

Borger, Rykle/Lutzmann, Heiner/Römer, Willem/von Schuler, Einar: Rechtsbücher, Gütersloh 1982.

Brugger, Winfried/Huster, Stefan (Hg.): Der Streit um das Kreuz in der Schule. Zur religiös-weltanschaulichen Neutralität des Staates, Baden-Baden 1998.

Docherty, Jayne Seminare: Learning Lessons from Waco. When the Parties Bring Their Gods to the Negotiation Table, Syracuse 2001.

Durkheim, Émile: Über soziale Arbeitsteilung. Studie über die Organisation höherer Gesellschaften (1893; ²1902), Frankfurt a. M. 1988.

Faubion, James D.: The Shadows and Lights of Waco: Millennialism Today, Princeton 2001.

Feil, Ernst: Religio, Band 1: Die Geschichte eines neuzeitlichen Grundbegriffs vom Frühchristentum bis zur Reformation, Göttingen 1986.

Finke, Roger/Stark, Rodney: The Churching of America, 1776–1990. Winners and Losers of Our Religious Economy, New Brunswick 1992.

Geertz, Clifford: Local Knowledge: Fact and Law in Comparative Perspective, in: ders.: Local Knowledge. Further Essays in Interpretive Anthropology, New York 1983, 167–234.

Gunther, Gerald/Sullivan, Kathleen M.: Constitutional Law, Westbury 1997.

Hall, John R./Schuyler, Philip D./Trinh, Sylvaine: Apocalypse Observed: Religious Movements and Violence in North America, Europe, and Japan, London/New York 2000.

Jeand'Heur, Bernd/Korioth, Stefan: Grundzüge des Staatskirchenrechts. Kurzlehrbuch, Stuttgart 2000.

Jellinek, Georg: Die Erklärung der Menschen- und Bürgerrechte (1895), München/Leipzig ⁴1927.

Korioth, Stefan: Loyalität im Staatskirchenrecht? Geschriebene und ungeschriebene Voraussetzungen des Körperschaftsstatus nach Art. 140 GG i. V. m. Art. 137 Abs. 5 WRV, in: Erbguth, Wilfried et al. (Hg.): Rechtstheorie und Rechtsdogmatik im Austausch. Gedächtnisschrift für Bernd Jeand'Heur, Stuttgart 1999, 221–245.

Kriele, Martin: Einführung in die Staatslehre, Opladen 1981 (3. Kapitel: «Menschenrechte und Gewaltenteilung»).

Luhmann, Niklas: Gesellschaftsstruktur und Semantik. Studien zur Wissenssoziologie der modernen Gesellschaft, Bd. 3, Frankfurt 1993.

Matthes, Joachim: Religion und Gesellschaft. Einführung in die Religionssoziologie, Bd. I, Reinbek 1967.

Pappert, Peter (Hg.): Den Nerv getroffen. Engagierte Stimmen zum Kruzifix-Urteil von Karlsruhe, Aachen 1995.

Sullivan, Lawrence: ‹No Longer the Messiah›: US Federal Law Enforcement Views of Religion in Connection with the 1993 Siege of Mount Carmel near Waco, Texas, in: Numen 43 (1996), 213–234.

Walter, Christian: Staatskirchenrecht oder Religionsverfassungsrecht?, in: Grote, Rainer/Marauhn, Thilo (Hg.): Religionsfreiheit zwischen individueller Selbstbestimmung, Minderheitenschutz und Staatskirchenrecht – Völker- und verfassungsrechtliche Perspektiven, Berlin/Heidelberg 2001, 215–240.

– Die ‹wall of separation between church and state› in den Vereinigten Staaten von Amerika – Stationen einer Rechtsprechung zwischen historischem Mythos, richterlichem Idealismus und pragmatischer Grundrechtsdurchsetzung, in: Grabenwarter, Christoph/Lüdecke, Norbert (Hg.): Standpunkte im Kirchen- und Staatskirchenrecht. Ergebnisse eines interdisziplinären Seminars, Würzburg 2002, 235–275.

IV.3. Territorialität: Die Utopisierung des Raumes

Auffarth, Christoph: Irdische Wege und himmlischer Lohn. Kreuzzug, Jerusalem und Fegefeuer in religionswissenschaftlicher Perspektive, Göttingen 2002.

Büttner, Manfred et al. (Hg.): Grundfragen der Religionsgeographie. Mit Fallstudien zum Pilgertourismus, Berlin 1985.

Chidester, David/Linenthal, Edward T. (Hg.): American Sacred Space, Bloomington/Indianapolis 1995.

Gill, Sam: Territory, in: Taylor, Mark C. (Hg.): Critical Terms for Religious Studies, Chicago/London 1998, 298–313.

Hoheisel, Karl: Religionsgeographie und Religionsgeschichte, in: Zinser, Hartmut (Hg.): Religionswissenschaft. Eine Einführung, Berlin 1988, 114–130.

Ivakhiv, Adrian J.: Claiming Sacred Ground. Pilgrims and Politics at Glastonbury and Sedona, Bloomington/Indianapolis 2001.

Krämer, Gudrun: Geschichte Palästinas. Von der osmanischen Eroberung bis zur Gründung des Staates Israel, München 2002.

Lavie, Smadar/Swedenburg, Ted (Hg.): Displacement, Diaspora, and Geographies of Identity, Durham etc. 1996.

Light, Andrew/Smith, Jonathan M. (Hg.): Philosophy and Geography I: Space, Place, and Environmental Ethics, Lanham etc. 1997.

Lossau, Julia: Die Politik der Verortung. Eine postkoloniale Reise zu einer ‹anderen› Geographie der Welt, Bielefeld 2002.

Maier, Johann: Die Qumran-Essener: Die Texte vom Toten Meer, 3 Bde., München 1995/1996.

– Early Jewish Biblical Interpretation in the Qumran Literature, in: Sæbø, Magne (Hg.): Hebrew Bible/Old Testament. The History of Its Interpretation, Vol. I: From the Beginning to the Middle Ages (Until 1300), Part 1: Antiquity, Göttingen 1996, 108–129.

Marty, Martin E./Appleby, R. Scott: Herausforderung Fundamentalismus. Radikale Christen, Moslems und Juden im Kampf gegen die Moderne, Frankfurt a. M. 1996.

Park, Chris C.: Sacred Worlds. An Introduction to Geography and Religion, London/New York 1994.

Poorthuis, Marcel/Safrai, Chana (Hg.): The Centrality of Jerusalem. Historical Perspectives, Kampen 1996.

Ravitzky, Aviezer: Messianism, Zionism, and Jewish Radicalism, Chicago 1996.

Rosovsky, Nitza (Hg.): City of the Great King. Jerusalem from David to the Present, Cambridge 1996.

Rubenstein, Richard L.: After Auschwitz. Radical Theology and Contemporary Judaism, Indianapolis 1966.

Rubin, Rehav: Image and Reality. Jerusalem in Maps and Views, Jerusalem 1999.

Scholem, Gershom: Die jüdische Mystik in ihren Hauptströmungen, Frankfurt a. M. ^{4}1991 (engl. ^{1}1941).

Schwartz, Regina M.: The Curse of Cain. The Violent Legacy of Monotheism, Chicago/London 1997.

Smith, Jonathan Z.: Map Is Not Territory. Studies in the History of Religions, Chicago/London 1978.
- In Search of Place, in: ders.: To Take Place. Toward Theory in Ritual, Chicago/London 1987, 1-23.
Taylor, Bron: Resacralizing Earth: Pagan Environmentalism and the Restoration of Turtle Island, in: Chidester/Linenthal 1995, 97-151.
Thoma, Clemens: Das Land Israel in der rabbinischen Tradition, in: Eckert, Willehad Paul/Levinson, Nathan Peter/Stöhr, Martin (Hg.): Jüdisches Volk – gelobtes Land. Die biblischen Landverheißungen als Problem des jüdischen Selbstverständnisses und der christlichen Theologie, München 1970, 37-51.
Weinfeld, Moshe: Zion and Jerusalem as Religious and Political Capital: Ideology and Utopia, in: Friedman, R. E. (Hg.): The Poet and the Historian. Essays in Literary and Historical Biblical Criticism, Chico 1983, 75-115.

IV.4. Pluralismus: Europäische Religionsgeschichte

Auffarth, Christoph: Europäische Religionsgeschichte, in: Auffarth, Christoph/Bernard, Jutta/Mohr, Hubert (Hg.): Metzler Lexikon Religion, Bd. 1. Stuttgart 1999, 330-336.
Beard, Mary/North, John/Price, Simon: Religions of Rome, 2 Bde., Cambridge 1998.
Berger, Peter L.: Zur Dialektik von Religion und Gesellschaft (engl. 1967), Frankfurt 1973.
- Der Zwang zur Häresie. Religion in der pluralistischen Gesellschaft (engl. 1979), Freiburg 1992.
Bruce, Steve: Choice and Religion. A Critique of Rational Choice Theory, Oxford 1999.
Campbell, Colin: The Cult, the Cultic Milieu and Secularization, in: A Sociological Yearbook of Religion in Britain 5 (1972), 119-136.
Carrier, James G. (Hg.): Occidentalism. Images of the West, Oxford 1995.
Chidester, David: Savage Systems: Colonialism and Comparative Religion in Southern Africa, Charlottesville/London 1996.
Finke, Roger/Stark, Rodney: Religious Economies and Sacred Canopies: Religious Mobilization in American Cities, 1906, in: American Sociological Review 53 (1988), 41-49.
- The Churching of America, 1776-1990. Winners and Losers of Our Religious Economy, New Brunswick 1992.
Gladigow, Burkhard: Europäische Religionsgeschichte, in: Kippenberg, Hans G./Luchesi, Brigitte (Hg.): Lokale Religionsgeschichte, Marburg 1995, 21-42.
Gordon, Richard: Religion in the Roman Empire: the Civic Compromise and its Limits, in: Beard, Mary/North, John (Hg.): Pagan Priests. Religion and Power in the Ancient World, Ithaca 1990, 235-255.
Gotzmann, Andreas/Makrides, Vasilios N./Malik, Jamal/Rüpke, Jörg: Pluralismus in der europäischen Religionsgeschichte. Religionswissenschaftliche Antrittsvorlesungen, Marburg 2001.

Hall, John R./Schuyler, Philip D./Trinh, Sylvaine: Apocalypse Observed. Religious Movements and Violence in North America, Europe, and Japan, London/New York 2000.
Hamnett, Ian (Hg.): Religious Pluralism and Unbelief. Studies Critical and Comparative, London/New York 1990.
Hardin, Russell: The Economics of Religious Belief, in: Journal of Institutional and Theoretical Economics 153 (1997), 259–278.
Hastings, A.: Pluralism. The Relationship of Theology to Religious Studies, in: Hamnett 1990, 226–240.
Hick, John: Religious Pluralism, in: Encyclopedia of Religion, vol. 12, New York 1987, 331–333.
– An Interpretation of Religion. Human Responses to the Transcendent, New Haven/London 1989.
Huntington, Samuel P.: Der Kampf der Kulturen. (The Clash of Civilizations.) Die Neugestaltung der Weltpolitik im 21. Jahrhundert, München/Wien 1996.
Hutton, Ronald: The Triumph of the Moon. A History of Modern Pagan Witchcraft, Oxford/New York 1999.
Jellinek, Georg: Die Erklärung der Menschen- und Bürgerrechte, Leipzig 1927.
Laak, Dirk van: Gespräche in der Sicherheit des Schweigens. Carl Schmitt in der politischen Geistesgeschichte der frühen Bundesrepublik, Berlin ²2002.
Laursen, Christian/Nederman, Cary J.: Beyond the Persecuting Society. Religious Toleration before the Enlightenment, Philadelphia 1998.
Lewis, James R. (Hg.): Odd Gods: New Religions and the Cult Controversy, Buffalo 2001.
Lippy, Charles H.: Pluralism Comes of Age. American Religious Culture in the Twentieth Century, New York/London 2000.
North, John: The Development of Religious Pluralism, in: Lieu, Samuel N. C./North, John/Rajak, Tessa (Hg.): The Jews among Pagans and Christians, London/New York 1992, 174–193.
Spuler-Stegemann, Ursula: Muslime in Deutschland. Informationen und Klärungen, Freiburg ³2002.
Stark, Rodney: How sane people talk to the gods: A rational theory of revelations, in: Williams, Michael A./Cox, Collett/Jaffee, Martin S. (Hg.): Innovation in Religious Traditions. Essays in the Interpretation of Religious Change, Berlin/New York 1992, 19–34.
– Rationality, in: Braun, Willi/McCutcheon, Russel T. (Hg.): Guide to the Study of Religion, London/New York 2000, 239–258.
Stark, Rodney/Bainbridge, William Sims: A Theory of Religion, New York etc. 1987.
Stark, Rodney/Finke, Roger: Acts of Faith. Explaining the Human Side of Religion, Berkeley/Los Angeles 2000.
Stuckrad, Kocku von: Esoterik (Einführung), in: Erich Geldbach et al. (Hg.): Lexikon der Religionsgemeinschaften im Ruhrgebiet, Bochum 2002.
Taylor, Mark C. (Hg.): Critical Terms for Religious Studies, Chicago/London 1998.
Trepp, Anne-Charlott/Lehmann, Hartmut (Hg.): Antike Weisheit und kulturelle Praxis. Hermetismus in der Frühen Neuzeit, Göttingen 2001.

Viehoff, Reinhold/Segers, Rien T. (Hg.): Kultur – Identität – Europa. Über die Schwierigkeiten und Möglichkeiten einer Konstruktion, Frankfurt a. M. 1999.
Warner, R. S.: Work in Progress toward a New Paradigm for the Sociological Study of Religion in the United States, in: American Journal of Sociology 98 (1993), 1044–1093.
Wilson, Bryan/Cresswell, Jamie (Hg.): New Religious Movements. Challenge and Response, London/New York 1999.
Young, Lawrence A. (Hg.): Rational Choice Theory and Religion. Summary and Assessment, New York & London 1996.

Zusammenfassung

Weber, Max: Gesammelte Aufsätze zur Wissenschaftslehre, Tübingen ³1968.

V. Gemeinschaftshandeln

Luhmann, Niklas: Die Religion der Gesellschaft, Frankfurt a. M. 2000.

V.1. *Kommunizierte Identität: Konversionen*

Assmann, Jan (Hg.): Die Erfindung des inneren Menschen. Studien zur religiösen Anthropologie, Gütersloh 1993.
Bassler, Markus (Hg.): Psychoanalyse und Religion. Versuch einer Vermittlung, Stuttgart 2000.
Beck, Ulrich/Beck-Gernsheim, Elisabeth (Hg.): Riskante Freiheit. Individualisierung in modernen Gesellschaften, Frankfurt a. M. 1994.
Berger, Peter L.: Der Zwang zur Häresie. Religion in der pluralistischen Gesellschaft (engl. 1979), Freiburg 1992.
Colpe, Carsten: Archetyp und Prototyp. Zur Klärung des Verhältnisses zwischen Tiefenpsychologie und Geschichtswissenschaft, in: Assmann 1993, 51–78.
Giddens, Anthony: Konsequenzen der Moderne, Frankfurt a. M. ²1997.
Grözinger, Albrecht/Lott, Jürgen (Hg.): Gelebte Religion, Rheinbach-Merzbach 1997.
Habermas, Jürgen: Theorie des kommunikativen Handelns, 2 Bde., Frankfurt a. M. 1981.
James, William: Die Vielfalt religiöser Erfahrung. Eine Studie über die menschliche Natur (engl. 1901/1902), Frankfurt a. M./Leipzig 1997.
Jonte-Pace, Diane/Parsons, William B. (Hg.): Religion and Psychology. Mapping the Terrain. Contemporary Dialogues, Future Prospects, New York 2001.
Jüttemann, Gerd/Sonntag, Michael/Wulf, Christoph (Hg.): Die Seele. Ihre Geschichte im Abendland, Weinheim 1991.
Kalaga, Wojciech H./Rachwal, Tadeusz (Hg.): Memory – Remembering – Forgetting, Frankfurt a. M. etc. 1999.
Knoblauch, Hubert/Krech, Volkhard/Wohlrab-Sahr, Monika (Hg.): Religiöse

Konversion. Systematische und fallorientierte Studien in soziologischer Perspektive, Konstanz 1998.

Lamb, Christopher/Bryant, M. Darroll (Hg.): Religious Conversion. Contemporary Practices and Controversies, New York/London 1999.

Lawless, E.: Rescripting Their Lives and Narratives: Spiritual Life Stories of Pentecostal Women Preachers, in: Journal of Feminist Studies in Religion 7 (1991), 53-71.

Leitner, Hartmann: Lebenslauf und Identität. Die kulturelle Konstruktion von Zeit in der Biographie, Frankfurt a. M./New York 1982.

Luckmann, Thomas: Kanon und Konversion, in: Assmann, Aleida und Jan (Hg.): Kanon und Zensur. Archäologie der literarischen Kommunikation II, München 1987, 38-46.

Neimeyer, Robert A./Mahoney, Michael J.: Constructivism in Psychotherapy, Washington 1995.

Nock, Arthur Darby: Conversion. The Old and New in Religion from Alexander the Great to Augustine of Hippo, Oxford 1965 (^{1}1933).

Pargament, Kenneth I.: The Psychology of Religion and Coping. Theory, Research, Practice, New York 1997.

Ricoeur, Paul: Zeit und Erzählung, Bd. 1: Zeit und historische Erzählung, München 1988; Bd. 2: Zeit und literarische Erzählung, München 1989; Bd. 3: Die erzählte Zeit, München 1991.

– La mémoire, l'histoire, l'oubli, Paris 2000.

Riesebrodt, Martin: Die Rückkehr der Religionen. Fundamentalismus und der «Kampf der Kulturen», München 2000.

Schacter, Daniel L. (Hg.): Memory Distortion. How Minds, Brains, and Societies Reconstruct the Past, Cambridge 1997.

Simmel, Georg: Soziologie. Untersuchungen über die Formen der Vergesellschaftung (1908), Frankfurt a. M. 1992.

Sonntag, Michael: «Das Verborgene des Herzens». Zur Geschichte der Individualität, Reinbek 1999.

Stenger, Horst: Die soziale Konstruktion okkulter Wirklichkeiten. Eine Soziologie des New Age, Opladen 1993.

Straub, Jürgen (Hg.): Erzählung, Identität und historisches Bewußtsein. Die psychologische Konstruktion von Zeit und Geschichte (Erinnerung, Geschichte, Identität 1), Frankfurt a. M. 1998.

Süss, Joachim/Pitzer-Reyl, Renate (Hg.): Religionswechsel. Hintergründe spiritueller Neuorientierung, München 1996.

Ulmer, Bernd: Konversionserzählungen als rekonstruktive Gattung. Erzählerische Mittel und Strategien bei der Rekonstruktion eines Bekehrungserlebnisses, in: Zeitschrift für Soziologie 17 (1988), 19-33.

Utsch, Michael: Religionspsychologie. Voraussetzungen, Grundlagen, Forschungsüberblick, Stuttgart etc. 1997.

Wood, David (Hg.): On Paul Ricoeur. Narrative and Interpretation, London 1991.

V.2. *Der Glaube an religiöse Gemeinschaftlichkeit*

Bauer, Walter: Rechtgläubigkeit und Ketzerei im ältesten Christentum (1934), Tübingen ²1964.

Hengel, Martin: Der vorchristliche Paulus, in: Hengel, Martin/Heckel, Ulrich (Hg.): Paulus und das antike Judentum, Tübingen 1991, 177–291.

– Zur urchristlichen Geschichtsschreibung, Stuttgart 1979.

Hoffmann-Curtius, Kathrin: Altäre des Vaterlandes. Zur Genese eines neuen Typus von Kriegerdenkmälern in der Weimarer Republik, in: Visible Religion. Annual for Religious Iconography 7 (1990), 142–171.

Kippenberg, Hans G.: Die Verheimlichung der wahren Identität vor der Außenwelt in der antiken und islamischen Religionsgeschichte, in: Assmann, Jan (Hg.): Die Erfindung des inneren Menschen. Studien zur religiösen Anthropologie, Gütersloh 1993, 183–198.

Klauck, Hans-Josef: Herrenmahl und hellenistischer Kult. Eine religionsgeschichtliche Untersuchung zum ersten Korintherbrief, Münster 1982 (²1986).

Kyrtatas, Dimitris J.: The Social Structure of the Early Christian Communities, London 1987.

Koschorke, Klaus: Die Polemik der Gnostiker gegen das kirchliche Christentum, Leiden 1978.

Luhmann, Niklas: Die Religion der Gesellschaft, Frankfurt a. M. 2000.

Mack, Burton L.: Wer schrieb das Neue Testament? Die Erfindung des christlichen Mythos, München 2000.

Markschies, Christoph: Die Gnosis, München 2001.

Meeks, Wayne A.: The First Urban Christians. The Social World of the Apostle Paul, New Haven/London 1983.

Peterson, Erik: Der Monotheismus als politisches Problem (1935), in: Theologische Traktate, München 1951.

Riesebrodt, Martin: Religiöse Vergemeinschaftungen, in: Kippenberg, Hans G./Riesebrodt, Martin (Hg.): Max Webers ‹Religionssystematik›, Tübingen 2001, 101–118.

– Die Rückkehr der Religionen. Fundamentalismus und der «Kampf der Kulturen», München 2000.

Stark, Rodney: The Rise of Christianity. A Sociologist Reconsiders History, Princeton 1994.

Tertullian: Apologeticum. Verteidigung des Christentums. Lateinisch-deutsch, München 1952.

Weber, Max: Wirtschaftsgeschichte. Abriß der universalen Sozial- und Wirtschaftsgeschichte. Aus den nachgelassenen Vorlesungen hg. von Siegmund Hellmann und Melchior Palyi, München/Leipzig 1923.

Williams, Michael Allen: Rethinking «Gnosticism». An Argument for Dismantling a Dubious Category, Princeton 1996.

V.3. Ausgrenzungen des «gefährlichen Anderen»: Der Fall der Magie

Assmann, Aleida/Friese, Heidrun (Hg.): Identitäten (Erinnerung, Geschichte, Identität 3), Frankfurt a. M. ²1999.
Assmann, Jan: Magic and Theology in Ancient Egypt, in: Schäfer/Kippenberg 1997, 1–18.
Barth, Fredrik (Hg.): Ethnic Groups and Boundaries. The Social Organization of Culture Difference, Prospect Hights 1998.
Bäumer, Änne: Die Macht des Wortes in Religion und Magie (Plinius, Naturalis Historia 28,4–29), in: Hermes 112 (1984), 84–99.
Betz, Hans Dieter (Hg.): The Greek Magical Papyri in Translation Including the Demotic Spells, Chicago ²1992.
– Jewish Magic in the Greek Magical Papyri (*PGM* VII.260–71), in: Schäfer/Kippenberg 1997, 45–63.
Dodds, Eric Robertson: Die Griechen und das Irrationale, Darmstadt 1970 (engl. Original 1951).
Faraone, Christopher A.: Ancient Greek Love Magic, Harvard 1999.
Flint, Valerie: The Rise of Magic in Early Medieval Europe, Princeton 1991.
– The Demonisation of Magic and Sorcery in Late Antiquity: Christian Redefinitions of Pagan Religions, in: Flint, Valerie et al.: Witchcraft and Magic in Europe. 2.: Ancient Greece and Rome, London 1999, 277–348.
Fögen, Marie Theres: Die Enteignung der Wahrsager. Studien zum kaiserlichen Wissensmonopol in der Spätantike, Frankfurt a. M. 1993.
Gager, John (Hg.): Curse Tablets and Binding Spells from the Ancient World, Oxford 1992.
Graf, Fritz: Gottesnähe und Schadenzauber. Die Magie in der griechisch-römischen Antike, München 1996.
Kippenberg, Hans G.: Magic in Roman Civil Discourse: Why Rituals Could Be Illegal, in: Schäfer/Kippenberg 1997, 137–163.
Kippenberg, Hans G./Luchesi, Brigitte (Hg.): Magie. Die sozialwissenschaftliche Kontroverse über das Verstehen fremden Denkens, Frankfurt a. M. ²1995.
Mack, Burton L.: Wer schrieb das Neue Testament? Die Erfindung des christlichen Mythos, München 2000.
MacMullen, Ramsey: Christianizing the Roman Empire (A. D. 100–400), New Haven/London 1984.
Meyer, Marvin/Smith, Richard (Hg.): Ancient Christian Magic. Coptic Texts of Ritual Power, San Francisco 1994.
Meyer, Marvin/Mirecki, Paul (Hg.): Ancient Magic and Ritual Power, Leiden etc. 1995.
Schäfer, Peter/Kippenberg, Hans G. (Hg.): Envisioning Magic. A Princeton Seminar and Symposium, Leiden etc. 1997.
Schäfer, Peter/Shaked, Shaul (Hg.): Magische Texte aus der Kairoer Geniza. 2 Bde., Tübingen 1994/1997.
Smith, Jonathan Z.: Good News is No News: Aretalogy and Gospel, in: ders.: Map is Not Territory. Studies in the History of Religions, Leiden 1978, 190–207.
– Trading Places, in: Meyer/Mirecki 1995, 13–27.

- Drudgery Divine. On the Comparison of Early Christianity and the Religions of Late Antiquity, Chicago 1990.
- Differential Equations. On Constructing the ‹Other›. The University Lecture in Religion at Arizona State University, Tempe 1992.

Smith, Morton: Jesus der Magier, München 1981.

Spiro, Melvin E.: Virgin Birth, Parthogenesis and Physiological Paternity: An Essay in Cultural Interpretation, in: Man 3 (1968), 242–261.

Straub, Jürgen (Hg.): Erzählung, Identität und historisches Bewußtsein. Die psychologische Konstruktion von Zeit und Geschichte (Erinnerung, Geschichte, Identität 1), Frankfurt a. M. 1998.

Stuckrad, Kocku von: «Christen» und «Nichtchristen» in der Antike. Von religiös konstruierten Grenzen zur diskursorientierten Religionswissenschaft, in: Hutter, Manfred et al. (Hg.): Hairesis. Festschrift für Karl Hoheisel zum 65. Geburtstag, Münster 2002, 184–202.

Tambiah, Stanley Jeyaraja: Form and Meaning of Magical Acts: A Point of View, in: Horton, Robin/Finnegan, Ruth (Hg.): Modes of Thought. Essays in Western and Non-Western Societies, London 1973, 199–229.
- Magic, Science, Religion and the Scope of Rationality, Cambridge 1990.

Weber, Max: Wirtschaft und Gesellschaft. Grundriß der verstehenden Soziologie, hg. von J. Winckelmann, Tübingen ⁵1976.

V.4. Apokalyptik: Die Zuspitzung der Konflikte

Aran, Gideon: Jewish Zionist Fundamentalism: The Bloc of the Faithful in Israel (Gush Emunim), in: Marty, Martin E./Appleby, R. Scott (Hg.): Fundamentalisms Observed. The Fundamentalism Project, vol. 1, Chicago 1991, 265–344.

Ariel, Yaakov: On Behalf of Israel. American Fundamentalist Attitudes towards Jews, Judaism, and Zionism, 1865–1945, New York 1991.

Auffarth, Christoph: Irdische Wege und himmlischer Lohn. Kreuzzug, Jerusalem und Fegefeuer in religionswissenschaftlicher Perspektive, Göttingen 2002.

Balthasar, Hans Urs von: Eschatologie, in: Feiner, Johannes/Trütsch, Josef/Böckle, Franz (Hg.): Fragen der Theologie heute, Zürich/Köln 1958, 403–424.

Berger, Peter L.: The Heretical Imperative. Contemporary Possibilities of Religious Affirmation, New York 1979.

Berger, Peter L. (Hg.): The Desecularization of the World. Resurgent Religion and World Politics, Washington 1999.

Blumenberg, Hans: Die Legitimität der Neuzeit, Frankfurt a. M. 1966.

Boyer, Paul: When Time Shall Be No More. Prophecy Belief in Modern American Culture, Cambridge 1992.

Briese, Olaf: Einstimmung auf den Untergang. Zum Stellenwert ‹kupierter› Apokalypsen im gegenwärtigen geschichtsphilosophischen Diskurs, in: Allgemeine Zeitschrift für Philosophie 20 (1995), 145–156.

Bull, Malcolm (Hg.): Apocalypse Theory and the Ends of the World, Oxford 1995.

Burke, Peter: Helden, Schurken und Narren. Europäische Volkskultur in der frühen Neuzeit (1978), Stuttgart 1981.
Cohn, Norman: The Pursuit of the Millennium. Revolutionary Millenarians and Mystical Anarchists of the Middle Ages, London 1970.
- Cosmos, Chaos, and the World to Come, New Haven/London 1993.
Finke, Roger/Stark, Rodney: The Churching of America, 1776–1990. Winners and Losers of Our Religious Economy, New Brunswick 1992.
Fuller, Robert: Naming the Antichrist. The History of an American Obsession, Oxford 1995.
Hill, Christopher: The World Turned Upside Down. Radical Ideas During the English Revolution, Harmondsworth 1975.
Hobsbawm, Eric J.: Die Arbeitersekten (1959), in: ders.: Sozialrebellen, Neuwied/Berlin 1971, 161–190.
Hölscher, Lucian: Weltgericht oder Revolution. Protestantische und sozialistische Zukunftsvorstellungen im deutschen Kaiserreich, Stuttgart 1989.
- Die Entdeckung der Zukunft, Frankfurt 1999.
Iriye, Akira: Culture and International History, in: Hogan, M. J./Paterson, T. G. (Hg.): Explaining the History of American Foreign Relations, Cambridge 1991, 214–225.
Keller, Catherine: Apocalypse Now and Then. A Feminist Guide to the End of the World, Boston 1996.
Lehmkuhl, Ursula: Diplomatiegeschichte als internationale Kulturgeschichte: Theoretische Ansätze und empirische Forschung zwischen Historischer Kulturwissenschaft und Soziologischem Institutionalismus, in: Geschichte und Gegenwart 27 (2001), 394–423.
Lindsey, Hal/Carlson, Carole C.: The Late Great Planet Earth, Grand Rapids 1970 (viele weitere Auflagen); dt. Übersetzung von Martin Schneider: Alter Planet, wohin? Im Vorfeld des Dritten Weltkrieges, Asslar 1980.
Löwith, Karl: Weltgeschichte und Heilsgeschehen. Die theologischen Voraussetzungen der Geschichtsphilosophie, Stuttgart ^{5}1967 (mit dazugehörigen Aufsätzen in: Sämtliche Schriften Bd. 2, 1983).
- Besprechung von Hans Blumenberg, Die Legitimität der Neuzeit, in: Philosophische Rundschau 15 (1968), 195–201.
Marty, Martin E./Appleby, R. Scott: Conclusion: An Interim Report on a Hypothetical Family, in: dies. (Hg.): Fundamentalisms Observed, Bd. 1, Chicago/London 1991, 814–842.
McGinn, Bernard: Antichrist. Two Thousand Years of the Human Fascination with Evil, San Francisco 1996.
O'Leary, Stephen: Arguing the Apocalypse. A Theory of Millennial Rhetoric, New York/Oxford 1994.
Ravitzky, Aviezer: Messianism, Zionism, and Jewish Religious Radicalism, Chicago 1996.
Riesebrodt, Martin: Fundamentalismus als patriarchalische Protestbewegung. Amerikanische Protestanten (1910–28) und iranische Schiiten (1961 bis 1979) im Vergleich, Tübingen 1990.
Robbins, Thomas/Palmer, Susan J. (Hg.): Millennium, Messiahs, and Mayhem. Contemporary Apocalyptic Movements, New York/London 1997.

Sandeen, Ernest R.: The Roots of Fundamentalism. British and American Millenarism 1800–1930, Chicago 1970.
Strozier, Charles B.: Apocalypse. On the Psychology of Fundamentalism in America, Boston 1994.
Thompson, Edward P.: Die Entstehung der englischen Arbeiterklasse (1963), 2 Bde., Frankfurt 1987.
Vondung, Klaus: Die Apokalypse in Deutschland, München 1988.
Wallace, Robert M.: Progress, Secularization, and Modernity: The Löwith-Blumenberg Debate, in: New German Critique 22 (1982), 63–79.
Weber, Max: Gesammelte Aufsätze zur Soziologie und Sozialpolitik, Tübingen 1924.
Zimmerli, Walter Ch./Sandbothe, Mike (Hg.): Klassiker der modernen Zeitphilosophie, Darmstadt 1993.

V.5. Gewalt: Rituelle Tötungsszenarien

Bell, Catherine: Performance, in: Taylor, Mark C. (Hg.): Critical Terms for Religious Studies, Chicago/London 1998, 205–224.
Blumenberg, Hans: Arbeit am Mythos, Frankfurt a. M. 1979.
Bräunlein, Peter: Victor Witter Turner (1920–1983), in: Michaels, Axel (Hg.): Klassiker der Religionswissenschaft. Von Friedrich Schleiermacher bis Mircea Eliade, München 1997, 324–341.
Burkert, Walter: Homo Necans. Interpretationen altgriechischer Opferriten und Mythen (1972), Berlin/New York ²1997.
Esser, Hartmut: Die Definition der Situation, in: Kölner Zeitschrift für Soziologie und Sozialpsychologie 48 (1996), 1–34.
– Soziologie: Spezielle Grundlagen, Bd. 1: Situationslogik und Handeln, Frankfurt a. M./New York 1999.
Fanon, Frantz: Die Verdammten dieser Erde, Hamburg 1969.
Fischer, Michael: Iran: From Religious Dispute to Revolution, Cambridge 1980.
Girard, René: Das Heilige und die Gewalt (frz. 1972), Zürich 1987.
Gluckman, Max: Rituals of Rebellion in South East Africa (1953), in: Ders.: Order and Rebellion in Tribal Africa, London 1963, 110–136; dt. Übersetzung: Rituale der Rebellion in Südost-Afrika, in: Kramer, Fritz/Sigrist, Chr. (Hg.): Gesellschaften ohne Staat, Bd. 1: Gleichheit und Gegenseitigkeit, Frankfurt a. M. 1978, 250–280.
Hamerton-Kelly, Robert G. (Hg.): Violent Origins. Walter Burkert, René Girard, and Jonathan Z. Smith on Ritual Killing and Cultural Formation, Stanford 1987.
Handelman, Don: Models and Mirrors. Towards an Anthropology of Public Events, New York/Oxford ²1998.
Juergensmeyer, Mark: Terror in the Mind of God. The Global Rise of Religious Violence, Berkeley 2000.
Koepping, Klaus-Peter (Hg.): The Games of Gods and Man. Essays in Play and Performance, Hamburg 1997.
Kramer, Martin: The Moral Logic of Hizballah, in: Reich, Walter (Hg.): Origins of Terrorism. Psychologies, Ideologies, Theologies, States of Mind, Cambridge 1990, 131–157.

- Sacrifice and Fratricide in Shiite Lebanon, in: Terrorism and Political Violence 3 (1991), 30–47.
- Hizbullah: The Calculus of Jihad, in: Marty, Martin E./Appleby, R. Scott (Hg.): Fundamentalism and the State. Remaking Politics, Economies, and Militancy (The Fundamentalism Project Vol. 3), Chicago 1993, 539–556.

Marty, Martin E./Appleby, R. Scott: Herausforderung Fundamentalismus. Radikale Christen, Moslems und Juden im Kampf gegen die Moderne, Frankfurt a. M. 1996.

Norbeck, Edward: African Rituals of Conflict (1963), in: Middleton, John (Hg.): Gods and Rituals. Readings in Religious Beliefs and Practices, Austin 1967, 197–226.

Lewis, Bernard: Die Assassinen. Zur Tradition des religiösen Mordes im radikalen Islam (1967), Frankfurt a. M. 1989.

Rahnema, Ali: An Islamic Utopian. A Political Biography of Ali Shariʿati, London 2000.

Sawyer, R. Keith (Hg.): Creativity in Performance, Greenwich/London 1997.

Segal, Robert A. (Hg.): The Myth and Ritual Theory. An Anthology, Oxford 1998.

Skorupski, John: Symbol and Theory. A Philosophical Study of Theories of Religion in Social Anthropology, Cambridge 1976.

Smith, Jonathan Z.: To Take Place. Toward Theory in Ritual, Chicago/London 1987.

Snoek, J. A. M.: Initiations: A Methodological Approach to the Application of Classification and Definition Theory in the Study of Rituals, Pijnacker 1987.

Turner, Victor: Das Ritual. Struktur und Anti-Struktur (1969), Frankfurt a. M. 1989.

Waldmann, Peter: Terrorismus. Provokation der Macht, München 1998.

Wetz, Franz-Josef/Timm, Hermann (Hg.): Die Kunst des Überlebens. Nachdenken über Hans Blumenberg, Frankfurt a. M. 1999.

Wirth, Uwe (Hg.): Performanz. Zwischen Sprachphilosophie und Kulturwissenschaften, Frankfurt a. M. 2002.

Zusammenfassung

Pollack, Detlef: Individualisierung statt Säkularisierung? Zur Diskussion eines neuen Paradigmas in der Religionssoziologie, in: Gabriel, Karl (Hg.): Religiöse Individualisierung oder Säkularisierung. Biographie und Gruppe als Bezugspunkte moderner Religiosität, Gütersloh 1999, 57–85.

IX. Register

1. Namen

Dieses Register enthält Namen von Personen, mythologischen Gestalten, Gottheiten und Orten. Namen von Organisationen und Institutionen finden sich im Sachregister. Zusammengefasste Seitenzahlen (etwa: 96–98) verweisen auf zusammenhängende Ausführungen zum Stichwort.

Aberdeen 16
Abraham 118, 133, 149
Adonaj 162
Adorno, Th. W. 70
Afrika 53, 60, 61, 63, 64, 65 f., 68, s. auch *Afrikanische Religionen*
Agamemnon 82
Ahura Mazda 90
Aigisthos 82
Aischylos 82
Albanese, C. L. 97
Al-e Ahmad, J. 178 f.
Allah 90
al-Musawi, H. 181
Amerika 70, 97 f., 101, 124, 169, s. auch *Vereinigte Staaten von Amerika*
Amram 118
Anathot 121
Antiochia 150
Aphrodite 162
Apollonius von Tyana 157
Apuleius, 183 158–160, 161
Ardener., E. 88 f.
Aristoteles 174
Armageddon 171
Asad, T. 34
Asien 43
Assmann, J. 161 f.
Athen 82, 174
Athena 82
Auffarth, Ch. 123

Augustinus 160
Austin, J. L. 33, 158

Babylon 90, 109, 169, 171 f.
Bachofen, J. J. 81–85, 86
Bainbridge, W. 130
Bali 33
Balthasar, H. U. von 164
Bauer, W. 147
Baumann, G. 13
Baumgardt, U. 88
Bayern 110
Beck, U. 137, 155
Beck-Gernsheim, E. 137
Bellah, R. N. 94 f., 100, 101, 102
Benavides, G. 76 f.
Berger, P. L. 128–131, 136 f., 165
Berlin 19, 111 f.
Berman, M. 29
Betz, H. D. 162 f.
Bhabha, H. 67
Bishop, P. 45
Blackstone, W. E. 170 f.
Blavatsky, H. P. 45 f.
Blumenberg, H. 169, 183
Böckenförde, E.-W. 113
Boston 99
Boyer, P. 168, 171
Bräunlein, P. 174
Brunotte, U. 97 f.
Buddha (Gautama) 42, 43, 47
Burke, P. 164
Burkert, W. 17, 36, 172 f., 183

1. NAMEN

Burnouf, E. 47
Burrow, J. W. 81
Bush, G. W. 101 f.

Calvin, J. 52
Campbell, J. 138
Carlson, C. C. 168
Carter, J. 164
Castaneda, C. 71
Celsus 150
Chambers, Sir E. 86
Chidester, D. 62, 64 f., 134
Clinton, B. 101
Clinton, H. 101
Colpe, C. 138
Comte, A. 96
Corbin, H. 86

Darby, J. N. 166
Darwin, Ch. 28, 61, 62
Davidson, D. 15, 58
Deborah 89
Deutsche Demokratische Republik 111
Deutschland 18 f., 26, 110–112, 126 f., 129, 132, 155, 166
Dewey, J. 50
Diderot, D. 96
Dilthey, W. 31
Dodds, E. R. 162
Droysen, J. G. 39 f.
Dumont, L. 35
Durkheim, É. 18, 27, 30, 50 f., 91, 96, 104 f., 113, 146

Eckhart, Meister 48
Edinburgh 16
Elektra 82
Eliade, M. 16, 32, 45, 60, 71, 72, 86, 138, 142
Emmerich, R. 100
Engels, F. 84
England 17, 21, 27, 86, 129, 165, s. auch *Großbritannien*
Erinnyen 82
Europa 18, 19, 28, 41 f., 44, 47, 48, 54, 59, 70, 71, 76, 86, 124, 127, 131, 132, 133 f., 136, 169,

170, s. auch *Europäische Religionsgeschichte*
Evans, Sir A. 86
Evans-Pritchard, E. E. 53–57, 58

Fabian, J. 66, 67
Fadlallah, Ayatollah 180, 181 f.
Faivre, A. 73 f., 75 f.
Fanon, F. 179
Finke, R. 130, 167
Fiore, J. von 165
Fitzgerald, T. 48
Flavius Josephus 145
Flint, V. 163
Flood, G. 37, 59
Fögen, M-Th. 163
Frankreich 18, 27, 95 f., 118, 146
Frazer, J. G. 17, 64, 86
Freud, S. 138
Fustel de Coulanges, F. N. 86

Gandhi, Mahatma 46
Gaza 121
Geertz, C. 22, 33 f., 38, 57 f., 113
Gellner, E. 57
Giddens, A. 145
Gill, S. D. 124
Girard, R. 36, 172 f., 183
Gladigow, B. 90, 133
Glasgow 16
Gluckman, M. 174, 178
Goethe, J. W. von 71
Graves, R. 87
Griechenland 90, 159
Großbritannien 43
Guayana 109

Habermas, J. 139
Haddon, A. C. 65
Haeckel, E. 85
Hallisey, Ch. 47
Hanegraaff, W. J. 36
Harnack, A. von 19
Harner, M. 71
Harrison, J. E. 17, 86
Hebron 121
Hegel, G. W. F. 26 f., 43
Heine, H. 145

Heinrichs, H.-J. 83
Henri, H. 18
Herder 21, 25, 71
Herodot 82
Hey, B. 89
Hick, J. 129
Hobbes, Th. 48, 132
Hodgen, M. T. 81
Hölscher, L. 35, 166, 170
Hofmann, W. 15, 22
Holmes, O. W. 50
Horkheimer, M. 70
Hugo, V. 71, 96
Humboldt, W. von 26
Hume, D. 27, 30
Huntington, S. P. 12, 127
Husain 175–177, 178
Hussein, S. 171 f.
Hutton, R. 87, 128, 130

Indien 27, 41, 42, 45, 46, 47
Iran 90, 164, 175–179
Isaak 118
Israel 90, 115–118, 119–122, 170 f., 179

Jakob 118
Jakobus 150
Japan 42
James, W. 48, 50, 141 f.
Jauß, H. R. 29
Java 33
Jefferson, Th. 107
Jellinek, G. 105, 133
Jericho 121
Jerusalem 102, 116–118, 120, 122 f., 134, 145, 150, 171
Jesaja 171
Jesus von Nazareth 89, 148 f., 150, 156, 157, 162, 163, 166, 168, 170
JHWH 90, 150, 162
Johnson, L. B. 98
Jones, J. (W.) 108 f.
Jones, W. 25
Jonestown 109
Juergensmeyer, M. 182
Judäa 148

Julian, Kaiser 152
Jung, C. G. 82, 85 f., 88, 138, 142

Ka'ba 123
Kant, I. 24–27, 49, 79, 96, 98
Karthago 151, 153
Katharina II. 71, 72
Katz, D. S. 165
Kehat 118
Kennedy, J. F. 101
Kerbala 175, 177
Khoikhoi 64
Khomeini, Ayatollah 164
Kiew 123
King, R. 42
Klages, L. 84
Klytaimnestra 82
Knossos 86
Kohl, K.-H. 59, 80
Konstantin, Kaiser 147, 159
Koresh, D. 109, 169
Korinth 150
Koselleck, R. 40, 75, 132
Krämer, G. 123
Kramer, M. 180 f.
Kreta 86
Kuk, A. I. 121
Kuk, Z. J. 121
Kyros 171

Lackner, M. 12
Lactantius 104
Lang, A. 17
Leuba, J. H. 38, 142
Levi 118
Lévy-Bruhl, L. 55
Libanius 160
Libanon 179–181
Lichtblau, K. 29
Lindsay, H. 165, 168
Livius 103
Löwith, K. 96, 169
London 46
Luckmann, Th. 140, 143
Lübbe, H. 132
Luhmann, N. 12, 22 f., 37, 94, 105 f., 136, 146 f., 183

Luria, I. 119, 120
Luther, M. 43
Lykier 82

Mack, B. 149, 156
MacMullen, R. 157
Maier, J. 116
Maria Magdalena 89
Mann, Th. 13 f.
Marduk 90
Marett, R. R. 28, 30
Markus, Evangelist 148, 156, 157
Marokko 33
Marquard, O. 79, 80
Masuzawa, T. 69
Marty, M. E. 164 f.
Mauss, M. 18, 35
McCutcheon, R. T. 69
Mead, G. H. 137
Meeks, W. 151
Mekka 123, 134
Merton, R. K. 32 f.
Meyer, J. 99
Mose 101, 116, 118
Moskau 97, 123
Mount Graham 124
Mount Rushmore 99, 124
Muʿawiya, Kalif 175
Müller, F. M. 16, 17, 25, 29, 42, 43 44 f., 46, 47
Murray, M. 86 f.
Mutwa, V. C. 67 f.

Ndembu 73
Nebukadnezar 172
Niederlande 17, 18
Nietzsche, F. 15, 49, 92
Nock, A. D. 141
Noll, R. 82
Norbeck, E. 178

Oexle, O. G. 24
Oknos 81
Oldenberg, H. 43 f.
Oregon 108
Orest 82
Orpheus 71

Otto, R. 26, 32, 48, 91, 142
Oxford 62

Palästina 122 f., 169–171
Paulus 149 f., 170
Peirce, Ch. S. 50
Petrus 150
Pettazzoni, R. 90
Pharisäer 148 f., 156
Philo von Alexandria 122, 161
Philostrat 157
Picasso, P. 15
Plato 160
Platvoet, J. G. 61
Plinius der Ältere 157 f.
Plotin 161
Pollack, D. 183
Popkin, R. 165
Porphyrius 161
Pratt, M. L. 60, 62
Pufendorf, S. 48, 96

Qumran 116

Ramakrishna 46
Réville, A. 18
Rickert, H. 30
Ricoeur, P. 39, 140
Riesebrodt, M. 13, 154 f., 167, 183
Rom 103, 116, 123
Rousseau, J.-J. 25, 27, 48 f., 96, 98
Rüsen, J. 40 f.
Russland 96 f., 169

Said, E. W. 44
Safed 119
Sandeen, R. E. 166
Schechinah 118, 119
Schelling, F. W. J. 79
Schieder, R. 102
Schilluk 64
Schiva 44
Schleiermacher, F. 26, 27
Schmitt, C. 75, 132
Schopenhauer, A. 27
Scholem, G. 119

Schottland 16
Scott, J. W. 89 f.
Searle, J. R. 12
Sedona 124
Serbien 182
Shapin, St. 36
Shari'ati, A. 179
Sibirien 71
Sichem 121
Sick, G. 164 f.
Simmel, G. 29, 137 f.
Smith, J. Z. 11, 37, 38, 114, 117, 123 f., 157, 161, 163, 173
Smith, M. 157
Smith, W. R. 17
Söderblom, N. 91
Sonntag, M. 141
South Carolina 107
Spanien 119
Spiro, M. E. 158
St. Andrews 16
Stark, R. 129 f., 151, 167
Stauth, G. 44
Stenger, H. 143 f.
Stoller, R. 87
St. Petersburg 71
Strenski, I. 92
Südafrika 65, 67 f.
Süss, J. 144
Sullivan, W. 106
Suzuki, D. 48

Tacitus 151
Tamar 89
Tambiah, S. J. 158
Tenbruck, F. H. 68 f.
Tertullian 114, 151 f., 153, 154
Theodosius 152
Theodotus 161
Thoma, C. 115
Thompson, E. P. 165 f.
Tibet 41, 42, 45
Tiele, C. P. 18, 49
Tocqueville, A. C. de 95

Troeltsch, E. 23, 94, 164
Trobriander 158
Troja 82
Türkei 127
Turner, V. 36, 73, 174 f., 178, 183
Tylor, E. B. 17, 28, 30, 62 f., 65, 81

USA s. Vereinigte Staaten von Amerika

Valentinus 153
van Gennep, A. 173, 174
van der Leeuw, G. 91
van der Veer, P. 47
Venedig 123
Vereinigte Staaten von Amerika 94 f., 97-102, 105, 106-108, 109 f., 111, 121, 129, 130, 166 f., 169, 171 f.
Vischnu-Krischna 44
Vivekananda, Svami 46 f.

Waco 109 f., 169
Walter, Ch. 110
Washington, G. 94 f., 97, 101
Weber, M. 19, 23, 30, 31, 33, 34, 51-53, 77 f., 135, 146, 147, 156, 167, 183
Werner, M. 12
White, H. 39, 156
Winch, P. 56, 57
Wittgenstein, L. 11, 33, 55 f., 57, 58, 75
Wolf, E. R. 60

Xhosa 63, 64

Yazid 175

Zande 53 f., 56, 57, 58
Zeus 90
Zulu 63, 64, 67 f., 100, 174

2. Sachen

Zusammengefasste Seitenzahlen (etwa: 96–98) verweisen auf zusammenhängende Ausführungen zum Stichwort.

Aberglaube 21, 61, 63 f., 71, 114
Absolutismus 75
Advaita Vedanta 46 f.
Afrikanische Religionen 60 f., 63–68, 73
Ahnen 14
Alchemie 75
American Academy of Religion 19 f.
Androzentrismus 88 f.
Anima 85
Animismus 30, 61, 65, 73, 76
Animus 85
Anthroposophie 110
Antichrist 166, 171
Antijudaismus 147, 156
Antike 28 f., 63, 81 f., 86, 87, 90, 99, 103 f., 113 f., 115 f., 117, 131, 132, 141, 147–154, 156–163, 171, 172 f., 174
Apartheid 67
Apokalyptik 23, 35, 97 f., 109 f., 120, 165 f., 169–172, 175, 184
Arbeitsteilige Gesellschaft 50 f., 104 f., 146
Archäologie 20, 86
Archaische Religion 60
Archetypen 86, 88, 138, 142
Architektur 95, 99, 103
Ashura-Fest 175–179
Askese 52, 154
Astrologie 75, 132
Atheismus 29, 92
Atomkrieg 168, 172
Auferstehung 121, 156, 166
Aufklärung 20, 48 f., 51, 70 f., 75, 76, 79 f., 92, 96, 98, 105, 133
Ausdifferenzierung von Lebenswelten 22, 23, 105 f., 129, 137 f., 183 f.
Außerirdische 68, 99 f.

Authentizitätsdiskurs 67 f.
Avesta 28

Bacchanalia 103
Bewährung 102, 133
Bhagavad Gita 43, 46
Bibel 25, 43, 66, 78, 89, 104, 118, 122, 148, 166, 169, 171
Biografie 136, 139 f., 143 f., 156
Biologie 85
Brahma 44
Buddhismus 41 f., 44, 45–48, 49, 141
Buddhologie 47

Charisma, Charismatiker 78
Chassidismus 121
Chiliasmus 165 f.
Christen, Christentum 18, 23, 25, 27, 28, 34, 35, 41, 43, 48 f., 64, 66, 75, 78, 89, 96, 97, 101, 102, 103 f., 107, 110, 111, 114, 122 f., 125, 127, 131, 133, 140 f., 144 f., 147–154, 156 f., 165 f., 169 f., 182
Civil Religion, s. Zivilreligion
Communitas 175
Cultural turn 12

Darwinismus 28, 61, 62
Davidianer 109 f., 168 f.
Demokratie 95, 99–101, 112
Diaspora 115, 117
Diskurs 14, 20 f., 22, 38, 47, 62, 67 f., 89 f., 91, 95, 102 f., 114, 124, 125, 130 f., 145, 182
Diskursfeld 14, 21, 68, 160–162
– koloniales 62, 64–66, 97
Dreyfus-Affäre 51
«Dritter Raum» 67 f.
Dynamismus 30

Empirie 31, 141, 158
Engel 74
Enthistorisierung 32, 47, 60, 86, 88, 138
Entzauberung 76–78, 183
Eranos-Gespräche 86
Eretz Jisrael 115f., 118, 120
Erfahrung, religiöse 26, 31, 33, 91, 140, 141f.
Erfahrungsraum 40
Erkenntnis, Erkenntnistheorie 30f., 75, 79
Erlösung, Erlösungsreligionen 43, 44, 53, 121, 123, 133, 153f.
Erwählung 96f., 98
Erwartungshorizont 40
Eschatologie 169, s. auch *Apokalyptik*
Esoterik 68, 73–76, 127f., 143, 146
Ethik 19, 26, 49, 58
Ethnologie 13, 22, 38, 58, 59, 63, 65f., 70f., 88f., 158, 163, 174, 176
Ethos 33, 34, 52
Europäische Religionsgeschichte 22, 29, 48, 75, 76, 114, 131f., 133f., 141
Evolution, Evolutionismus 28, 61, 81, 83
Exil 97, 115, 116f., 118, 119f., 170f.
Exodus 97

Familie 84, 109, 128, 145, 146f.
Fetisch, Fetischismus 61, 65
Fiktionalität 38f., 45
Film 95, 99–101, 103, s. auch *Medien*
Fortschritt, Fortschrittsidee 29, 81, 96, 165, 169, 172
Freiheit 50, 94, 100–102, 105, 110f., 113, 133, 137, 179
Fruchtbarkeit 64, 90
Fundamentalismus 166–168, 182
Funktionalismus 16, 22f., 27, 32–34, 96, 102, 113, 128

Gebet 119, 120, 159f., 161, 164
Geheimgesellschaften 75
Geheimnis 73f.,103, 114, 132, 158–160, s. auch *Öffentlichkeit*
«Gehirnwäsche» 108f., 128
Geister, Geistwesen 71, 74, 76, 158
Geisteswissenschaften 31, 80
Gemeinschaften, religiöse 23, 36, 43, 48f., 96, 113, 115, 121, 125, 127, 131, 137, 144–146, 146–155, 156f., 163, 169, 175, 183f.
Gender 87f., 97
Geschichtsbegriff 59–61
Geschichtsphilosophie 79, 169
Geschichtswissenschaft s. *Historiografie*
Geschlecht 21, 81, 87f., 89–91, 92, s. auch *Gender*
Gewalt, religiöse 13, 23, 36, 48, 64, 70, 109f., 126, 128, 133, 155, 165, 167, 172–183, 184
Glauben, Glaubensanschauung 11, 12, 13, 16, 21, 24, 31, 50f., 54–57, 69, 77f., 92, 95, 96, 102, 103, 105, 110, 113, 120, 133, 135, 148, 154, 158, 161, 167
Glaubenskriege 25, 48, 165, s. auch *Krieg*
Globalisierung 124, 126
Gnosis, Gnostizismus 75, 153f.
Gottheiten 27, 90f., 103f., 116, 119, 121, 122f., 150, 159f., 161, 163, 169, 171, 172
Große Göttin 86f.
Gusch Emunim 121
Gynaikokratie 82, 83

Habitus 34
Häresien 114, 121, 131, 132, 136, 153
Hamas 121f.
Handlung 11, 12, 16, 21, 22, 23, 26, 30f., 32–34, 36, 48–58, 69, 92, 98f., 103, 109f., 125, 129, 130, 135, 141, 147, 154, 155,

159–161, 162, 163, 167, 168, 169, 172f., 176, 179, 180–184
Handlungstheorie 12, 129, 130, 131, 139, 182
«Hebraismus» 36
«Heidentum» 131, 136, 141, 149f., 163, 165, s. auch *Paganismus*
Heiliges, das Heilige 32, 69, 86, 91, 115f., 117, 123, 124, 142, 173, 183
Heilige Schriften 42f., 155
Heilsgeschichte 96–98, 101f., 118, 119f., 122f., 133, 165–168, 170, 172
Heilung 71, 157
Hellenismus 36
Henotheismus 86f.
Hexen 64, 128, 130
Hexerei 15, 53f.
Hermeneutik 12, 58
Hermetismus 36, 75
Hinduismus 41–47
Hisbollah 179f., 181
Historiografie 20f., 30f., 39–41, 45, 59f., 89, 131, 134, 137, s. auch *Historische Sinnbildung*
Historische Sinnbildung 38–41, 45, 47, 92, 139, 156
Hochkulturen 28, 62
Holismus 76
Hybridität 67f.

Identität 14, 23, 46, 67, 90, 98, 102, 116, 120, 134, 135, 139f., 143, 144–146, 154, 155f., 164, 183, 184
Ideologie 15, 92, 169
Ideologiekritik 24
Ikone 99
Indianer, *Native Americans* 97, 99, 108, 124f.
Indische Religion(en) 27, 28, 41f., 44f., 46f.
Individuum, Individualismus 21, 22, 35, 43, 50f., 77, 78, 91, 104f., 109, 111, 113, 134, 136–138, 141, 142, 144, 145f.,
155, 158, 163, 167f., 173, 183
Indologie 42f.
Industriegesellschaft, Industrialisierung 20, 59, 76, 80, 165f., 167, 179
Initiation 74, 75, 173
Intellektuelle, Intellektualismus 29, 46f., 77f., 80, 84f., 96f., 165, 178
Internet 68, 103, 125
Irrationalismus 35, 70f., 79f., 81, 91
Islam 12, 34, 42, 49, 101, 117, 119, 121f., 123, 126f., 131, 133, 140, 154f., 164f., 175–182

Jainismus 44
Jenseits 77
Jihad 155, 181
Juden, Judentum 18, 25, 28, 41, 42, 49, 63, 96, 97, 101, 102, 115–122, 123, 131, 133, 141, 145, 147–151, 156, 166, 169–171, 182

Kabbalah 116f., 118–120
Kalender 123, 165
Kanon, Kanonisierung 148
Kantianismus 79, s. auch *Neukantianismus*
Kapitalismus 22, 52f., 155, s. auch *Wirtschaft*
Karma 44
Katharsis 174, 178
Kirchen 25, 95, 99, 104, 106, 111, 114, 127, 129, 130, 146, 154, 183, s. auch *Trennung von Kirche und Staat*
Königtum 117
Körper, Körperlichkeit 89f.
Körperschaft (öffentlichen Rechts) 103, 111–114, 127, 129, 151f., s. auch *Gemeinschaft*
Kolonialismus 21, 34, 41, 42, 44–46, 59–69, 92, 97, 99, 179
Kommunikation 11, 12, 23, 35,

58, 76, 94, 130 f., 135, 139, 140, 156, 181, 184
Kommunismus 29, 166, 169, s. auch *Marxismus-Leninismus*
Konstruktivismus 37 f., 41–47, 59, 60, 64, 69, 87 f., 89 f., 91 f., 115, 134, 137, 139 f., 143 f., 145 f., 156, 164
Kontingenz s. *Relativismus*
Konversion 140–142, 143, 156, 183
Kosmiker 84 f.
Kosmogonie 32, 36, 81, 85
Kosmologie 44, 76, 77 f., 118, 161
Kreuzzüge 123
Krieg 121, 175 f., 182, s. auch *Glaubenskriege*
Kulte 103, 109, 115 f., 117, 118, 127, 132, 146, 150, 151, 158
Kultmahle 147–150
Kulturmilieus 137, 146, 154 f., 182, 183
Kulturwissenschaft 11–13, 19, 20, 22, 30, 33 f., 36, 70, 87, 102, 113, 135, 138, 139
Kunst, Kunstgeschichte 15, 22, 28 f., 71, 76, 103, 105, 146
– «primitive» Kunst 66

Laizismus 18
Lectures 16 f., 42
Lebensführung 30 f., 33, 77, 78, 168, 183
Lebensphilosophie 31
Legitimität (von Religion) 70, 91, 131, 163, 173, s. auch *Recht*
Literatur, Literaturwissenschaft 39, 76
Liturgie 161
Logik 55, 57 f., 182
Lokative Religionen 117, 118, 123, 124, s. auch *Utopische Religionen*

Männlichkeit 21, 82, 87 f.
Märtyrer, Martyrium 153 f., 176, 178, 180–182
Magie 14, 21, 33, 35, 44, 51, 53 f., 61, 75, 77, 78, 114, 156–164
– *Magia naturalis* 74
Mahdi 133, 175
Mapping 115, 123 f., 125 f., s. auch *Territorialität*
Marktwirtschaft 128, 130, s. auch *Wirtschaft*, *Kapitalismus*
Marxismus-Leninismus 96 f., 166
Materialismus 15, 20, 29, 46
Matriarchat 86
Matrilinearität 73, 82, s. auch *Mutterrecht*
Mechanik, mechanistisches Weltbild 31, 76
Medien 95, 99, 103, s. auch *Film*, *Internet*, *Kunst*
Medizin 161
Menschenrechte 22, 98, 105
Mentalität 34, 55
Messianismus 96–98, 120, 121, 133, 165 f., 169, 171, 175
Metaphysik 79
Metasprache 70
Metatheorie 37
Methodisten 165 f.
Midtribulationists 168 f., s. auch *Millenarismus*
Migration 21, 67, 126, 127, 131, 134, 155
Millenarismus 98, 109 f., 167
– Prämillenarismus 166–172
– Postmillenarismus 166
Mission 63, 65 f., 157
Mithraskult 161
Mittelalter 164 f., 176
Moderne, Modernisierung 19–23, 30, 35, 68, 70, 76 f., 79, 80, 105, 127, 129, 134 f., 136 f., 141, 144 f., 155, 167 f., 169, 170, 172, 175, 183 f.
– Begriff der Moderne 28 f., 35
Monotheismus 131, 141, 163
Moral 18, 24, 27, 30, 48 f., 51, 63, 75, 90, 94, 96, 105, 110 f., 126, 167, 168, s. auch *Ethik*
«Moralitätsreligionen» 43
Mormonen 107

Moschee 126 f.
Multikulturalismus 13, s. auch *Pluralismus*
Musik 193
Muttergöttinnen 83, 85, 86, s. auch *Große Göttin*
Mutterrecht 81–84, 85, 158, s. auch *Matriarchat, Matrilinearität*
Mystik 31, 36, 48, 54 f., 75, 76, 120
Mythologie, Mythos 29, 32, 60, 70, 99, 117, 118, 120

Narrativität, Narration 23, 38–41, 59, 69, 92, 139 f., 142, 143–145, 149, 156
Nationalreligionen 49
Nationalismus
- amerikanischer 98, 99
- französischer 96, 146
- indischer 46 f.
- jüdischer 120
- palästinensischer 122
- rumänischer 32
Nationalsozialismus 70, 85
Natur 27, 35 f., 48, 74, 75, 79, 82, 84, 87, 89, 91, 96, 97, 137, 161
- Beherrschung der 35, 77, 79, 99, 169, 170
- Sakralisierung der 73, 77, 78, 97
Naturgottheiten 43
Naturphilosophie 35 f., 76, 79
Naturreligionen 26, 43, 49
Naturwissenschaft 30, 31, 35, 78, 79, 96, 133, 146, 170
Neolithikum 87
Neopaganismus s. *Paganismus*
«Neue Religionen» 12, 126, 127 f., 146
Neukantianismus 30 f.
Neuplatonismus 161
«New Age» 36, 68, 70, 76, 127
Nihilismus 46, 58
Nirwana 44
Normatisierung 60, 156

Objektivität 31
Objektsprache 70
Öffentlichkeit (und Religion) 11, 12, 16–20, 21, 22, 24 f., 33, 70, 89 f., 95, 99, 103, 111, 113, 126, 129, 132, 134 f., 148, 154, 159 f., 173, 181
Offenbarung 26, 29, 75
Okzidentalismus 46 f., 134
Ontologie 14, 92, 142
Opfer 44, 101, 125, 158, 172 f., 183
Orakel 56 f.
Orientalismus 41–48
Orientalistik 43
Osho Community 144

Paganismus 64, 73, 87, 128, 130, 150, 152, 155, 161–163
Pantheismus 76, 78, 162
Passionsspiele 175 f.
Patriarchat 81, 167
People's Temple 108 f.
Performanz 173
Personkonzepte 141
Peyote 108
Phänomenologie s. *Religionsphänomenologie*
Philologie 25, 43, 47, s. auch *Sprachtheorie*
Philosophie s. *Religionsphilosophie*
Pietismus 145
Pilgerfahrten 123, 124, 125
PLO (Palästinensische Befreiungsorganisation) 122
Pluralismus, religiöser 12, 21, 22, 25, 60 f., 108, 128–133, 137
Polygenismus 61
Polytheismus 36, 75, 90, 131
Politik (und Religion) 23, 46, 69, 75, 84, 91, 94 f., 98 f., 101, 102, 120 f., 123, 126, 127, 132, 135, 151, 164 f., 169, 171, 178 f.
Polyfokalität 15, 92 f.
Positivismus 15
Postcolonial studies 66 f., 69, s. auch *Kolonialismus*
Präanimismus 30

Pragmatic turn 11, 16
Pragmatik 11
Pragmatismus 50
Pratitya-Samutpada 48
Praxis s. *Handlung*
Privatreligion 32, 113, 126, 137
Propheten, Prophetie 89, 121, 132, 164 f., 166, 168, 170, 171
Protestantismus 17, 18, 52 f., 130, 145, 165–168, 169–171
Prozessionen 123
Psychologie 13, 15, 33, 65, 85, 87 f., 138 f., 144, 155, s. auch *Religionspsychologie*
Puritanismus 52, 97

Quietismus 178

Rabbinisches Judentum 115 f., 117 f., 121
Rational choice theory of religion 108, 129–131, 139, 167, s. auch *Handlungstheorie*
Rationalität 35, 49 f., 51, 53 f., 57, 58, 70, 77–80, 85, 134
Raum (und Religion) s. *Territorialität*, *Religionsgeografie*
Recht (und Religion), Rechtskonflikte um Religion 22, 24, 30, 35, 44, 83 f., 85, 91, 95, 96, 103–114, 116, 128, 129, 132, 135, 146, 152, 154, 158 f., 163, 165, 178, 180, 183
Rechtfertigungslehre 52
Rechtswissenschaft 29, 110, 113
Reformation 43, 51, 105, 145
Reinheit 116, 141, 148–150
Relativismus 30, 41, 57 f., 92 f., 138 f.
Religio 63, 103 f., 114, 116, 152
Religion, Definition der 14, 15, 22, 25, 34, 37 f., 42, 47, 69, 91, 102, 113, 136
Religionsgeografie 114 f., 120, s. auch *Territorialität*
Religionsgeschichte 20, 21, 22, 23, 27–32, 43, 47, 68, 90, 135, 138 f., 169, 172

Religionskritik 20, 24 f., 105, 134 f.
Religionsphänomenologie 13, 26, 30, 31, 32–35, 60, 86, 91 f., 115, 134 f., 142 f.
Religionsphilosophie 24, 27, 35, 48 f., 60, 75, 95 f.
Religionspsychologie 13, 138, 140, 141
Religionssoziologie 13, 30 f., 33, 34, 91 f., 96, 104 f., 139, 151, 167, s. auch *Soziologie*
Religionstheorien 20 f., 26 f., 30, 33, 37 f., 59, 61, 63 f., 66, 68 f., 86, 91–93, 96, 102 f., 109 f., 129–131, 135, 156, 161, 163 f., 183
Religionsunterricht 111, 129
Religionsvergleich 63, 64 f., 134
Religionswissenschaft 13, 17, 66, 68 f., 124, 135, 145, 155, 164
– als universitäre Disziplin 17–20
– Interdisziplinarität der 36
Renaissance 75, 165
Revolution 95, 133, 146, 164–166, 174, 175 f., 178 f.
– wissenschaftliche 36
Rhetorik 39
Rigveda 28, s. auch *Veden*
Ritual 16, 23, 34, 35, 51, 59, 73, 86, 98 f., 132, 141, 158 f., 161, 163, 173–175, 178, 179, 183, 184
– der Statusumkehr 36, 173–175
Romantik 20, 27, 71, 78, 79 f., 97

Säkularisierung 21, 95, 107, 113, 121, 127, 128 f., 130, 134, 164, 169, s. auch *Trennung von Staat und Religion*
Sanskrit 42, 46
Schamanismus 21, 67 f., 70–80
Schechinah 118, 119
Schia, Schiiten 175 f., 178–182
Schöpfung s. *Kosmogonie*
Seele 44, 85 f., 139, 142, 153
Seelenwanderung 44
Sekten 130, 166, 167, s. auch *Kult*

Selbstmord s. *Suizid*
Sexualität 13, 88, 109, 158
Sinn, Sinnproblem 31, 53, 135, 139, 147, 169
Situationslogik 182
Sklaverei 61
Sozialisation 136
Sozialismus 84, 166
Soziologie 13, 16, 18, 19, 22 f., 27, 50 f., 128 f., 135, 146, 155, 182, 183, s. auch *Religionssoziologie*
Sprache s. *Sprachtheorie*
Sprachspiel 11, 56, 58, 129
Sprachtheorie 11, 16, 25 f., 33, 35, 55 f., 58 f., 158
Sprachvergleich 25 f., 29, 43
Sprechakttheorie 12, 35
Staat (und Religion) 48 f., 104 f., 111–113, 129, 131–133, 137, 146 f., s. auch *Trennung von Staat und Religion*
Stammesgesellschaften 17, 61–63, 131
Stoa 76, 161
Subjektivität 31, 35, 102, 183
Sünde 118
Suizid 128, 180–182
– Suizidattentate 176 f., 179–182
Survivals 61, 62, 81
Symbole, symbolische Formen 33 f., 83 f., 85 f., 95, 98 f., 106, 110, 123, 135, 142, 146
Synkretismus 67
Systemtheorie 22 f., 105 f., 136, 146 f., s. auch *Luhmann, N.*

Tausendjähriges Reich 166, 171
Tempel 99, 115 f., 117 f., 119, 122, 125, 147, 160, 171
Territorialität 22, 103, 114–126, 134, 135
Terror 121, 176 f., 179–182
– Anschlag auf das World Trade Center 99, 100, 101, 182
Theismus 27
Theokratie 164 f., s. auch *Staat (und Religion)*

Theologie 15, 17, 18, 19 f., 24 f., 37, 49, 89, 92, 104, 114, 115, 117, 118, 128, 131, 135, 142, 144, 154, 161 f., 163 f., 166, 169, 170
Theosophische Gesellschaft 45 f.
Tikkun 119, 121
Toleranz 131, 133
Torah 116, 117, 118, 119, 148
– mündliche 118
Totemismus 61
Trance 71
Trennung von Kirche und Staat 95, 106–108, 112 f.
Tropologie 39

Unbewusstes 83, 138, 142
Upanischaden 28
Utilitarismus 131
Utopische Religionen, Utopisierung des Raumes 116 f., 118, 119 f., 121, 123, 124, s. auch *Lokative Religionen*

Vatikan 124
Veden 43 f.
Verein s. *Gemeinschaften, Körperschaft*
Vergemeinschaftung s. *Gemeinschaften*
Vereinte Nationen 98
Vernunft 21, 24 f., 26 f., 49–51, 54 f., 70 f., 79 f., 92, 96, 98, 165, s. auch *Rationalität*
Vernunftreligion 96
Verschriftlichung 60, 66
Verstehen, Verstehende Religionswissenschaft 12, 26, 31–33, 57–59
Vorsehung 96, 102
Vor- und Frühgeschichte 28, 61, 63

Wahrheit, Wahrheitsbegriff 31, 50, 55 f., 58, 132, 139
Wahrsager 159

Weiblichkeit 21, 82, 85–89, 97, 118
Weltablehnung 35, 44, 52, 153
Weltbilder 34, 92, 132, 183, s. auch *Ideologie*
Weltreligionen 42 f., 47, 49
Werte 20, 30 f., 50, 92, 127
Wesen (der Religion) 13, 26, 136, s. auch *Religionsphänomenologie*
Wiedergeburt 44
Wildnis 97, 99
Willensfreiheit 50
Wirklichkeit 30, 50, 55 f., 71, 76 f., 113, 142, 183, s. auch *Erkenntnistheorie, Ontologie*
Wirtschaft (und Religion) 19, 22, 52 f., 59, 60, 103, 105, 128, 146, 183, s. auch *Kapitalismus*

Wunder 157, 164, 166

Zauberei 44, 160, 164, s. auch *Magie, Hexerei*
Zeit, Zeitkonzeptionen 32, s. auch *Heilsgeschichte, Zukunftskonzepte*
Zen-Buddhismus 47 f.
Zeugen Jehovas 111 f.
Zionismus 120 f., 169 f.
Zimzum 119
Zivilreligion 25, 49, 94–103, 110
Zoroastrismus 28
Zukunftskonzepte 35, 170, 172, s. auch *Zeit, Heilsgeschichte*

Aus dem Verlagsprogramm

Kulturwissenschaften bei C.H.Beck

Jan Assmann
Das kulturelle Gedächtnis
Schrift, Erinnerung und politische Identität in frühen Hochkulturen
4. Auflage. 2002. 344 Seiten. Paperback
Beck'sche Reihe Band 1307

Wolfgang Kaschuba
Einführung in die Europäische Ethnologie
2., aktualisierte Auflage. 2003. Etwa 288 Seiten. Broschiert
C.H.Beck Studium

Hans Gerhard Kippenberg
Die Entdeckung der Religionsgeschichte
Religionsgeschichte und Moderne
1997. 342 Seiten. Broschiert

Karl-Heinz Kohl
Ethnologie – die Wissenschaft vom kulturell Fremden
Eine Einführung
2., erweiterte Auflage. 2000. 212 Seiten mit 8 Diagrammen
im Text. Broschiert
C.H.Beck Studium

Axel Michaels (Hrsg.)
Klassiker der Religionswissenschaft
Von Friedrich Schleiermacher bis Mircea Eliade
1997. 427 Seiten mit 23 Abbildungen. Broschiert

Jörg Rüpke
Die Religion der Römer
Eine Einführung
2001. 264 Seiten mit 23 Abbildungen. Broschiert

Verlag C.H.Beck München

Kulturwissenschaften bei C.H.Beck

Aleida Assmann
Erinnerungsräume
Formen und Wandlungen des kulturellen Gedächtnisses
1999. 424 Seiten mit 15 Abbildungen. Leinen

Walter Burkert
Kulte des Altertums
Biologische Grundlagen der Religion
1998. 279 Seiten. Leinen

Johannes Fabian
Im Tropenfieber
Wissenschaft und Wahn in der Erforschung Zentralafrikas
Aus dem Englischen von Martin Pfeiffer
2002. 412 Seiten mit 14 Abbildungen, 1 Karte und 2 Tabellen.
Broschierte Sonderausgabe

Clifford Geertz
Spurenlesen
Der Ethnologe und das Entgleiten der Fakten
Aus dem Englischen von Martin Pfeiffer
1997. 220 Seiten. Leinen

Maurice Godelier
Das Rätsel der Gabe
Geld, Geschenke, heilige Objekte
Aus dem Französischen von Martin Pfeiffer
1999. 308 Seiten. Leinen

Fritz Graf
Gottesnähe und Schadenzauber
Die Magie in der griechisch-römischen Antike
1996. 273 Seiten. Leinen

Verlag C.H.Beck München

j-zaborski@versanef.de